近代中日關係研究 第一輯 6

中國與日本、
國父孫中山在日本合輯

陳鵬仁編

蘭臺出版社

序

往東京六訪，慶應大學研究所
舊好集文為書。義手人情集於鄉
上下常聯也。孫君陳友邦諸君子
人為一文外，如西洋風鳴震，自動參
加者不下十人，我自喜於之兩角度

為本書照，今得四十餘文，彙刊專集，題曰：「泉和謂識之王雲五先生嘗兩月，以其年收，予三版上諸以矣，今集本居九秩，時因心臟衰弱之故於義，為半篇匠跋嗎。應謝讀子後，以文為我，惟精裏於我；是我於人第一文，業

集某也，今日人為一世，為為平得之

深，斯民學術性，已以深傳久遠，英七家

部分年勞諸異措，為人而犧為士精神。

年何人耶？承當時殊遇，實力勸撤銷

是認而承得。嗣里明東來年先決討探

然亦彼，在鎮貴務，承得多以我長耶之

設計與努力，除延聘專家增修或新編經籍外，並廣徵各科的教授，分別為撰大學叢書有百十種，預為三百冊，於三年內陸續編纂付印，與讀者見識，先謀完全的機，俾台於予致之德。其時的意民元年，孫運奮討，尚已初我速等

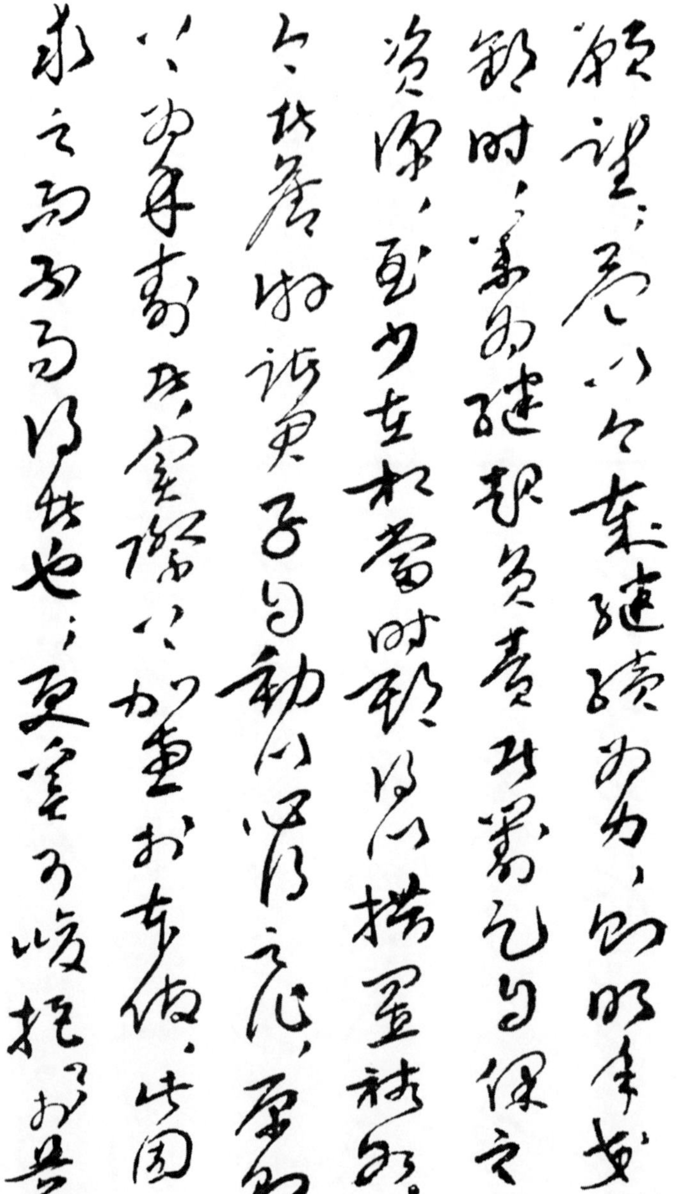

翻然改圖，一循先後徵編通例，分別與
務龍林所歸章訓，收權其後自時和
與前定諸例，以百數字為單冊，十數字
為複冊，十百數字為特冊；字數更多者
則分以六二冊。全書經始於以唐文庫，
東京為鄰，只稱學者董，亦依其例直至實

際以發展實業；且藉此增進地位，已
亦世界各國於百世帶攜助友邦意思之心，
以為造福於廣大讀者羣，勤加贊助
兩利之策，務須三方並利上世界安。
至於主編之責，則由詢問林雲陵先生。
王君南華博士作之，序論並之首，由

新象加標稿找路當中有之第。這它
致稿找璟及廿餘，預計今年底有冊同
時出版專書計廿餘種，今復通同好之能凡
習之一、按照示範；假以時日，不難漸臻而
俾武藝可繼，不至失墜！
中華民國六十六年月吉王雲五識

東文庫時承政梅田學外
之
學者考究甚勤，可屬老
加入，東書取五十之一部
生庫增光不少。謹致莫
之謝意。 原石附識。

編者弁言

本（六十六）年七月十六日（舊曆六月初一）欣逢吾師岫廬先生九秩壽誕，岫廬先生的門生故舊為表示崇德報恩的敬意，研商如何安排一項有意義的祝壽活動。當岫廬先生八秩晉八華誕時，曾由其門生故舊及社會人士分別撰寫文章，合編而成「我所認識的王雲五先生」一書，表示對岫廬先生的感佩與仰慕。今年恭　岫廬先生九秩嵩壽，應該有一項意義同樣重大而範圍更為廣泛又能傳之久遠的祝壽活動，於是乃發起編輯「岫廬文庫」，因為岫廬先生的門生故舊多半從事教育文化工作，他們缺乏財力來為岫廬先生作盛大鋪張的祝壽節目，而生性淡泊的岫廬先生恐怕也不會同意那些鋪張浪費的節目。以文為壽，乃是中外學者共有的傳統，因此，我們與商務印書館總經理張連生先生商量，由岫廬先生的門生故舊及社會人士撰稿，由商務印書館出版「岫廬文庫」，以「岫廬文庫」為岫廬先生祝壽。「岫廬文庫」的出版，不是空言對岫廬先生的歌頌，而是每一位著者以他的筆耕成果，恭恭敬敬奉獻給他們所敬愛的長者——虔誠地為九十高齡的岫廬先生祝福！

岫廬先生是位蜚譽國內外的學者，幾十年來，在政治、教育、文化、社會工作各方面的成就和貢獻是了不起的，也是有目共睹的，岫廬先生的苦學成功，早已成為年輕人努力奮鬥的楷模，成為老師們訓勉學生努力效法的榜樣，岫廬先生實在是當代中國對國家社會極有貢獻而且有深遠影響的偉人。「岫廬文庫」的著者們以岫廬先生為榮，他們把筆耕的成果呈獻給岫廬先生，乃是表示他們願意效法岫廬先生的精神——個人的努力是為了國家社會的利益，他們的著作希望能為當前中國的學術文化界盡到一份知識份子的心力。

「岫廬文庫」要從岫廬先生九秩壽誕吉日開始長期出版下去，嗣後每月有新書出版，種類與冊數視際情形而定。在內容而言，以人文與社會科學為主，但其他方面如有富有價值的作品，也將酌情納入。為了攜帶方便，「岫廬文庫」採用四十開本印刷，每冊字數以五萬至十五萬字為原則，以出版新著為主，古籍舊書不予納入。

在岫廬先生九秩華誕的前夕，我們虔誠地祝福他老人家永遠健康愉快，同時也向對國家社會具有多方面貢獻的岫廬先生謹致最高的敬意！

陳水逢
王壽南
謹識

中華民國六十六年六月

自序

這本書是我有關歷史方面的第二本文集。除一小部分外，都是這一、二年寫成的，並發表於國內報刊。其中，有關康有爲和梁啓超的文字，恐怕過去沒人寫過，所以應該值得參考。

八篇文章與辛亥革命有關係，這些可以補充從前我所出版此方面專書。尤其「國父著作的翻譯在日本」，以往似沒人介紹過。

其餘的則與現代史有關。其中最值得一提的是「南京大屠殺的眞相」。藤原彰教授此文是日本人所寫論文當中最有良心的一篇。

最後我要由衷感謝王壽南先生和臺灣商務印書館幫我出版此書，並請各位先生、女士指教。

陳鵬仁

七九、七、十九

目次上卷

目次下卷

北伐、統一與日本

一

國父孫中山先生畢生從事革命，「其目的在求中國之自由平等」。（註一）中國人雖然因爲辛亥革命的成功，而推翻了滿清王朝，建立了中華民國，但中國始終還是不自由不平等，其關鍵乃在於帝國主義者不平等條約的束縛，孫中山先生在其遺囑所以諄諄告誡我們要廢除不平等條約，「尤須於最短期間，促其實現」，理由在此。因此帝國主義遂成爲國民革命打倒的對象。但要打倒帝國主義，必須先行剷除其工具和爪牙——軍閥。於是北伐以打倒軍閥、實現國家的統一，乃成爲國民革命當時最重要課題。早在民國十三年（一九二四）九月，出師北伐之際，孫中山先生曾明白宣告曰：「此戰之目的，不僅在覆滅曹吳，尤在曹吳覆滅之後，永無同樣繼起之人，以繼續反革命之惡勢力。換言之，此戰之目的，不僅在推倒軍閥，尤在軍閥所賴以生存之帝國主義。」（註二）本文的目的，擬說明北伐、統一與日本帝國主義的關係，特別是發生五三慘案的眞相及其歷史意義。

二

民國十五年（一九二六）六月五日，中國國民黨第二屆中央執行委員會臨時全體會議，通過國民革命軍迅行出師北伐案，同日，國民政府任命蔣中正爲國民革命軍總司令，主持北伐事宜。

七月一日，蔣中正先生以軍事委員會主席身分，頒佈北伐動員令。九日，國民革命軍總司令蔣中正（以下通稱蔣總司令）正式就職，誓師北伐，由國民政府主席譚延闓授印，中央執行委員會代表吳敬恆授旗，委員孫科奉國父遺像。（註三）蔣總司令於同日發表就職通電與北伐宣言，申明北伐的目的與決心：

「革命戰爭之目的在造成獨立自由之國家，以三民主義爲基礎擁護國家及人民利益；故必集中革命之勢力於三民主義之下，乃得推倒軍閥與軍閥賴以生存之帝國主義。」（註四）

國民革命軍初編成時爲五個軍，後來擴編爲八個軍，官兵祇有十萬人左右。反之，北洋軍閥一共有八十萬以上的兵力。（註五）北伐軍進攻的第一個目標長沙，於七月十二日克復，八月二十二日下岳州，九月六日克漢陽，七日復漢口，武昌於圍城月餘之後，終於十月十日雙十節這一天光復。僅僅三個月，北伐軍即完成了其初步的國民革命任務。（註六）

在另一方面，革命軍於十一月四日克九江，八日復南昌，國民革命軍總司令部遂進駐南昌。民國十六年（一九二七）元旦，蔣總司令在南昌召集軍務善後會議，決定攻取上海和南京。三月二十二日，上海歸於革命軍之手，翌日，下蘇州，二十四日攻進南京

，而在此時，竟發生了所謂南京事件。（註七）

對於國民革命軍的北伐，英國的態度和日本的態度不同。當北伐軍迫近長江時，英國便於民國十六年（一九二七）一月二十二日，決定出兵中國，並要求列強贊同，但日本的幣原喜重郎外相却斷然予以拒絕。

幣原認為：「當中國的民族主義和反帝國主義，以北伐為轉機，更加高漲時，如果列強共同出兵，將更刺激其民族意識，從而很可能導致不可收拾的局面。如果因為革命軍的北伐，僑民的生命可能發生危險時，應該令他們避難到安全的地方。中國業已邁進新的時代了。要在現地保護僑民生命財產的『現地保護主義』已經行不通了。如果這樣做，不但將使局勢愈趨惡化，而且將帶來與保護僑民目的相反的效果。」（註八）

發生南京事件時，北京的外交團敵視蔣總司令，並向其提出幾乎等於最後通牒的抗議書，列強大有立刻採取軍事行動之概。得知此種情勢的幣原外相，遂分別邀見美國和英國的駐日大使，表示了如下的意見：

「我無意干涉貴國政府對這個問題的態度。但此時日本政府應當表明立場，俾得到你們的諒解。對於最後通牒，蔣介石惟有接受或者拒絕。如果屈服，他將受到中國民衆的攻擊，因而蔣政權或許會崩潰。蔣政權如果崩潰，中國將再度陷於混亂。你們的僑民不多，問題不那麼嚴重，但日本有十幾萬僑民在中國，不可能迅速地將其移到安全地帶，所以對日本來說，這是非常危險的狀態。

反此，如果蔣介石拒絕了最後通牒，你們只有以砲火予以懲罰。但中國却有數不清的中心。如果中心祇有一個，要毀滅它很容易，但中國有無數的中心，要把所有中心一下子毀掉，根本不可能。因此要以冒險政策，亦即以武力來征服中國，不知何時始能達到目的。這對你們來看或許沒什麼，但對於在中國具有重大利害關係的日本來說，我們不能冒這種險。所以日本不參加這個最後通牒。這是我最後的決斷，請能將此意轉告貴國政府。」（註九）後來，幣原在慶應大學演講「關於南京事件的眞相」時，又說：

「民國十五年夏天，國民革命軍完成其北伐計畫，插足漢口以後，蔣總司令與其他幾位國民黨領袖，遂逐漸開始公然反共，於是共產黨員便感覺自己命運的危險。爲避免這種危險，他們必須於蔣介石在國內和國際上還沒鞏固其地位以前，予以打倒。而倒蔣最好的方法是在革命軍的佔領地製造重大的國際事件。由於共產黨沒有得到列強的任何承認，因此中國軍隊所惹起的國際事件，縱令是其軍隊內的共黨分子違反總司令的意思而策動的，列強也要問罪蔣總司令。蔣總司令如果廻避其責任，列強勢將予以壓力。若是，無論蔣氏屈服於列強也好，反抗列強也罷，祇有垮臺一途。蔣氏之垮臺，意味着共產黨員威脅之消逝。南京事件就是基於此種觀點，由共產黨員所策劃的。」（註一〇）

三

國民革命軍進南京城後不到一個月的民國十六年（一九二七）四月十八日，南京國民政府正式成立，建都南京，寧漢正式分裂，同時準備繼續北伐。四月二十日，對中國主張所謂積極政策的日本田中義一政友會內閣成立，面對革命軍的北上，遂於五月二十

八日，決定出兵山東，是爲所謂田中內閣的第一次出兵山東。（註一一）

對於此項出兵，有人認爲這是爲着援助張作霖，和阻止革命軍的北伐，藉口保護僑民而爲，（註一二）但也有人以爲田中對於出兵非常愼重，更無意阻止革命軍的北伐。（註一三）而田中內閣之所以終於出兵山東，乃因爲「激進的森恪政務次官與陸軍的一些分子呼應，不顧一切反對，而做了出兵的決定。」（註一四）對於不太積極出兵的田中，森恪甚至於主張以政友會的黨議，要求出兵和在現地保護僑民，「『如果田中不肯，將要其下臺』，並令政友會做了這樣的決定」。（註一五）陸相白川義則對中國政策的意見，與森恪相同。據說，白川之就任陸相，是森恪推薦的。（註一六）森恪存心破壞中國的北伐和統一，無非是爲了他個人的利益。他在長江上游，有很大的生意，中國愈亂，他的利益愈多。（註一七）

寧漢分裂後，南京國民政府爲清除反革命勢力，乃發表對共黨幹部及附共分子的通緝令，其名單以鮑羅廷爲首，包括陳獨秀、譚平山、林祖涵、毛澤東、林彪、周恩來、劉少奇、鄧演達等一百九十七人。（註一八）

國民革命軍於定都南京，全面清黨，和國民政府基礎穩固之後，便於民國十六年五月，開始出師北伐，初次渡過長江。革命軍相繼攻陷蚌埠、揚州與徐州。此時武漢的東、南、西三方面均爲南京國民政府軍所包圍，武漢方面於是勾結北方的馮玉祥，與其成立妥協，而由張發奎、程潛、朱培德各部合組的作亂部隊，沿長江東下，並於七月十七日，入侵安徽。蔣總司令爲着保衞南京，遂令北伐軍，迅速回師。孫傳芳、張宗昌部便乘隙反攻，徐州因而被敵人奪回。此次北伐，本已接近華北，惟因內亂而遭到挫折。（註一九）

可是在武漢方面，問題也很多。毛澤東等搞「農民運動」，任意沒收地主的土地，鬧得天翻地覆。汪精衞得知第三國際的陰謀之後，乃於八月二日正式決定取締共黨分子。至此，自民國十三年一全大會以來，國民黨的「容共政策」，遂告一段落。

可惜，汪精衞雖然反共，但却「反蔣」。他更致函國民革命軍第七軍軍長李宗仁勸其「打倒蔣某人」。蔣總司令認爲，武漢方面既然反共，與南京國民政府之間，自無對立的任何理由。爲着謀求黨國的團結，乃決定提出辭職。八月十三日，蔣總司令在上海發表「辭職宣言」，呼籲寧漢合作，翌日，回到故鄉奉化。（註二〇）由於北伐軍的遭到挫折，以及南京政府之保證濟南日僑生命財產的安全，日本政府遂於八月二十四日決定由山東撤兵，並於九月八日完全撤退。（註二一）

在故鄉靜居大約一個月後，蔣中正先生於九月二十三日前往上海，二十八日由上海搭乘日本郵輪上海丸到日本。蔣先生此次赴日，一方面在請宋太夫人同意其與宋美齡女士結婚，同時考察日本的種種，訪問友好，重溫舊誼，以及與日本名流接觸。（註二二）而在這些訪問中，最重要的是與田中義一首相的會談。（註二三）

蔣中正先生與田中的會談，於十一月五日下午一時半舉行，地點在位於東京青山的田中私邸，前後達兩小時。（註二四）蔣先生欲乘此機會探詢標榜對華積極政策的田中眞正意向。張羣任蔣先生之翻譯，日方翻譯是田中的親信佐藤安之助少將。但令人不解的，日方的紀錄與我方的紀錄，在語氣上頗有不同。（註二五）不過，經過此次會談，蔣先生發現田中毫無誠意。蔣先生日記這樣寫着：

「綜核今日與田中會談之結果，可斷言其毫無誠意，中日亦決無合作之可能，且知其必不許我革命成功；而其後必將妨礙我革命北伐之行動，以阻止中國之統一，更灼然可見矣！……余此行之結果，可於此決其為失敗。然彼田中仍以往日軍閥官僚相視，一意敷衍籠絡，而相見不誠，則余雖不能轉移日本侵華之傳統政策，然固已窺見其政策之一般，此與余固無損也！」（註二六）

關於田中的此種侵華思想，戴季陶早於孫中山先生在世時，已經識破。他說：「中山先生所希望於田中中將的，第一是希望他拋棄日本的傳統政策，第二是希望他改正一切認識錯誤，其他的日本人，沒有比田中的地位，關係中國更大的。然而這希望是絕沒有效果，一切動植物，都可以變成化石，而化石決不能再變成動植物。」（註二七）

當時，田中是日本陸軍參謀本部的參謀次長，戴季陶把他比喻為「化石」。戴季陶說：「在他化石的腦筋裏面，始終是不願意中國革命成功，不願意真正的革命黨在中國占勢力的。」（註二八）戴氏又說：「作來作去，他總有一個主點，就是不要中國統一，尤其不要中國統一於革命，不要統一於革命領袖的中山先生。此後數年之間，中國一切糾紛擾亂，沒有不和此刻田中中將的方針，有直接間接的關係。」（註二九）因此戴季陶下結論說：「東京的政權，落在軍國主義者的田中大將手裏，一就總理的職，立刻便跟着英國對上海的政策而對山東出兵，而召集在中國的外交陸軍人員會議（東方會議——筆者註），對滿蒙決定積極政策，陸軍大將內閣總理兼外務大臣的田中義一，恐怕是要變成第二個塞爾維亞的中學生罷！」（註三〇）

而從日後局勢的演變事實看來，在某種意義上田中確實扮演了「第二個塞爾維亞的中學生」的角色。

四

蔣中正先生於民國十六年十一月十日，由日本回到上海；翌年一月九日，正式復任國民革命軍總司令，準備繼續北伐。北伐軍編成四個集團軍，由蔣總司令兼第一集團軍總司令、第二集團軍馮玉祥、第三集團軍閻錫山、第四集團軍李宗仁、海軍總司令楊樹莊，兵力七十五萬和四個艦隊；北洋軍閥以張作霖為大元帥（自稱），統轄孫傳芳、張

宗昌、張學良、楊宇霆等所部七個方面軍，總兵力一百萬人。（註三一）

四月七日，國民黨中央發表北伐宣言，蔣總司令同時對各集團軍下達動員命令。第一集團軍沿津浦鐵路，第二集團軍沿京漢鐵路，第三集團軍沿正太鐵路，分途北上，第四集團軍維護後方秩序，必要時支援第一和第二集團軍。四月九日發動總攻擊，相繼攻克臺兒莊、臨城、臨沂，勢如破竹，直向作戰目標濟南挺進。（註三二）

眼看山東戰局可能迅速變化的駐濟南武官酒井隆少校，便於四月十六日，向參謀總長建議出兵，青島總領事藤田榮介和濟南代理總領事西田畊一也對外務省表示同樣的意見。因此在四月十七日的閣議中，白川陸相說出兵的時機已經到來，並得到其他閣員的贊同。（註三三）十九日上午，內閣通過爲保護僑民，決定由國內派遣五千的部隊（第六師團），經由青島到膠濟鐵路沿線，以執行其任務。（註三四）

從中國駐屯軍派遣的步兵三個中隊，早於四月二十日晚間抵達濟南，第六師團的先頭部隊，也於二十五日上午七時登陸青島，次日早晨，由第十一旅團長齋藤瀏少將所率領的部隊，已經在警備濟南商埠地。（註三五）

國民革命軍第一集團軍，於五月一日上午九時，開進濟南城，蔣總司令也於二日上午九時抵達濟南。日方濟南警備司令官齋藤旅團長對於蔣總司令要保證外僑生命財產的安全，和革命軍的軍紀有信心，但福田彥助師團長則不然。他爲人驕傲而獨斷。（註三六）

五月三日上午九時許，中日兩軍發生衝突。據說，其原因如下：⑴因四十軍一士兵與日兵語言隔閡致使衝突；⑵四十軍一士兵送友人到醫院，被日兵阻止；⑶我士兵使用中央鈔票在商埠購物，日人不肯接受；⑷因日兵不許中國人圍觀標語，致有人挑撥離間；⑸日兵不許中國士兵通過商埠。（註三七）

在這衝突過程中，雙方雖然曾經努力於設法停戰，惟因日方的欠缺誠意，終於沒有完全實現。我國外交部長黃郛，以及停戰交涉代表熊式輝，都受過難以忍受和形容的侮辱。日軍簡直不把中國人當做人看待。（註三八）而最不可原諒的是，他們竟把我國的外交特派員蔡公時殺掉，而且殺得很慘，用槍托把他的腿打斷，倒在地上，割去他的舌頭，然後以手槍打死。（註三九）

得悉濟南發生軍事衝突的日本參謀本部，其次長南次郎遂於三日下午六時三十五分，致電福田師團長說：「因有南京事件的往事，故此時希望對日軍的威信不會有所損傷」。同時非正式地通報福田將增兵相援，更打電報勉勵福田說：「隨局勢的發展，從內地將徹底增兵，此刻當出於斷然的措施。」四日上午，召開緊急內閣會議，決定從關東軍遣派一個旅團，並下達了命令。（註四〇）而我蔣總司令爲避免與日軍正面衝突，是日夜晚，密令北伐軍繞道濟南城渡過黃河北進。

由於得到中央的鼓勵和支持，福田遂於七日下午三時三十分，令其參謀長黑田周一對我外交部代理交涉員趙世瑄，提出解決此事件的五項蠻橫要求：⑴嚴厲處分與騷擾及暴虐行爲有關係的高級武官；⑵在日軍面前，解除曾經反抗日軍之部隊的武裝；⑶嚴禁南軍（國民革命軍）治下的一切排日宣傳及其他活動；⑷從濟南及膠濟鐵路兩側沿線隔離南軍（國民革命軍）於二十華里以外之地；⑸爲監視上述各項之實施情況，須在十二小時以內，開放辛莊和張莊的兵營；並限於十二小時以內回答。（註四一）

福田明知革命軍不可能接受這些要求，其目的乃在於欲痛擊革命軍，以宣示日本帝國的武威於世界；其所以限十二小時以內答覆，乃爲使我國沒有採取積極行動的多餘時間，故堅持革命軍如有誠意，當可在十二小時以內回答。（註四二）趙世瑄和戰地政務委員會主席蔣作賓，先後以聯絡不易等理由，要求延長回答時間，但沒有得到福田的確切同意。

戰地政務委員羅家倫和高級參謀熊式輝，於八日中午前後，攜帶蔣總司令的回答往訪福田。蔣總司令的答覆六條如下：

一、對於不服從本總司令之命令，不能避免中日雙方之誤會之本軍，俟調查明確後，當按律處分；但當時日本軍隊有同樣行動者，亦應按律處分。

二、本革命軍治下地方，爲保持中日兩國之睦誼，早有明令禁止反日的宣傳，且已切實取締。

三、膠濟鐵路兩側二十華里以內各軍，已令其一律出發北伐，暫不駐兵；但軍隊運動通過膠濟鐵道並有北方逆軍之地方，或敵軍來犯時亦復派兵往剿，至於濟南爲山東都會，及其附近公物場所，本軍有維持治安之責，應駐紮相當軍隊，保持安寧秩序。

四、津浦車站爲交通要地，本軍應派相當武裝士兵駐防，以保衞車站，維持安寧。

五、辛莊、張莊之部隊已令其開赴前方作戰，兩莊之兵營，可暫不駐兵。

六、本軍前爲日軍所阻留之官兵及所繳之槍械，應即速交還。（註四三）

又，這個答覆是由陳立夫用毛筆寫的。羅家倫和熊式輝，以軍使身分，完成這項絕對吃力不討好的艱鉅任務，尤其是文人的羅家倫，實在令人欽佩。

在另一方面，日本陸軍中央於八日上午，召開軍事參議官會議，以協議七日根據陸軍省和參謀本部間協商結果所提出的「對支方策」。這個方策是陸軍的最高方針，它認爲濟南事件的發生是中國人輕侮日本的表現，因而主張以武力解決這個事件，俾根絕中國人的對日輕侮心，發揚「皇軍」之威信於宇內。（註四四）

這個方案另外附有濟南事件解決案和善後措施案，其解決案爲：⑴解除暴行中國軍的武裝；⑵處罰軍隊的負責人及蔣介石的謝罪等等。善後措施案主張，擬以最後通牒方式強迫中國同時解決濟南事件和南京、漢口事件等懸案，而爲達到此項目的，將再動員

一個師團，且不惜強佔南京。（註四五）

五月九日，鈴木莊六參謀總長下令動員名古屋的第三師團，給其師團長安滿欽一的任務是：登陸青島，保護濟南以外膠濟鐵路沿線要地的日僑。日本政府發表聲明，增派陸軍到山東和天津，以及增遣海軍巡洋艦和驅逐艦，（註四六）是爲日本的第三次出兵山東。

由於日軍決定以武力解決濟南事件，所以自五月八日至十一日，出動步兵大約九個大隊，野砲兵三個中隊，共計四千八百六十二名官兵，進攻濟南城，對城內打了二百五十四發榴彈和九百六十六發榴散彈等等，（註四七）由之，中國人死亡達三千二百五十四人，受傷者一千四百五十人，（註四八）財產損失大約二千六百萬元。（註四九）此時，留在城內的革命軍祇有李延年團一團步兵和蘇宗轍旅之一部分，大約四千人。

當李延年等部隊完全自濟南撤退，戰火大致平熄的五月十一日上午十一時，（註五〇）革命軍總參議何成濬代表蔣總司令，再度與日軍進行交涉，所提答覆爲：(1)四十軍軍長賀耀組業已免職；(2)濟南周圍及膠濟鐵路二十華里（大約十一公里）以內暫不駐兵

；⑶已禁止反日宣傳等項。但福田却以何總參議沒有帶委任狀，又不滿意我方答覆，因此不睬何成濬，使何成濬憤慨不已。（註五一）

我方鑒於福田之蠻橫驕傲，完全不講理，因而一再要求與日本政府直接進行外交交涉。日本陸軍中央雖然不贊成，但此時他們的關心已經轉移到滿洲，所以沒有堅持下去。

此時，田中內閣因爲炸死張作霖事件，（註五二）被在野黨圍攻得焦頭爛額，很想打開中國問題的僵局，因此於七月十日的閣議，決定道歉、處罰、賠償和將來的保證等四項爲濟南事件的解決條件。

田中的目的是欲與國民政府建立正式外交關係，所以指示駐北京公使芳澤謙吉，對於解決濟南事件的條件，不必太苛求，一切由其全權處理。民國十八年（一九二九）二月四日下午五時半，芳澤在上海國民政府外交部長私邸與王正廷做第五次談判，談到次日凌晨四時四十分，談妥解決辦法，並簽了字。其內容爲：雙方互相道歉，地點選擇在南京外交部、日本領事館以外的鷄鳴寺，雙方代表以同樣詞句同時道歉；有關賠償事宜，設特別委員會，查明雙方的損失後，彼此賠償。將來的保證，也由雙方實行。但日本

政府深怕我方提出更多的賠償要求，而訓令不同意這個解決方案。（註五三）

國民政府中央政治會議於六日通過整個協定原案，因此對於日本提出異議，自不能接受。胡漢民和戴季陶更堅決反對日本變更已經談妥的內容，王正廷因此陷於窘境。此時新任上海總領事重光葵上任，他因參加過北京關稅會議，與外交部亞洲司司長周龍光認識，而周龍光是王正廷的親信。周龍光去看重光葵，以試探日方的本意。並對重光說中國沒有意思要求賠償。重光確認王正廷要周龍光接洽此事，並徵得芳澤的同意，遂由周龍光安排其在上海的親戚家，與王正廷邊吃鴉片邊會談。結果得到這樣的結論：世上沒有同時低頭道歉的事，雙方既然都有責任，責任自應相抵；雙方既無意索償，自當公開講明；日軍將儘早撤退。（註五四）

重光葵赴任前，參加過外務省的一次首腦會議，在這會議席上，森恪政務次官曾以很高壓的態度對重光說：「想圓滿解決濟南事件，根本就是錯誤。芳澤公使具有這種觀念，所以才發生今天的問題。我們要有把上海變成灰塵的膽量。你這次去，不能有欲解決這個事件的念頭。你要有破壞這個交涉的想法。」（註五五）

因此，重光和芳澤二人，遂以只有外相看的極機密電報，請示「贊成」或者「反對」，以避免森恪的干涉。田中贊成其內容。但胡漢民和戴季陶還是反對，於是由重光透過宋子文，由宋請蔣總司令說服胡、戴二人，而終於三月二十八日上午九時，（註五六）在南京王外交部長公館，芳澤與王正廷正式簽字，了結本案。（註五七）

五

五三慘案的發生，完全是由於日軍蓄意阻止我國北伐、統一，以長久維護其在華北，特別是東北的既得權益。濟南既非租界，亦非港口，更非條約上駐兵之地，日軍自無任何理由出兵到濟南。「這是中日兩國最初正面發生的軍事衝突，也是中日兩國長期戰爭序幕的不幸事件。」（註五八）日軍在北伐過程中，前後曾經出兵山東三次，動員二萬六千八百名官兵，花費一千七百萬元，藉口保護二千一百六十名日僑，意圖阻止我國的統一，但到底失敗了。民國十七年十二月二十九日上午七時，張學良克服日人一切阻撓、誘惑和壓迫，改懸青天白日滿地紅國旗，終於促成了中國的統一。

註釋

註一：「國父遺囑」。

註二：「革命文獻」，第十二輯，頁五二，臺北，「中國國民黨中央黨史史料編纂委員會」，民國四十五年。

註三：郭廷以，「中華民國史事日誌」，第二冊，頁六〇，臺北，中央研究院近代史研究所，民國七十三年。

註四：「革命文獻」，第十二輯，頁五五——五六。

註五：李雲漢，「中國近代史」，頁四二三，臺北，三民書局，民國七十四年。

註六：上村伸一，「日本外交史」，第十七卷，頁一七一——一七三，東京，鹿島研究所出版會，一九七一年。

註七：上村伸一，前書，頁一七五。

註八：上村伸一，前書，頁一七六——一七七。

註　九：上村伸一，前書，頁一七七——一七八。
註一〇：上村伸一，前書，頁一八一——一八二。
註一一：日本參謀本部編：「昭和三年支那事變出兵史」，二〇，東京，巖南堂，一九七一年；初版刊於一九三〇年。
註一二：日本國際政治學會太平洋戰爭原因研究部編：「到太平洋戰爭之路」，第一卷，滿洲事變，頁二八八，東京，朝日新聞社，一九六三年；陳鵬仁譯，「張作霖與日本」，頁四八，臺北，水牛出版社，民國七十六年。
註一三：馬場明，「第一次出兵山東與田中外交」，東京，亞細亞研究，十卷三期，頁六一。
註一四：森島守人著，陳鵬仁譯，「日本侵華內幕」，頁七，臺北，黎明文化事業股份有限公司，民國七十五年；上村伸一，前書，頁二〇三。
註一五：馬場明，前文，頁六一。
註一六：同前註。
註一七：重光葵著，陳鵬仁譯，「『五三』慘案的善後」，民國七十七年五月三日，臺北，中央日報副刊。
註一八：古屋奎二編著，「蔣總統秘錄」，第六冊，頁一六三，臺北，中央日報社譯印，民國六十五年四月。

註一九：同前註，頁一六九。
註二〇：「蔣總統秘錄」，第六冊，頁一七六。
註二一：外務省外交史料館，「日本外交史辭典」，頁三四二，東京，大藏省印刷局，一九八一年，三版。
註二二：「蔣總統秘錄」，第六冊，頁二一四——二一五：上村伸一，前書，頁一九一。
註二三：東亞同文書院，「續對支回顧錄」，下卷，頁一一六一——一一六二，東京，原書房，一九七三年，初版刊於一九四一年。
註二四：張羣，「我與日本七十年」，臺北，中日關係研究會，民國六十九年四月。頁二二說：因會談久了些，田中臨時取消前往腰越的行程，但實際上並沒取消，只是延期了時間而已；又頁二七：田中說了些中國人名字，裏頭原有何應欽，但張氏把它省掉了。外務省：「日本外交年表及主要文書」，下冊，頁一〇三，東京，原書房，一九七八年二月，六刷。
註二五：「蔣總統秘錄」，第六冊，頁二二九；上村伸一，前書，頁二三六——二三七。
註二六：秦孝儀總編纂，「總統蔣公大事長編初稿」，卷一，頁一八九——一九〇。
註二七：戴季陶，「日本論」，頁七六，臺北，中央文物供應社，民國四十三年。
註二八：戴季陶，前書，頁七七。
註二九：戴季陶，前書，頁七九。

註三〇：戴季陶，前書，頁九三。

註三一：古屋奎二編著，「蔣總統秘錄」，第七冊，頁一九，臺北，中央日報社譯印，民國六十五年八月。

註三二：臼井勝美著，陳鵬仁譯，「中日『濟南事件』的回顧」，近代中國雙月刊，第六十五期，頁一六四，臺北，近代中國雜誌社，民國七十七年六月；蔣總統秘錄，第七冊，頁一九。

註三三：陳鵬仁譯，「中日『濟南事件』的回顧」，近代中國雙月刊，第六十五期，頁一六四；到太平洋戰爭之路，第一卷，頁二九九。

註三四：「昭和三年支那事變出兵史」，頁四四。

註三五：同註三三。

註三六：同註三三，頁一六六。

註三七：蔣永敬編，「濟南五三慘案」，頁七四，臺北，正中書局，民國六十七年；中野雅夫，「三個放火者」，東京，筑摩書房，一九五六年，頁三六說：這是日本特務機關的工作人員在中國軍與日軍之間，乘夜晚放槍而引起的。

註三八：蔣永敬編，「濟南五三慘案」，頁五。

註三九：「蔣總統秘錄」，第七冊，頁四一。

註四〇：陳鵬仁譯，「中日『濟南事件』的回顧」，近代中國雙月刊，第六十五期，頁一六八——一六九。

註四一：同前註；「昭和三年支那事變出兵史」，頁二九五。福田所提五項條件的第二條，好多書把它譯成類似「解除在日本軍前抗爭之軍隊武裝」（譬如沈亦雲，「亦雲回憶」，下册，頁三八五，傳記文學出版社；蔣永敬編，「濟南五三慘案」，頁七八；郭廷以，「中華民國史事日誌」，第二册，頁三四二；謝國興，「黃郛與濟案交涉」，中國現代史論集，第七輯，頁三七六，聯經出版社，民國七十一年；革命文獻，第十九輯，頁一三〇九等等）：但它應該譯爲：「在日軍面前，解除曾經抵抗日軍之軍隊的武裝」。

註四二：「昭和三年支那事變出兵史」，頁二九五。

註四三：蔣永敬編，「濟南五三慘案」，頁一五五。

註四四：同註四〇，頁一七〇。

註四五：同註四〇，頁一七〇。

註四六：同註四〇，頁一七一。

註四七：「昭和三年支那事變出兵史」，頁三五五——四三〇。

註四八：「蔣總統秘錄」，第七册，頁五一。

註四九：陳鵬仁譯，「中日『濟南事件』的回顧」，近代中國雙月刊，第六十五期，頁一七一。

註五〇：「蔣總統秘錄」，第七册，頁五四。

註五一：同前註，頁五四——五五；陳鵬仁譯，「中日『濟南事件』的回顧」，近代中國雙月刊，第六十五期，頁一七二。

註五二：張玉法，「中國現代史」，臺北，東華書局，民國六十八年十月，二版，頁二二八說：「時日本田中義一內閣正對中國有野心，聞張作霖決定要出關，乃命南滿路工兵聯隊長河本大佐設計炸斃張作霖」。這段話有兩個錯誤。第一、田中內閣沒有命令河本炸死張作霖；第二、河本大佐當時是關東軍高級參謀。該頁繼而又說：「河本大佐得張作霖的日籍顧問町田（筆者按：應該是町野）的協助，得知張作霖出關所乘座車的位置」，但這也與事實不符。其詳情，請看拙譯：「張作霖與日本」，水牛出版社，民國七十六年九月。（其舊版「我殺死了張作霖」，係於一九八六年，由聚珍書屋出版社發行，次年，大陸吉林文史出版社，曾予翻印）。
關於張作霖的出關問題，沈雲龍文有誤解。沈作「九一八事變的回顧」（張玉法編，「中國現代史論集」，第九輯，頁九〇，聯經出版事業公司，民國七十一年。）說：「日駐京公使芳澤謙吉復致函作霖，謂『內戰如延及東三省，日本將視為必要之有效措置』」。應該是：「其禍亂將殃及滿洲時，為維持滿洲的治安，帝國政府將不得不採取適當而有效的措施。」沈文又說：「旋又口頭警告張不可回東三省，並為決心阻張回奉起見，……」。這段話與事實完全不符。日本希望張作霖乖乖回東北，如果與革命軍交戰失敗後，則要解除其武裝，否則不准回東北。（「張作霖與日本」，頁五〇）。

註五三：陳鵬仁譯，「『五三』慘案的善後」。

註五四：同前註。

註五五：同前註。

註五六：「日本外交年表及主要文書」，下冊，頁一二五。

註五七：同註五三。

註五八：「蔣總統秘錄」，第七冊，頁三〇。

（北伐統一六十周年學術研討會論文，並刊登於民國七十七年八月份「中華文化復興月刊」）

斷交後的中日關係

一

一九七〇年十一月的聯合國大會，通過阿爾巴尼亞所提，以中共取代中華民國在聯合國席位的提案。這個事實，使素以聯合國爲其外交之重要一環的日本，開始改變其對華政策。

一九七一年七月，美國總統尼克森發表將訪問中國大陸，更加速了日本承認中共的步伐，並於一九七二年九月二十九日，因爲日本外相大平正芳片面宣佈終止中日和平條約，中華民國隨即與之斷交，而正式結束中日兩國的外交關係。

本文的目的，擬探討中日斷交的意義、比較同樣在無邦交情況下的中日關係和中美關係，以及展望中日關係將來的課題。

二

日本就與中共「建交」，與中華民國斷交，說這只是改變政府的承認而已。（註一）但在政治上，正如蔣中正先生給反對田中角榮首相欲與中共「建交」的回信所說，「若貴國竟與壓迫中國大陸人民之暴力政權建交，是與中國全體人民爲敵」。（註二）而這種「與中國全體人民爲敵」的情況，目前於大陸如火如荼地正在展開。

華盛頓郵報駐北平記者邵斯蘭引述一位學生領袖的話說：「我們目前抗議的焦點，是要求基本人權、言論、新聞與集會自由，而不是特別抨擊鄧（小平）或李（鵬）；但是，由於他們不聽學生的意見，仍然堅持老想法，因而成爲被批評的對象」。邵氏又報導說，另一位學生告訴他：「我們需要一位能夠超越目前這個制度的新領袖。」對於揮

舞着旗幟，在北平街上遊行的學生們，一般民衆都給予鼓掌。（註三）

遊行示威的學生，大叫「自由民主萬歲！」；（註四）高呼「以暴力爲手段的『政府』不會存在太久」；（註五）高幹子弟，學生工人良好「成分」的陳軍，大聲疾呼大陸必須有第五個現代化，即政治現代化，中國才有前途，否則一切都是空談。（註六）

這個藉口悼念「胡總書記」而向中共要自由、爭民主的運動，自北平擴大到西安、長沙、成都、廣州等大城市，北平的十九所大學和學院，且決定自四月二十四日起，開始全面性的罷課。（註七）這個怒潮澎湃的民主運動，將以五月四日爲目標，繼續推進，故祇有愈演愈烈，直到不可收拾，除非中共大規模地出動軍隊，予以鎭壓。

上述的大陸情況，在在說明了「壓迫中國大陸人民之暴力政權」中共的眞面目，而蔣中正先生之說日本與中共「建交，是與中國全體人民爲敵」，乃是這個意思。基於此種認識，日本之與中共「建交」是不應該的，也是不智的。

其次，日本以中共進入聯合國，而就認爲其代表中國，但在歷史上、思想上和文化上，中共不代表中國，也斷不能代表中國。如所周知，中共信仰馬克思主義，鼓動階級鬪爭，實行無產階級（實則中共）專政，與講人倫道德，以和爲貴的中國思想和文化是完全背道而馳的。而劉少奇和林彪的悲慘下場，便是反人性的共產主義制度的典型產物。（註八）

事實上，中華民國不但毅然存在，而且在欣欣向榮，其國力日趨壯大，人民過着康樂的生活，日本實沒有與其斷交的理由；更何況二次大戰後，蔣中正先生對戰敗國日本採取了史無前例的寬大政策，爲今日日本提供了其復興、發展和繁榮的基礎，（註九）雖然在國際政治上和國際關係上，很少人眞正講道義。

三

如上所述，日本於一九七二年九月，與中共「建交」，與中華民國斷交；而美國則於一九七八年十二月，與中共同時發表聲明，並於一九七九年一月一日，與中共「建交」，與中華民國斷絕外交關係。

美日兩國雖然與中華民國同樣沒有外交關係，但她們對於中華民國的措施却有很大的差異。以下我們來看看其實際情況。

(一)日本政府任意把中華民國在日本的外交財產交給中共；（註一〇）但美國政府却仍然將其歸諸中華民國。（註一一）

(二)爲着雙方之交流，中日兩國之間所設立的機構，亞東關係協會和財團法人交流協會，是純然依民間協定成立的機構；（註一二）但爲了繼續中美兩國的交往，美國國會特別通過「臺灣關係法」，以爲成立北美協調委員會和美國在臺協會的法律依據。（註一三）

(三)中美共同防禦條約，沒有像中日和平條約那樣，由日本外相片面宣佈立即作廢，而經過法定手續，一年以後才告消滅。（註一四）

(四)美國雖然廢除了中美共同防禦條約，但其餘中美間的條約協定仍然繼續有效。（註一五）可是中日間的法律關係則全部失效。

(五)美國關心臺灣的安全，「明白表示美國決定與中華人民共和國建立外交關係，係基於一項期望，即臺灣之未來將以和平方式決定之」，「任何試圖以和平手段以外之方式，包括經濟抵制或禁運，決定臺灣之未來將被認爲乃對西太平洋和平與安全之一項威脅，爲美國所嚴重關切」。因而美國要繼續對臺灣提供防禦性武器。同時要「維持美國之能力以抵抗任何可能危及臺灣人民安全或社會經濟制度之武力行使或其他形式之強制行動」。「任何對臺灣人民安全或社會經濟制度之威脅，以及因而對美國利益而產生之任何危險，總統應立即通知國會。總統與國會應依照憲法程序，決定美國爲對付任何此類危險，而採取之適當行動。」（註一六）

㈥美國國內法對臺灣繼續適用，承認中華民國國內法，並將防止從任何國際金融機構和任何其他國際組織剝奪中華民國會員國的資格。（註一七）

㈦美國同意中華民國在美國設立與斷交前同樣數目的機構和人員。（註一八）目前中華民國在美國設有十二所辦事處，三百四十五個工作人員。反此，中華民國在日本的東京和大阪設有辦事處，在福岡和橫濱設有分（支）處，工作人員六十五人。（註一九）

㈧美國與中華民國之間，簽有「有關美國在臺協會與北美事務協調委員會特權、免稅權及免責權之協定」，因而中華民國駐美工作人員享有近乎一般外交官特權的待遇。（註二〇）但中華民國駐日工作人員，却在日本國內法所允許的範圍內，受着比一般外國人稍微好點的待遇而已。（註二一）

(九)「臺灣關係法」優於美國的法令，故它實具有准條約的效果。（註二二）

(十)美國參議院外交委員會、衆議院外交委員會，以及國會其他適當委員會，要監督(1)臺灣關係法各條款之執行；(2)在臺協會之作業及程序；(3)美國與臺灣的繼續關係之法理及技術面；以及(4)美國關於東亞安全與合作政策之執行，並適時分別向其所屬各該議院報告其監督結果。（註二三）

(十一)臺灣關係法自生效之日起二年內，國務卿應每六個月，向衆議院議長及參議院外交委員會，提出說明並檢討美國與臺灣經濟關係之報告，以及指出對正常商務關係之任何干擾。（註二四）

由以上所述，我們可以知道，美國對中華民國的態度和措施，遠比日本對中華民國的態度和措施「友善」而「周到」。尤其是美國的國會，非常積極。這一部分固然由於

美日兩國的國情及其與中國傳統關係的不同所促成，但由此似乎也可以看出，美國的外交比日本的外交要高明許多。（註二五）

四

日本與中華民國斷交，主要的目的是要與中共「建交」，因此在這裏我們不得不討論中國大陸和臺灣的情勢，以比較誰更值得日本去爭取和承認。

從中共在大陸建立共產政權，以及中華民國政府播遷來臺，迄今剛剛四十年。在這四十年當中，同樣爲中國人，在大陸和臺灣所造成的一切，竟有天淵之別。

大陸在獨夫毛澤東專制之下，經過「三反、五反」運動，「反右派」，「總路線、大躍進、人民公社」之三面紅旗的「大躍進」政策，和「文化大革命」，搞得整個大陸天翻地覆，鷄犬不寧，爲中國人帶來有史以來的空前浩劫。在介於「大躍進」政策與「文化大革命」之間，雖然有劉少奇、鄧小平等的「修正主義」，以及毛澤東死後鄧小平的「四個現代化」，但在基本上，因爲其錯誤的共產主義制度，大陸無論在政治、經濟、社會、文化、教育各方面，都遠比臺灣落後很多。

在政治方面，臺灣於前年解除戒嚴，開放黨禁和報禁，充實中央民意代表機構，以擴大國民的政治參與，其政治景象，日益蓬勃，其前途實大有可爲。（註二六）反此，在大陸，除上述要自由爭民主的運動正在展開外，我想引述一些事實以指出其問題的嚴重及其前途之暗澹。

美國威斯康辛大學經濟學教授高希均說，他到大陸去講學，有一次與北大十一位博士班學生和方勵之座談，談到「大陸民主」問題時，八人表示悲觀，三人無意見。（註二七）

據海外學人前往大陸講學的經驗，發問最多的問題之一是，爲什麼在短短的三十多年之內，國民黨有如此驚人的成就？同樣爲中國人，爲什麼國民黨能共產黨不能？（註二八）

大陸讀書人對於中醫和中藥特別感興趣，這與大陸的政治環境大有關係，因爲在中共不斷一個接一個迫害知識分子的運動中，研究人文、社會科學和西方科技者，動則得咎，很容易被扣上頂「帽子」，惟有中醫和中藥，不管左右派、四人幫、紅衛兵總會生病吃藥！加以在西藥奇缺的大陸，搞搞中醫和中藥不但不會發生問題，而且還會受到大家的歡迎。（註二九）

在經濟方面，首先我們可以拿最有代表性的平均國民所得來比較。目前臺灣的平均國民所得爲大約五千美元，大陸則爲大約三百美元。（註三〇）人口一千九百多萬的臺灣的貿易總額爲一千一百零三億美元，人口十一億的大陸的貿易總額則爲一千零二十七億美元。（註三一）因爲臺灣遠比大陸經濟發達，社會繁榮，所以大陸青年乘漁船偷渡來臺找工作的事件，近來不斷發生。

在文化教育方面，臺灣年輕人受國中以上教育者佔百分之九十九以上，但在大陸，祇有百分之二十的人受過小學以上的教育。在臺灣受過大專教育者佔百分之十五，反此大陸的比例甚至於還不到百分之一。臺灣的教授的待遇，比大陸教授的待遇，高達大約二十倍以上。（註三二）

在物質生活方面，臺灣每一萬人擁有五千六百六十一輛汽車，大陸每一萬人祇有三輛汽車；臺灣每一百戶有九十七個冰箱，大陸每百戶祇有極少數；（註三三）臺灣每一百戶有九十九具電話，大陸每一百戶祇有極少數；臺灣每一百戶有一百二十・五架電視機，大陸每一百戶祇有九・五架；臺灣每人居住的面積爲二十一・四五平方公尺，大陸祇有四・九五平方公尺。（註三四）由此可見，臺灣與大陸人民生活程度的差距，是如何地巨大。

五

如上所述，在政治、經濟、文化、教育、社會各方面，臺灣比大陸進步很多。而且，爲着以三民主義統一中國，臺灣對大陸採取了好多相當大膽的措施，譬如開放民衆到大陸探親，邀請留美大陸學生來臺灣訪問，准許大陸同胞來臺爲其直系血親及配偶奔喪探病，臺灣組團到大陸參加亞洲青年杯體操比賽，五月初，以財政部長郭婉容爲團長的代表團將前往北平參加亞銀會議，新聞記者可以到大陸採訪，電影業者可以到大陸拍影片，不具官方身分的學者於去年九月，曾組團出席國際科學聯合會在北平舉行的年會，故此類民間人士前往大陸參加學術活動，必會日漸增加。（註三五）

其中，回大陸探親的影響似乎最大。自從一九八六年十一月，政府宣佈正式開放一般民衆赴大陸探親以後，根據中共「中國旅行社」的統計，自十一月二日起，半年以來「接待臺胞人數達四萬人」，平均每月六千人。（註三六）這是透過香港中共旅遊組織進入大陸的數字，如果加上從香港以外地區前往者，自不止這個數目。

由此，在大陸掀起了「臺灣熱」，它不時衝擊着大陸同胞，更衝擊着中共政權。對於開放探親對大陸的影響，政大蘇起教授認爲主要地有以下三點：

㈠突出了海峽兩岸貧富之懸殊的強烈對比，加強了人民的反共意識，使大陸同胞更加認清共產主義制度之不可取，因而迫使中共非做更大和更多的改革不可。

㈡中共將更加缺乏犯臺的口實。近年來中共所提攻臺的前提，除「臺獨」、「蘇聯」、「發展核武」和「嚴重內亂」外，還有「長期拒和」的一項。開放大陸探親雖然距

「和談」還遙遠，但中共如欲藉口「長期拒和」以武力攻臺，勢必愈來愈困難。

㈢中共將因此而更加瞭解臺灣的種種，所以可能制定更合乎實際的「對臺政策」，減少因錯誤而對臺灣輕舉妄動的危險性。（註三七）

當然，開放大陸探親對臺灣也有其問題，譬如將增加決策的困難；淡化了部分民衆的敵我意識，因而對中共的和平統戰失去警惕；中共可能以臺灣海峽平靜，而要求美國減少或停止賣武器給臺灣；雙方貿易（目前雖然是間接的）關係加強後，中共可能利用它來左右或影響政府政策的制定。（註三八）

海峽兩岸的中國人，皆主張一個中國，因此怎樣統一中國，便成爲今日中國人的最大課題。統一中國，祇有兩個方法，一個是訴諸於武力，一個是和平解決。使用武力，在武器這樣發達的今日，事實上不可能，也不值得去付出這樣大的代價。所以中國的統一，恐怕惟有和平統一之一途。

但要和平統一，談何容易，因爲臺灣和大陸意識形態、政治、經濟、教育、社會等制度的截然不同，要統一，其問題實在太多太複雜了。這需要相當長的時間，冷靜的因應，和很有耐性的不斷努力。

在這一點，我覺得美國西東大學楊力宇教授所提出的意見，還是值得我們參考。他認爲在和平統一的過程中，海峽兩岸應該信守以下幾個原則：⑴雙方必須放棄以武力做爲其達成國家統一的目標，臺北不要意圖以武力光復大陸，北平也不要企圖以軍事手段奪取臺灣。⑵在達成統一之前，雙方要維持現狀。⑶任何一方不要企圖把對方趕出國際組織或機構。⑷雙方當再確認一個中國的原則。臺北絕不能允許任何鼓吹「自決」和「臺獨」運動的企圖和努力。⑸在這過渡期間，雙方應該開始進行文化、學術、體育和郵件的交流，並允許民間的接觸和從事貿易活動。⑹在這期間，雙方應集中全力發展各自的民主政治和經濟，以便提供一個和平共存與和平競賽的環境，以減少雙方的差距。⑺雙方的經濟、文化、社會、政治差距有了實質上的縮小之後，才開始進行國家統一條件的談判。（註三九）

如能在這些前提的制度之下，讓全中國人自由選擇他們自己所喜歡和認爲最可行的制度，以達到國家的統一，應該最爲理想。至於是否能夠走上這種道路，實有待於雙方國人明智的抉擇和共同的努力。李登輝總統說：「我們必須瞭解，實行三民主義是全體中國人的共同理想。全世界的中國人無不希望中國的民主、均富與統一，也無法自外於中華民族歷史的源遠長流。我們堅信，中國必將統一，但一定是統一在以仁愛爲本的三民主義之下。」

六

從以上所述，我們知道，整個局勢對臺灣非常有利，對大陸是絕對不利的。這是完全由於三民主義制度優於共產主義制度所導致。

中華民國與日本同樣爲非共產主義的民主國家，具有共同的價值觀、願望和理想。所以，日本與中華民國合作，遠比與完全不同其意識形態和政治制度等的中共合作合乎日本國家的利益。今日的情勢，不是日本有求於中共，而是中共有求於日本。但在事實上，日本却自貶身價，感情用事，事事討好中共，處處巴結中共，大有惟恐奉承不逮之概。其實這是不必要的。

因此對於今後的中日關係，我們願意提出以下的呼籲。

日本應該制定類似美國「臺灣關係法」的法律，以爲中日兩國交往的法律根據，否則中日關係很難安定，這對中日兩國都是不利的。

在目前，個人認爲，日本可把中華民國政府當作有實體的事實上的政府，雖然中華民國政府仍然堅持它是中國唯一、合法的正統政府的立場。

西德與中共有邦交，與中華民國沒有邦交，但西德聯邦憲法法院院長却正式邀請中華民國司法院院長林洋港前往訪問，故日本實可與中華民國進行政府官員的互訪。

在經貿方面，中日兩國，因爲其經濟發展及其產業結構之不同，斷交後中日兩國間的貿易，一直是中華民國的入超，而且其赤字，與年俱增，迄至去年，共達四百二十億美元之譜。

平衡中日兩國間的貿易，固然有待於中華民國本身在各方面的努力，但我們更希望日本能夠做到以下幾點：

㈠確實消除非關稅的貿易障礙；
㈡與中華民國的有關機構建立一個管道，以研究如何增加對日本的輸出；
㈢希望日本的商社，大力協助推銷中華民國的商品到全世界去；
㈣有計畫地邀請中華民國的年輕企業家訪問日本；
㈤鼓勵多對中華民國作技術上的投資；
㈥多作經營、管理、資訊方面之交流和合作；
㈦協助培養未來可能最適合於中華民國之科技方面的人材；
㈧協助中華民國評估和培養工業生產的環境；
㈨協助服務業、金融業和運輸業等的現代化；
在科技方面，中華民國希望能夠由日本引進以下的技術；
㈠電腦數值控制器(computer numerical controller)；
㈡雷射引擎；
㈢可除抹光碟機(erasable optical disk driver)的量產技術；

㈣超導體材料及應用之合作與開發；以及

㈤日中翻譯機的合作與開發。

中日兩國雖然沒有邦交，但兩國因爲歷史上和地理上的因素，關係極其密切，譬如一九八八年度兩國的貿易總額爲二百三十五億九千多萬美元，（日本出超六十億五千萬美元）；同年度雙方來往的人數一共爲一百三十二萬八千五百零二人（我國人赴日者四十一萬一千三百四十一人，日人來我國者九十一萬七千一百六十一人）。而且，每十五分鐘，有一條日本油輪經過臺灣海峽。（註四〇）

日本應該面對這個事實，和珍惜這個事實；日本更應該協助海峽兩岸的中國人能夠和平地達成以三民主義統一中國的理想，因爲非共產主義的中國的出現，對日本是有幫助的，而這也是全中國人的希望。

最後，我想引述方丹在「致鄧小平的公開信」中所說的兩段話，作爲本文的結論：「大陸政權是越來越『革命』，但是人民生活越來越窮；臺灣政權是愈來愈『反動』，但是人民生活越來越富足。」「我們是寧可要一個『反動』的臺灣也不要一個『革命

』的中共。誰讓我們富裕，我們就擁護誰。」（註四一）

註釋

註一：林金莖著，「櫻と梅」，一九八四年三月，東京サンケイ出版，三二四頁。

註二：張羣著，「我與日本七十年」，一九八〇年四月再版，臺北，中日關係研究會，二六五至二六六頁。

註三：「臺灣新生報」，臺北，一九八九年四月二十四日，第三版。

註四：同前註。

註五：段家鋒，「大陸知識分子的『反動』與『反思』」，「中央日報」，臺北，一九八九年四月二十四日，第二版。

註六：同前註。

註七：「中國時報」，臺北，一九八九年四月二十四日，第十版。

註八：關於林彪之死，請參考中嶋嶺雄著，「中國」，一九八五年一月，東京中央公論社，五版，一〇一至一〇三頁及中嶋嶺雄著，「中國像の檢證」，一九七二年十月，中央公論社，一〇二至一一一頁。「劉少奇死於開封監獄」，劉紹唐編，「民國人物小傳」，傳記文學社，第五冊，四二七頁。

註　九：鹿內信隆，「蔣介石秘錄と私」，收於陳鵬仁編譯，「近百年來中日關係」，一九八八年十一月，再版，臺北，水牛出版社，一三三至一三六頁；灘尾弘吉，「蔣介石先生の遺德を顯彰することの意味」，收於前書一二一頁。

註一〇：林金莖，前書，三六四至三六五頁。

註一一：林金莖，前書，三八六頁。

註一二：其詳細，請參閱林金莖，前書第十四章，「交流協會と亞東關係協會の成立」。

註一三：關於「臺灣關係法」之成立經過與其討論情形等等，請參考關中著，「中美關係的檢討」，一九八二年十一月，作者自刊，四七四至五二一頁；邢福泉著，「新國際關係論」，一九八四年十月再版，臺北，黎明文化事業股份有限公司，一六六至一八一頁。

註一四：美國政府之聲明。中嶋嶺雄教授也說，中共並沒有要求美國立刻廢除中美共同防禦條約。中嶋嶺雄著，「現代中國と國際關係」，（一九七三年十二月，日本能率協會），一四〇頁；關於「臺灣關係法」之立法過程，李大維著，「臺灣關係法立法過程」，臺北，洞察出版社，一九八八年七月，有整個過程的詳細研究。

註一五：「臺灣關係法」，第四條第三款。

註一六：「臺灣關係法」，第二條第二款第四、五、六項，以及第三條第三款。

註一七：「臺灣關係法」，第四條。美國幾乎把臺灣當作「準國家」看待。

註一八：「臺灣關係法」，第十條第二款。

註一九：但亞東關係協會的六十五個工作人員，自一九八八年六月起，五年之內不得增加。

註二〇：「臺灣關係法」，第十條第三款。林金莖，前揭書，五五〇至五五五頁。

註二一：但中華民國政府卻給交流協會在華工作人員以國際機構工作人員同樣的待遇。林金莖，前揭書，五五九頁。

註二二：「臺灣關係法」，第六條第三款。

註二三：「臺灣關係法」，第十四條第一款及第二款。

註二四：「臺灣關係法」，第十二條第四款。又關於「臺灣關係法」的條文，筆者引用的是邢福泉著，「新國際關係論」一書上的條文。

註二五：中嶋嶺雄，「現代中國と國際關係」，一四〇頁。

註二六：在這一點，小谷豪冶郎著，「素顏の中華民國」，一九八八年五月，東京早稻田出版，一書很值得參考。中文版由陳鵬仁譯，以「中華民國的遠景」的書名，於一九八八年十二月，由中央日報社出版。又，一九八九年一月號海華雜誌有關「臺灣經驗與中國前途」的專輯也很值得參考。

註二七：「臺灣新生報」，臺北，一九八九年四月二十四日，第三版。

註二八：張虎，「從臺海兩岸政治發展看大陸探親之影響」，「中國大陸研究」，臺北，一九八九年二月號，四九頁。

註二九：何慶華，「紅星下的故國」（三），「傳記文學」，臺北，一九八八年二月號，五一頁。

註三〇：馮滬祥，「三民主義與共產主義——從文化層面比較兩者在中國的理論與實踐」，收於「三民主義與共產主義在海峽兩岸的實踐與比較」，一九八九年二月，臺北，政大國關中心，四七頁。

註三一：「經濟部國貿局外滙統計資料」。

註三二：馮滬祥，前文，四七至四八頁。

註三三：汪學文編，「臺灣海峽兩岸各種體制之比較研究」，一九八七年十二月，臺北，政大國關中心，四三〇頁。

註三四：汪學文，前書，四二七頁。

註三五：吳安家，「中國統一之道：一些概念和阻力」，「中國大陸研究」，臺北，一九八九年二月號，八頁。

註三六：張虎，前文，四九頁。
註三七：同前註，五〇頁。
註三八：同前註。
註三九：吳安家，前文，六頁。
註四〇：矢島鈞次，廿一世紀への中國の選擇，一九八五年七月，東京，中央經濟社，二一五頁。
註四一：張虎，前文，五〇頁。又，關於斷交後中日間的文化交流，蔡茂豐教授有很詳細的研究。「中日斷交後の文化交流に對する回顧と展望」，「日本學報」，一九八五年十二月，第六期。

七八、四、廿四

（第一屆「亞洲展望」研討會論文，並刋登於民國七十八年七、八月份「中華文化復興月刋」）

國父著作的翻譯在日本

國父畢生從事革命，於一八九五年首次亡命日本，以至一九二四年最後一次訪日，國父與日本前後有三十年的因緣。在這三十年中間，國父曾經去過日本十五次，一共住了將近十年，他與日本的關係，實在不同凡響。

由於這種原因，有關　國父的日文文獻，非常之多。今日我想來介紹　國父著作在日本的翻譯情形。

國父演講三民主義於一九二四年，根據資料，一九二六年十月，支那問題研究所出版了長野朗譯的「三民主義」，這應該是最早的日文版本。但至今我還沒看過這個版本。其次是金井寬三譯的「三民主義」，於一九二九年八月三日，由改造社發行。屬於改造文庫第一部第四十篇，定價三毛錢。它寫「孫中山著」，以田川大吉郎的「孫中山先生」一文作為序，內容除「三民主義」全文外，還有「五權憲法」、「地方自治實行法」和「錢幣革命」，一共二百八十八頁。

金井寬三譯的「三民主義續篇」，於一九三六年二月二十一日，同樣由改造社出版，定價四毛錢，內容有「國民政府建國大綱自序」、「國民政府建國大綱」、「國民黨政綱」、「中國國民黨第一次全國代表大會宣言」、「孫總理遺囑」、「訓政時期約法」、「國民政府組織法」、「中華民國憲法草案」、「大亞細亞主義」、「建國方略」（物質建設）、「產業計畫」，從「第一計畫」到「第六計畫」、「結論」，一共有二百九十一頁。金井的翻譯，可以說是節譯，但錯誤很多，而且凡是批評到日本軍閥的部分，則全部省掉。譬如　國父在「實業計畫」的「結論」說：「在近三十年間，日本於每一戰爭之結局，即獲最厚之報酬，無怪乎日本之軍閥以戰爭為最有利益之事業也。」「今中國已醒覺，日本即欲實行其侵略政策，中國人亦必出而拒絕之。即不幸中國為日本所佔領，不論何時何處，亦斷非日本所能統治有利。」都不見了。

沈覲鼎譯「日文三民主義」，是於一九三〇年，由中國國民黨中央執行委員會宣傳部在上海出版的。沈氏的日文，比日本人還要好，可惜文字有些生硬，而且不是全譯，是有所「調整」，但翻譯非常正確。一九四九年二月，日本評論社曾予以翻印，書名改爲「三民主義」。

日本外務省調查部譯的「孫文主義」上中下三冊，於一九三六年問世；一九六七年，原書房曾經予以翻印，書名改爲「孫文全集」。這主要的是根據胡漢民編「總理全集」翻譯的，所以 國父的大部分著作都包括在裏面。但其翻譯不是很正確。

從一九三九年九月到一九四〇年十月，第一公論社出版過「孫文全集」，共計七卷，包括「三民主義」、「孫文學說」、「實業計畫」、「民權初步」、「革命方略」、宣言、演講、談話、函電等等， 國父著作，幾乎都有。是日本外務省調查部譯「孫文主義」的翻版。

中國文學家魚返善雄翻譯的「三民主義及自傳」，係於一九四六年五月，由新世紀出版社發行，因爲我沒看過這個版本，所以翻譯是否正確我不敢說，不過其文字是優美的。

山口一郎等譯「世界大思想全集」第二十三卷，由河出書房，於一九六一年三月問世，內容是三民主義全部演講。

安藤彥太郎譯的「三民主義」上下兩册，係於一九五七年三月和五月，由岩波書店出版，內容是三民主義演講和「中國國民黨第一次全國代表大會宣言」。上册二百四十五頁，下册爲二百五十八頁。這可能是最早的日文版全譯本，有人說這個本翻譯最好，但我覺得並不怎麼樣，這不是因爲譯者是親共學人，用於翻譯的是大陸版本，而的確是如此。

小野川秀美編「世界的名著」第六十四卷，「孫文、毛澤東」，一九六九年，中央公論社出版。把毛某與　國父並提，是日本左派學者的荒唐。它譯載　國父的「三民主義」、「有志竟成」、「講演集」、「書簡集」和「宣言集」，一共有二百五十四頁。其中「有志竟成」係根據中國國民黨中央黨史會發行的「國父全集」翻譯的。

筑摩書房於一九六一年出版的「世界非小說散文文學全集」第十七卷，載有蘆田孝昭譯的「倫敦被難記」，並附有　國父給犬養毅的書信。

「中國革命」（現代革命的思想3），山田慶兒編，筑摩書房，一九七〇年出版，內容爲「中國同盟會軍政府宣言」和給國民黨的遺囑。

中國古典文學大系第五十八卷，「清末民國初政治評論集」，西順藏、島田虔次編，一九七一年，平凡社出版。它刋有「支那保全分割合論」和「民報發刋詞」。

小野信爾、吉田富夫、狹間直樹合著，「革命論集」（中國文明選15），朝日新聞社，一九七二年出版，收有「東京富士見樓對留日學生的演講」。

小島晉治、伊東昭雄、光岡玄、板垣望、杉山文彥、黃成武著，「中國人的日本人觀一百年史」，一九七四年，自由國民社出版，它譯載「支那保全分割合論」、「致寺內正毅論東亞和平及中日親善書」、「致犬養毅書」、「大亞洲主義」、「中國國民黨給日本國民之忠告宣言」。

西順藏編，「原典中國近代思想史」第三册及第四册，一九七七年，岩波書店出版，載有「興中會章程」、「香港興中會宣言」、「中國同盟會軍政府宣言」、「支那保全分割合論」、「駁保皇報」、「中國問題之眞解決」、「東京富士見樓對留日學生演講」、「三民主義與中國民族之前途」、「孫文學說自序及第五章」、「中國國民黨第一次全國代表大會宣言」、「農民大聯合」、「耕者要有其田」和「致犬養毅書」。

寺廣映雄著，「中國革命之史的展開」，一九七九年，汲古書院發行，收有「中國革命史」。

堀川哲男著「孫文」（人類智慧的遺產63），一九八三年，講談社出版，精裝本，三百六十七頁，第一頁用的是　國父於民國十三年在廣州大元帥府辦公廳攝的那一張最標準的照片。裏頭譯刊有「上李鴻章書」、「三民主義與中國民族之前途」、「民生主義與社會革命」、「中國國民黨第一次全國代表大會宣言」、「大亞洲主義」。譯筆非常好，而且正確，是很有水準的翻譯。

山口一郎、伊地智善繼監修的「孫文選集」第一、第二卷，由社會思想社，分別出版於一九八五年五月，和一九八七年五月，第三卷好像還沒問世。封底都是用　國父在廣州大元帥府的那張照片。第一卷三百八十八頁，收三民主義演講的全譯；第二卷有四百一十五頁，包括「心理建設」、「軍人精神教育」、「黨員不可存心做官」、「國民黨過去失敗之原因與今後努力之途徑」、「國民黨奮鬥之法宜兼注重宣傳不宜專注重軍事」、「革命在最後一定成功」、「救國救民之責任在革命軍」、「革命的基礎在高深的學問」、「三民主義與中國民族之前途」、「社會主義之派別及批評」、「救國之急務」、「農民大聯合」、「耕者要有其田」。

其第三卷預定翻譯「中國革命史」、「興中會宣言」、「中國同盟會宣言」、「就任臨時大總統宣言」、「護華革命黨成立宣言」、「中法宣言」、「和平統一通電」、「中國國民黨改組宣言」、「中國國民黨第一次全國代表大會宣言」、「北上宣言」、「遺囑」、「中國存亡問題」、「支那保全分割合論」、「中國問題之眞解決」、「中國民主革命之重要性」、「物質建設」（實業計畫）、「解決中國問題之道」、「爲廣州高田事件之對外宣言」、「山田良政建碑紀念辭」、「國民會議爲解決中國內亂之法」、「學生須贊成國民會議」、「大亞洲主義」、「日本應助中國廢除不平等條約」等等。

「孫文選集」的譯者包括監修者和伊藤秀一、庄司莊一、寺廣映雄、中村哲夫、西村成雄、林要三等人，都是現任的大學教授。其翻譯水準相當高，用的是中國國民黨中央黨史會出版的「國父全集」和大陸版本，還附上許多譯註。

戰後，民國三十五年九月，臺灣省行政長官公署宣傳委員會出版過「三民主義」日文版，說它是「編譯兼發行者」，實際上是前述第一公論社所出版第一卷「三民主義」的翻印。

二次大戰以後，日本由軍國主義國家變成民主主義國家，思想、言論百分之百地自由，左派思想之高漲，研究中國文學、近代史或思想者，大多左傾，因此翻譯 國父思想著作的也多是這些人，這是最遺憾的一點。將來，我們應該設法把 國父全部著作翻譯成日文版的定本。

（原載民國七十七年十一月十二至十五日「中央日報」）

日本人對中國國民黨黨史的研究

一

由於　國父與日本關係之非凡，（註一）日本人研究中國革命和　國父思想的著述，相當地多，雖然他們的研究不一定正確。（註二）

但對於中國國民黨黨史的研究，却少得不能再少。這也許是因爲中國國民黨歷史悠久，演變過程比較複雜，不方便於外國人研究所致。

根據我所知道，眞正研究中國國民黨黨史的日文專書，祇有一本。這本書書名叫做「中國國民黨通史」，著者爲波多野乾一，（註三）於一九四三年八月，由東京大東出版社發行，賣價八・〇五日元。

「中國國民黨通史」，全書六百二十九頁，除「自序」外，分成十個單元，一、「什麼是中國國民黨?」二、「黨史解題」；三、「孫文年譜」；四、「興中會」；五、「中國革命同盟會」；六、「『政社』中國同盟會」；七、「國民黨」；八、「中華革命黨」；九、「中國國民黨」；十、「純正國民黨」。

由於此書撰寫於太平洋戰爭時期，日本人對於汪精衞傀儡政權有擁護其政府當局政策之看法，（註四）所以著者波多野便把汪精衞的僞國民黨說成是「純正國民黨」，即「眞正的或正統的國民黨」之意。因此波多野在其「自序」說：「誤中國的是中國國民黨，而救其滅亡的也是中國國民黨（其正統派—純正國民黨）」。波多野更把在重慶的正宗的中國國民黨說成爲「亞流國民黨」，並說這個「亞流國民黨」仍然「不放棄抗戰建國的迷夢」，「其愚蠢殊値可憐」。這是他的「愛國心」作祟，而使其成爲「亞流學者」。三十年前，我留學東京時，曾與波多野見過面，當時我還沒看過「中國國民黨通史」，不知道他曾經說過這種話，否則就問他日後的感想，實在可惜。

波多野寫「中國國民黨通史」，主要地根據以下六種專書寫成。一、華林著「中國國民黨史」；二、李宗黃著「中國國民黨史」；三、陳希豪著「過去三十五年中之中國國民黨」；四、鄒魯著「中國國民黨史稿」；五、浙江財務人員養成所編「中國國民黨史」；六、張昭麟著「中國國民黨史」。

上述六書中，波多野對於第五種評價最高，他猜測此書的撰述者是陳布雷；但書中引用最多的是鄒魯的「中國國民黨史稿」。（註五）

由於波多野主要地根據上述六書撰寫此書，因此，此書的整個內容非常詳細而正確，除「純正國民黨」的部分以外。

譬如他在說明「什麼是中國國民黨?」時，他引述了 國父、甘乃光、李宗黃、戴季陶和浙江財務人員養成所編「中國國民黨史」的定義，並認爲戴季陶的定義最爲出色。（「國民革命與中國國民黨」）波多野最後綜合以上五種定義，而把中國國民黨界定爲：「中國國民黨是，中國各階級中的革命分子，代表中國一切被壓迫階級之共同利益，信奉孫中山先生所著三民主義爲最高原則而組成的革命黨」。（該書三頁）

在　國父年譜，波多野說，日本人起初把　國父稱爲孫逸仙，民國以後通稱爲孫文。（一〇頁）在今日日本，一般人還是稱爲孫文，但最近,有些學者開始稱呼孫中山了。興中會部分，波多野介紹了　國父立志革命的動機，　國父的少年時代、求學時代、上李鴻章書、興中會的創立、檀香山興中會成立宣言、香港興中會宣言、會的基本勢力、一八九五年廣州之役、倫敦蒙難、惠州起義、洪全福起義、蘇報案、黃興長沙之役和萬福華之狙擊王之春。

中國革命同盟會部分，他敍述同盟會之成立經過，其組織（人事）、宣傳（主要是「民報」）主義政綱、軍政府宣言、中華民國對外宣言、吳樾之擬炸考察憲政大臣、萍鄉之役、黃崗之役、惠州七女湖之役、徐錫麟刺恩銘、防城之役、鎭南關之役、欽廉上思之役、四川之役、河口之役、安慶之役、廣州之役、熊成基謀殺載洵、廣州新軍之役、汪精衞北京炸彈事件、溫生才擊斃孚琦、廣州三・二九之役、林冠慈、陳敬岳打李準、李沛基擊鳳山、四川鐵路國有之亂、即時開設國會運動，以至武昌起義之成功。然後說明全國各地起事光復的經過，和南京臨時政府的成立，並附臨時政府組織大綱二十一條，至爲詳細。

「政社中國同盟會」的內容，說明同盟會由秘密組織變成公開的政黨（「中國同盟會爲團結同志宣言」）、與袁世凱的交涉經過、南北的統一、政黨的林立，說是一時大小政團有三百多。

國民黨時代只有十八頁。其內容包括共和黨的成立與其分裂、國民黨問世、民主黨的誕生、大選結果、宋教仁被暗殺、第一屆國會的召開、討袁之役、國會被破壞、制定新約法等等。

中華革命黨部分，分述黨的建立、組黨宣言、中華革命黨總章、主義、人事、宣傳、袁世凱的帝制運動、洪憲之役、洪憲之役與中華革命黨、恢復約法、重開國會、政團又林立、解散國會　張勳復辟和護法之役。

中國國民黨這個單元，分量最多，一共有三百二十四頁，當然是此書的重點，此書之叫做「中國國民黨通史」是不虛其名的。這是由於愈往後資料愈豐富，和中國國民黨與時代的重要性所導致。

它討論五四運動的影響、中國國民黨通告及規約、孫中山就任非常大總統、陳炯明叛變、整理黨務、總章、採取聯俄容共政策、一全大會的召開、一全大會宣言、中國國民黨總章、改組的意義、黃埔軍校的創立、公佈建國大綱、中共黨團的跋扈、極右派和右派的反共、孫中山的北上與逝世、左右兩派的分裂、西山會議、五卅慘案、二全大會、二全大會宣言、二全大會的各項決議、中山艦事件、整理黨務案、北伐的進展、四・一二政變、國共分裂、寧漢合作、完成北伐、三全大會的經過、三全大會宣言、三全大會的各項決議、蔣・馮之戰、第二次蔣・馮之戰、蔣閻之戰及北平擴大會議、軟禁胡漢民與召開國民會議、廣東國民政府與反蔣活動、四全大會的經過、四全大會宣言、四全大會的各項決議、一九三二年的政局、ＣＣ團與藍衣社、一九三三年的政局、新生活運動、第一至五次剿共、中日恢復正常遭到挫折、五全大會的經過、五全大會宣言、成立抗日人民戰線、西安事變、國共再度攜手、中日事變爆發、臨全大會的經過、臨全大會宣言、抗戰建國綱領、國民參政會組織條例和臨全大會以後的黨務。

在這一部分，作者波多野認爲，一全大會最大的意義是黨的改組和創建國民革命軍

；尤其重視聯俄政策、反帝國主義和工農政策。（二七四頁以後）

波多野特別強調　國父在神戶「大亞洲主義」演講的重要性，並說它七年後（一九三一年）覺醒了汪精衞，又七年後成爲汪精衞的和平反共建國運動的指導原理，從而於一九三九年催生了「純正國民黨」。（三〇一頁）他更大膽地說：「今日的局面是過去的孫文驅使在世的汪精衞所造成。」（三〇二頁）

但波多野對於新生活運動却給予很高的評價（四七四頁以後）；關於西山會議，他說佐藤俊三著「支那近世政黨史」二七五—三〇七頁有很詳細的記載。

赤都瑞金被國軍擊破以後（一九三四年十一月十日），波多野認爲，中共的作法是，在軍事上必須另找根據地以保存實力，在政治方面，盡力設法打開目前困境，結果由第三國際和中共（主要的是其駐莫斯科代表團主席陳紹禹）想出來的便是成立抗日人民戰線。（五〇五頁）事實上，中共因爲日本之侵略中國（以九・一八爲開端），纔得死灰復燃，免於覆滅。

對於盧溝橋事變，波多野一口咬定這是由第二十九軍所發動。（五一八、五二〇頁）當然這也是他「愛國心」的流露，無可厚非。

至於此書最後的單元「純正國民黨」部分，因爲作者波多野的「愛國心」，我想不必多費筆墨了。它談的是汪精衞的和平建國運動、僞六全大會、對三民主義的歪曲、日汪基本條約的簽訂和汪僞政權如何日漸壯大。（註六）

總之，波多野這本書，除與中日戰爭亦即與汪精衞僞政權有關的部分大有問題外，其餘的內容都還說得過去。換句話說，除「純正國民黨」這個單元以外，這本書是有關研究中國國民黨黨史最標準的一本日文書。

二

其次，我想提到與中國國民黨有關係的一本書和一篇文章。一開始我們就說過，日本有許多關於中國（辛亥）革命的書，辛亥革命離開不了中國國民黨，所以這些專書照理都應該予以介紹，惟因太繁雜，故我祇擬提到以下一書和一文。

這本書是佐藤俊三著「支那近世政黨史」，於一九四〇年十一月，由東京的大阪屋號書店出版，一共有四百一十六頁（包括附錄和清末、中華民國初期政黨表），定價四日元。本文和目錄之前，有曾任僞滿「實業部大臣」和「外交部大臣」的張燕卿、日本陸軍少將大迫通貞、前北大教授胡鈞的題字和序文。

作者從會黨—三合會和哥老會談起，並把會黨也說成是政黨。當然這與今日一般人所瞭解的政黨不同，作者佐藤可能從廣義的政治行動着眼，而才把三合會和哥老會叫做政黨。

由於這本書寫的是近世中國的政黨，所以也談到保皇黨、統一黨、共和黨等等，但在此我只能提到有關中國國民黨的部分。因為本文的主題是中國國民黨史的研究。

本書作者也是從興中會說起。但他把興中會的創立說成為光緒十八年亦即一八九二年，地點是澳門，並說於一八九四年在檀香山召開興中會的第一次大會。它列出興中會宣言、興中會規則。又，波多野的「中國國民黨通史」和本書都說　國父曾經與李鴻章見過面，大事游說，但這是沒有根據的。（一二頁）

本書將中國同盟會分成兩部分，一個是所謂歐洲同盟會，一個是東京的中國革命同盟會。但前者的名稱爲朱和中所取，作者佐藤說，在比利時開會時只叫做「革命團體」，等到一九〇五年東京的中國革命同盟會的名稱確定，通知以後，德國、法國和比利時的團體才一律稱爲同盟會。（四一頁）

佐藤對於東京同盟會的記述，非常詳細。從其集會之人、時、地、經過、人事（包括國內各省負責人）、軍政府宣言、軍政府對外宣言、中國同盟會總章，全文刋出。其次談到同盟會中部總會，有關該會之 國父的演說、宣言，都曾予介紹。（五五—六二頁）

關於國民黨，它的創立經過、改組公文、國民黨成立宣言，都有介紹。（七八—八九頁）尤其對於民初的政局，說明詳盡。

中華革命黨，民國三年七月八日，正式成立於東京築地精養軒， 國父的入黨號碼爲一百六十一號，主盟者胡漢民，介紹者爲陳英士和居正。（一〇〇—一〇一頁）

中華革命黨將建國的程序分成軍政、訓政、憲政三個時期，並將中華革命黨宣言、中華革命黨總章、中華革命軍大元帥檄，全文刋出。

關於中國國民黨時代，首先它刋載第一次全國代表大會紀錄，出席者的名字自不必說，還標出來自何地，是遴選代表還是推選（選舉）的代表，當然包括海外的代表。

其次說明大會的經過，刋登中國國民黨總章凡八十九條、成立國民政府的經過、一全大會紀錄（二），包括大會宣言、有關感化游民土匪及優待革命軍人決議案、規律問題決議案、海關問題決議案。關於一全大會的種種，本書可能是日文著作者最詳細者。

此書下來介紹西山會議。關於西山會議的日文文獻，此書也可能是最爲詳盡。它刋出張繼、林森、謝持、鄒魯等給汪精衞、譚延闓、蔣中正等人的密函；吳稚暉、李石曾等給鄒魯等的信、林森等召集執行委員會通電、在京開會報告通電、取消共產黨員黨籍決議案、中央執行委員會決議案（包括解聘鮑羅廷顧問職）、懲戒汪精衞決議案、中央執行委員會第四次全體會議第一次會議紀錄、取消共產派黨籍案文、解聘鮑羅廷案、取消政治委員會案、取消共產派黨籍宣言、中國國民黨宣言（取消共產派在本黨黨籍文）、對時局之宣言、開除譚平山等案、開除汪精衞黨籍案、開除汪精衞黨籍案判決書、對蘇俄決議案、總理孫文逝世後因反對共產派被開除者應分別恢復黨籍案；宣言，包括告國民書、中國國民黨宣言（反駁汪精衛十二月四日通告文）、與蘇聯大使加拉罕書。另外還附廣州會議前後的重要文件，包括汪精衛否認西山會議的言論、彈劾西山會議決議案、林森等的覆電，和中國國民黨宣言（與廣州第二次全國代表大會）。

以上是本文有關中國國民黨紀述的大要。下面還有兩篇附錄。

第一個附錄叫做「民國以來的政黨略史」，敍述中國同盟會、統一黨與共和黨、統一共和黨、國民黨與民主黨、進步黨與新共和黨、公民黨與民憲黨、中國國民黨等等。

第二個附錄題名「中國國民黨略史」，是名符其實地專談中國國民黨。內容包括中國國民黨的成立經過、中國國民黨政綱、中國國民黨宣言、中國國民黨的改組及其發展、一全大會、二全大會、三全大會、四全大會開會經過及全體中央執行委員會委員及候補執行委員及監察委員名字、重要決議案、清黨、西山會議、國民政府委員名字、改組後黨的組織系統，皆有所論列，非常詳細。

此外，雖然不是純粹屬於中國國民黨的事，但我想一提的是，曹錕的賄選。該書二二〇頁有浙江省國會議員邵瑞和彭曾，弄到一張五千元郵票，將其拍成照片，製版印刷公布並做爲證據以控告高凌霨等違反選舉和受賄，惟因法庭受到軍閥壓力，而不了了之的記載。又，國會議員投票選舉總統時，有人在選票上寫成「五千元一票」，惟主席吳景濂把它藏起來，沒發表。（二二〇頁）

最後，我想提到清水董三的文章「中國國民黨」。此文發表於一九二六年十二月號的「支那研究」，一共有一百零二頁。此文把重點放在黨的改組，故對於國民黨員和共產黨員的論爭，介紹很多，爲其他日文著述所少見。

其次，它介紹中國國民黨的政綱、組織（包括中央和地方）、國民革命軍黨代表條例、宣傳、實際運動、中央軍事政治學校教育綱領、中央軍事政治學校條例、並附有國民革命軍一覽表，此表包括軍長、黨代表、參謀長、師長、副師長或參謀長姓名、兵力人數、裝備、駐軍地及其特色等等，還有國民革命軍總司令部職員編制表。

註釋

註一：關於國父與日本的關係，作者曾經出版過以下數書。「孫中山先生與日本友人」（水牛出版社）、「宮崎滔天論孫中山與黃興」（正中書局）、「論中國革命與先烈」（黎明文化事業公司）、「宮崎滔天書信與年譜」（商務印書館）、「宮崎滔天與中國革命」（高雄三信出版社）、「國父在日本」（商務印書館）和「三十三年之夢——宮崎滔天自傳」（水牛出版社）。

註二：關於國父的日文文獻，「孫中山先生與日本友人」一書的附錄，有非常齊全的著述目錄。

註三：波多野乾一，一九一二年上海東亞同文書院政治學科畢業，曾任大阪朝日新聞記者、大阪每日新聞、時事新報北京特派員、著有「支那之政黨」、「現代支那之政治與人物」，尤以「中國共產黨史」（七卷）的著者馳名。

註四：日本人當中，對於中日戰爭有客觀看法者很少，其中一位就是中日戰爭時擔任外務省東亞局長的石射猪太郎。其詳情參閱拙譯「石射猪太郎回憶錄」（水牛出版社）。

註五：鄒魯著「中國國民黨史稿」，有日文譯本，於一九四八年，由亞東協會翻譯和出版。不過作者還沒看過這個譯本。

註

六：「汪精衛政權之不得人心」，朝日新聞社出版，「到太平洋戰爭之路」第四卷「中日戰爭」（下）和上村伸一著，鹿島平和研究所出版「日本外交史」第二十卷「日華事變」（下）皆有記載。前書二一六——二一七頁；後書三〇四頁。中國革命之友山田純三郎大罵汪精衛太太陳璧君爲「貪而無厭的女人」，斥汪精衛爲「無節操漢」，以爲汪精衛一夥人是「誤中國的大漢奸，而憤慨。」（「石射猪太郎回憶錄」，一五〇——五一頁）

（原載民國七十九年元月分「中華文化復興月刊」）

誰炸死了張作霖？

口述「手記」資料足以改寫日本現代史

最近在日本，發現了有關九一八事變之眞相的文件。而且，這些文件是由策劃和發動九一八事變者留下的口述「手記」。它由七十二張很粗糙的「陸軍省格紙」所構成，封面寫著「滿洲事變史料」，口述者有炸死張作霖的河本大作、策劃柳條湖事件的橋本欣五郎、土肥原賢二、三谷清、實行它的川島正，以及當時的參謀次長二宮治重和田內上校七個人。

這些口述，完成於自一九四二年至一九四四年，乃日本參謀本部所規劃謀略研究的一環，而實際擔任此項工作的，據說是當時爲參謀本部之外圍團體的大野事務所。日本戰敗後，參謀本部消滅，這些文書由某人保管（至今這個人不願意透露其姓名）爲着避免盟軍和遠東國際軍事法庭的發覺，這個人志願在由中國大陸撤退日人的船隻工作，並將這些資料帶到船上，萬一被發覺時，可以隨時把它丟進海裡。

遠東國際軍事法庭裁判日本戰犯的結果，七個人被判死刑；而上述七個人當中，祇有土肥原在死刑之列，另外一個人即橋本欣五郎被判無期徒刑。換句話說，這些文書如果在當時被發現，遠東國際軍事法庭的判決很可能不同，戰後日本史的寫法，也得有所修改。

這些機密文書到底寫着什麼呢？現在，我們來看看它們的內容，並做些補充說明。

張作霖排日氣氛比華北軍閥更濃厚

河本大作的「手記」

一九四二年十二月一日，於大連河本府，二十五張格紙，當時，河本是關東軍上校高級參謀，是炸死張作霖的主謀者。他說：

「一九二六年三月，我上任關東軍高級參謀來到滿洲時，滿洲已經不是從前的滿洲了。

「當時的總領事吉田茂，到張作霖那裡去談判，如果話談到對對方不利的事，張作霖便說牙齒痛而溜掉，因此未解決的問題堆積如山。張作霖的排日氣氛，實比華北的軍閥更濃厚。所以我覺得，我們必須趕緊有所作爲。

「一九二七年，武藤（信義）中將就任關東軍司令官。該年八月，出席東方會議的武藤軍司令官主張說，滿洲問題非以武力不能解決，武力解決成爲國家的方針。

「在此以前，亦即一九二五年十二月，發生郭松齡事件（叛變）時，張作霖因爲失去討伐的自信，而甚至於想亡命到日本。但克服危機以後，張作霖不僅不來道謝，而且也不解決土地問題。更僭稱大元帥，欲將其勢力擴張到中國本部。……

「一九二八年五月下旬，關東軍從旅順移到奉天，其兵力七千，張作霖軍三十萬人，（關東軍）要處理這個大軍，得佔地形上的要點。

「中國軍是頭目與嘍囉的關係，祇要幹掉頭目，其嘍囉便會四散。結論是，我們唯有採取埋葬張作霖的手段。我們同時得到這樣的結論：要實行這個計畫，惟有滿鐵線和京奉線的交叉地點才是安全。但滿鐵線在京奉線上面，因此要在不破壞滿鐵線的範圍內行事，實在很不容易。於是我們裝設了三個脫線器，萬一失敗時，要令其脫線，以便用拔刀隊來解決。

「當時，中國方面常常偷搬滿鐵所擔保洮昂鐵路的建材，作爲瀋海鐵路的材料，所以從該年三月左右，爲了防止其盜用，便開始構築砂袋，因爲我們利用砂袋，亦即以火藥代替砂土裝於其內待機着。

「我們得悉張作霖要於六月一日從北京回來。其所乘火車應該於二日晚上到達我們所預定地點，惟該班火車在北京、天津間開得很快，在天津、錦州間降了速度，而且在錦州停了半天左右，所以比所預定時間還要慢，遲至四日上午五時廿三分多才抵達該地點。我們躲在監視偷貨物的監視塔裡頭，用電鈕點火藥。張作霖乘蔚藍色的鋼鐵車。這個顏色的車輛，晚間很難認得出來，因此我們在該交叉地點臨時裝上了電燈。「但張作霖的火車怎麼也不來，所以有些人甚至欲離開監視塔。……但張作霖的車子終於來了，慢一秒鐘，我們點了預備的火藥，隨即點了其他火藥；這一下炸到了張作霖的車輛。

「…這個事件後，我要石原（莞爾）中校來關東軍幫我。這時，我已經開始計劃九一八事變的方策了。」

從以上的敍述，我們可以知道炸死張作霖的眞相。他們到底不愧爲戰爭的專家，火藥量、時間都算得非常準確。但遠東國際軍事法庭審理這個事件時，却祇憑李頓調查報告和田中隆吉的口頭作證，尤其是後者。當時如果發現了這個文件，傳河本親自作證，一定能夠得到更多的眞相。

三谷清的「手記」

一九四二年五月十四日，於牡丹江省政府官邸；十二張格紙。三谷是發生柳條湖事件當時的奉天憲兵隊長。後來出任「牡丹江省長」。

三谷說：「炸毀柳條湖的車軌，本來是準備於九月二十八日實行的。計劃這件事的是板垣征四郎、石原莞爾、花谷正、橋本欣五郎、今田新太郎（張學良的次席顧問）和我。

「九月十四日晚上，橋本（在東京參謀本部——筆者）來電報說計畫敗露了。此時，我們才將這計畫告訴川島正。土肥原機關長出差國內，人不在奉天。接到橋本電報後，我們商量該怎麼辦，我們的意見分成兩派。

「一派是說停止很可惜，還是要幹；另外一派以爲參謀本部既然反對，就是點了火也無濟於事，因而主張停止。板垣獨笑着。

「因爲議論紛紛，得不出一個結論，因此以抽籤決定行止，抽籤結果是停止。這是凌晨兩點鐘的事情。我們以很悲壯的心情解散。

「十五日早晨，石原從瀋陽舘來電話，要我過去。石原遂對我說：『如果要守備隊幹，會不會幹？如果肯幹，我們就幹！』

「我把今田叫來，他說川島一定會幹，我將此話轉告板垣，板垣說，那麼我們就幹，一言而決定行動。

「請來川島上尉商量結果，決定於十八日採取行動，但大家所關心的是，點了火之後，敵人會不會積極行動起來，就是不動，也得佔領奉天城，屆時，平田第二十九聯隊長肯不肯出動？

「軍命令決定由板垣獨斷發佈，板垣將於十八日，由出差地設法回到奉天。

「十八日，受中央之意的建川（美次，參謀本部第一部長—筆者）抵達奉天擬勸阻他們的陰謀，但板垣把他帶到菊文料亭，將其灌醉，並乘此機會發動事變。」

川島正的「手記」

一九四四年四月二十八日、二十九日，於安東省政府官邸，七張格紙，他是炸毀柳條湖滿鐵車軌的中隊長。

川島說：「九月十八日，下午十時四十分應該到達奉天的列車來了，所以可能在十時二十分左右。

「炸毀後，列車通過了。那附近是個拐彎，惟爲很大的拐彎，所以一看好像是個直線。因此車軌的一邊缺了大約一公尺半，而且是下坡，因而列車安全地通過了。「當時如果翻車，得先搶救負傷者，自不能攻擊敵人。沒有翻車，可以說是天助。」

三谷的「手記」繼着說：「開始戰鬥後，由憲兵隊對國內發佈戰況，把各報的人找來，向其提供第一線報告。並命令郵政局，不許其打日軍所發表者以外的電報，因郵政局不聽我的命令，我遂以手槍令其發表。河本上校於九月十七日或者十八日，送來了三萬元左右，在我的官邸與花谷碰面。

「本庄（繁）司令官和三宅（光治）參謀長，完全是傀儡，中央來的電報，以後才給他倆看，作戰命令全由板垣和石原發佈。」

滿洲事件的資金來源

上述三谷和川島的「手記」告訴我們，爲九一八事變之開端的，炸毀柳條湖車軌所受的損害，根本就是微乎其微。這樣芝麻小豆的事件，竟演變爲日後的二次大戰，眞是不可思議。

又關於這個事件的資金，河本在其「手記」這樣說着：

「發動滿洲事變的資金，我在東京籌措了七萬元，並拿了三萬元乘飛機前往奉天。柳條湖事件隔天，我曾經滿鐵的協助。二十日飛往漢城，聯絡朝鮮軍的出動事宜。

「事變當時，關東軍的機密費衹有一萬元。那七萬元是向重藤（千秋）的同鄉（藤田勇—筆者）借的。

「翌年三月，債主來催還錢。爲此，板垣曾受到本庄司令官叱責。

「因而我遂去指責本庄說，發動事件需要錢。部下的板垣們在苦心張羅，你以爲很簡單，實在太不應該，本庄臉色發青。

「所以我要其以機密費來抵補，惟因橋本（羣）參謀長的優柔寡斷而未能實現。最後我請荒木（貞夫）陸相幫忙解決。」

二宮治重「手記」

一九四四年四月十日，於滿洲拓殖公社，八張格紙。當時二宮是參謀次長，擔任事變當日的中央工作。

二宮說：「關東軍接二連三地獨斷行事。政府採取不擴大方針，故兩者格格不入，我站在中間而兩難。奉天總領事林久治郎，建議很多，但軍不予理睬。

此時，內田（康哉）滿鐵總裁回來東京，因而請幣原（喜重郎）外相來參謀本部聚餐會談。內田在幣原面前正坐說：『大臣，此次事變是件大事。現在如果不解決，日本將立於生死關頭。請下決心。』於是幣原也正坐回答說：『我要決心』，至此，事變遂在暗默中決定擴大。

「轟炸錦州時，我曾代參謀總長上奏日皇，皇上問說『爲什麼轟炸？』我上奏說『因爲對方打上來，因此予以轟炸』，『是，正當防衞，好。但以後不要突然轟炸』」。

不消說，「對方打上來」才「予以轟炸」是百分之百的謊言。

橋本欣五郎「手記」

一九四三年七月十四日，於東京青山赤誠會本部，格紙十五張。橋本曾任參謀本部上校俄國班長，與九一八事變、中日戰爭關係很深。

橋本說：「要發動滿洲事變得喚起輿論。因此我決心利用頭山滿，而煽動頭山的手下內田（良平）去勸頭山說，頭山生命所剩不多，應對陸軍大臣說他要去蠻幹一番。可是內田與金谷（範三）參謀總長談時，卻說成是他要幹的，所以預測可得五十萬元的，竟被討價成五萬元。「我與關東軍的板垣和朝鮮軍的神田正種商定，我在國內發動政變，他倆也在外地舉事，並籌五萬元資金。我與同鄉的藤田勇商量，他遂以一千元紙幣交我五萬元，我把這些錢交給和知（鷹二），由他交給在奉天的板垣。「我與神田正種到東京烏森的升田屋（這是伊藤博文等商量俄日戰爭的料亭）去抱女人。『在滿洲舉事時，朝鮮軍的你要不要出動？』『一定出動』，『眞的？』『爲什麼這樣囉嗦』，如此這般，我倆在這裏喝酒喝了兩天兩夜。

「柳條湖事件發生，下來應該是由我來發動政變。我掌握步兵第六十中隊的全部小隊長（相當於我國排長），擬以機關槍攻擊政府。惟因西田稅或者北一輝的密告，這個計畫遂暴露。

「滿洲事變的主要人物是，大川（周明）、我、河本、板垣和石原。」

橋本的「手記」，有好大喜功，自我吹噓之嫌，但大體上，他講的是事實。

土肥原賢二「手記」

一九四三年十二月二十七日，於東部防衛司令部，格紙八張。九一八事變當時的奉天特務機關長，擡出溥儀建設僞滿洲國。有人稱土肥原爲土匪原。土肥原和土匪原在日語也是同音。

土肥原說：「我從中途才參加滿洲事變的計畫。在這以前，我知道花谷等在搞。「石原和板垣有意接溥儀回滿洲。我做奉天市長一個半月後就被派到天津。目的是要在天津鬧事，準備在華北鬧得天翻地覆，並乘這慌亂從天津把溥儀帶走。

「我因爲以前就認識溥儀，故勸他回滿洲。他提出各種條件，但我說就是接受了你的條件，情勢不知道會怎樣變化，沒有把握，故要緊的還是膽量。

「當時，天津駐屯軍祇有一個大隊左右，因此我們也動員了警察。我們乘警戒溥儀公舘的警察因天津事件出去時，把溥儀帶出來送上『淡路丸』。「那時，幣原外相曾訓令說，如果溥儀想逃跑，可以把他殺掉。對於溥儀的逃出天津，中國人出力不少。」

土肥原因為專搞謀略，泡製傀儡國家「滿洲國」，而被遠東國際軍事法庭判決死刑，並於一九四八年十二月二十三日上午零時許執行。

由以上所述，我們可以知道這些史料之發現，對炸死張作霖事件和發生九一八事變的眞相，具有極其重大的意義。

（原載七十七年九月三十日、十月一日「中央日報」）

康有爲給日本人的書信

光緒二十四年（一八九八年）九月，發生戊戌政變，西太后幽禁光緒皇帝，並重執政柄，康有爲乘英國郵輪，由英國軍艦護航，從上海逃往香港。十月二十五日，康有爲由宮崎滔天和宇佐穩來彥陪同，安抵東京。

隨即西太后遣派劉學詢、慶寬等人到日本，交涉康有爲、梁啓超的引渡事宜，此時，宗方小太郎也由上海與劉學詢一行，聯袂赴日。

日本政府就此事討論再三，結果決定令康有爲一個人亡命美國，梁啓超、王照等准許留在日本。於是由中西重太郎陪同康有爲，於一八九九年一月，從橫濱啓程，前往美國。

犬養毅給柏原文太郎的信，可以告訴我們當時情況的來龍去脈。

拜啓：一再遠路來訪，至爲感謝。關於康（有爲）之事，明日我將與伊藤（博文）侯爵談，並將由他告訴青木（外務大臣青木周藏），其要點爲：康與翻譯到外國，王、梁（王照、梁啓超）等留日本，給旅費七千元，大概將這樣決定，請你以此種心裏準備行事。

廿八日（明卅一年十二月）　木堂

伊藤可能受青木之托，早稻田翁（大隈重信），已寫信告訴他。木堂係犬養毅的別號。不久，康有爲安抵美國，中西回日本後，康有爲曾寫信給柏原文太郎，其內容如下：

中西重太郎君，遠涉重洋，兼通重譯，安靜通達，雅意殷勤，今欲東歸，以將誤其學業，不敢強留，歡接鄉人甚勤，清水領事君，相待甚洽，請勿念，此間各情，中西君日所知悉，並請告卓如（梁啓超）等，大隈（重信）伯爵、犬養（毅）君諸公高義，念之難忘，足下之盛德待遇，逾骨肉，殷摯之情，不知何以報，東望懷思，一一不盡。

昨日，由美國輪船寄一信，諒已收到，裏有謝伊藤、大隈、犬養諸公之書信。東洲兄（中西重太郎？）已回國。再賦一章，亦足知游者之情。

櫻花開罷我來時。我正去時花滿枝。

半歲看花住三島。盈盈春色最相思。

並呈

犬養木堂、柏原東畝、桂湖村、陸羯南、藻洲子、宮崎君及東國各故人諸公。

光緒二十五年（一八九九年）三月八日

康有為

在這以前，外務省翻譯官楢原陳政，曾以個人身分規勸康、梁離日，因此令康、梁以其與劉學詢有所勾結。康有為給柏原的書信，有這樣的一段：

楢原既為外務官，為何有此舉？甚怪詫。其說僕等在此，有礙於與貴國之邦交，若然，孫文之久在此，與邦交無礙乎？僕等之離去，究竟與楢原有何利益？其日日奔走經營，又費百千金，眞是怪事。……

就此事，梁啓超也曾寫信給柏原，梁說：

拜啓：昨日，梁鉞公來濱，傳足下言，爲之釋然，唯今日楢原又來力勸速行，且舉貴國政府曾對金玉均（韓國亡命者）「限八小時出境」事相告，度其意，貴政府或有難處置之處，因深虞將如此實行，而非常不安。對隈伯（大隈重信）、犬君（犬養毅）及足下諸君子之待遇，弟等不勝感激，唯貴政府若眞不能容弟等，則似不能不見機而作，康先生之游歐美，弟等留此地，實最初之意思，弟等抱有聯合東亞之志，而被阻止不得藉手，乃大遺憾。前日謁品川子爵時，其相待殷勤，相信山縣（有朋）侯爵亦必容弟等，然今見此情況，此中疑團實不可解。故敢質足下及犬君，尙請足下向外務省，查察其實情，俾決定弟等之行止。

又楢原君曾屢次諄囑不可與足下談及此事，今一一密陳，故與楢原君會面時，切盼勿提起弟之報告。

從橫濱

十二月十六日（一八九八年）

至於楢原，即曾於十二月二十日及廿二日，對梁啓超寫了如下的書信：

梁先生大人鑒：現經面商，除此，實無便計，寄身異域，他人操權，見機而作，想在　高鑒之中矣。危機已迫，晏然安之，洵爲非策，僕已辱知友，敢爲盡言，若徒稽留以貽悔，僕亦不能再爲力也，閣下諒之，即頌日安。陳政頓首，廿日晚。

據報，念八有船，由神戶開往香港，想　閣下決計由是南游爲妙。徒爲稽留，無益於事，不過貽悔而已，不知已接康君確信否，幸爲速知，即頌日安。

陳政頓首

二十二日

（以上楢原陳政二信，皆爲原文）

抵達美國以後的康有爲，眼看中國時局告急，遂於一九〇〇年春天，由美國前往新加坡，對於柏原的來函，曾作了如下的回信：

東畝仁兄：違離年餘，每思昔歲，託庇仁宇，接待之殷勤，過於骨肉，綢繆之誼，日日不忘，但流亡之餘，無以報耳。去歲過東京，以未能面晤爲恨。頃得賜書，愛教至切，所以訓誨救助，橫覽東亞，誰能比君?捧讀感躍，無話可說，君之教我，既爲至理，但敝國之內情，實有所不同，聖主幽囚，綿歷兩年，薄海士民，思慕益切，內十數省，外數百埠，數百萬衆，日憂孜孜，既憂國種之危亡，更憂聖主之廢弒。去年歲暮，電爭廢立者，凡六十餘處，人數十萬，累月以來，摩勵以日月之須出，皆問勤王之師。僕昔贊維新錯爲國民所推戴，誤承知遇，深憂聖主之變生。昔日之事，枉然電爭，後者之變，未能以實力濟之，欲進而以戰，則人才不足，兵資寔薄，退之以待，則日費餉需，國民相繼催促，且深慮國變再起，聖主如生不測，則爭亂頻，仍無以善後，既上負衣帶之詔，更虞國種之崩，故泣血，內進退維谷。然揣摩國內之勢，上則榮祿、剛毅、慶親王之三黨互爭，下則武官人士，各各異心，內外之人情，咸望義旗趨北，一二逆黨，雖不枯朽，實則中立，而自我會黨，材官志士義民行者均扶義以動，倒戈者在前，但軍械運船，二者尚缺，故欲以相機行事，待釁以動。若得公密助大事，有所托，不待練兵十萬，軍官百人，因人心大順，乘名義至正，已敵愾勤王，其餘之事，乃屬中日同人。奉聞。賜予支持學校，感

激不盡，敬布心腹。裁敎不〇。（最後一個字不清楚）

光緒二十六年五月端午節　　康有爲　再行

該年七月，宮崎滔天與清藤幸七郎，在新加坡以擬暗殺康有爲而被捕。關於此事，宮崎滔天在其自傳「三十三年之夢」一書（拙譯在水牛出版社出版，尚有其他版本）有詳細的記載。就此事，康有爲有一信給柏原文太郎，殊具史料價値。

東畝仁兄：有如相見，前曾奉覆兩書，諒已收執。頃有非常之變事，茲謹飛報。我移新加坡後，此地英國總督，以北京僞政府以僕之頭懸重賞，此地遍地皆爲中國人，故防護僕極嚴，不許出門戶，見人，若見人，以報紙會露跡，即刻命令遷移，初居邱菽園家，次棲邱菽園之山園，而林氏山園，繼而張家，現遷至遠處一海島，晦其蹤跡甚深，寓所仍派巡捕看守，此乃英國當局保護周到之實情，無在貴國時之那般自由。

然於本月初三，宮崎寅藏（滔天）君訪菽園家，菽園據實告訴他，我不在新加坡，故宮崎君托菽園書信給我。我於五日收到此信，我喜舊友來訪，當日回信，並令門人送一百元，以英國保護極嚴，如能破格乘小輪船來島，即得相會，誠舊交之誼，不敢相忘，若再被移他處，終失相見之期。

然宮崎君却未予回信，且不接受我之贈金。因思我在新加坡遷延消息二日之故，初七門人得來書，知悉宮崎君不來，恐其又失意，八日請英國官警同意我回新加坡，以便與宮崎君會面，不料有貴國僧某，告我同志新加坡參議會議員林父慶君，問其認識敝國宮崎某乎。林君答認識。僧問：知宮崎爲何許人乎？林答不知。僧乃密告云：宮崎日狎妓女，且日接數通電報，電文中皆有康有爲及邱菽園二人名字，該時傍室有客人密聽，此人說，刺殺康有爲，可得賞金數十萬元，情形甚奇，君與康有爲、邱菽園爲至交，故敢密報，因而林君轉告邱君，適於此日，邱君接獲如下電報。它說，此次孫文欲圖大舉，爲其籌款，前往新加坡，或恐生異變，宜加愼防。林君聞此大驚，即往報告新加坡總督，請求密查。總督大怒，決心查辦，林君亦告其友人天南報翻譯陳德遜，因陳君轉告貴國人，而爲宮崎君所悉，乃寄信於我。其意疑我避他，此日我回新加坡，見林君始知此事件，而大爲驚愕。由之我告訴林君，宮崎君為日本之志士，有豪傑氣力之人，且與我係舊交，保證絕不會有此種舉動，再三請其請總督停止查辦，不然我將無面子再與日本故舊諸公見面。林君起初甚怒，但終於同意。我又令人切請當地警察停止查辦，警察決定請示總督，等其指示。此夜我徬徨，不知所措，猶念總督能察我之苦衷，必接納我之希望。十日，林君見總督，代我懇求，但總督激怒不聽，請求再三，終歸無效，同日四時，林君來告曰：總督以命令已發出，成為公事，萬無法挽回。我聞此，唯有驚惱。蓋此事係貴國僧告林君，林君告總督，總督下令查辦僅一日半日間之事，此皆人之所不能知，不能謀，不及救解。風雨飄忽，火爆齊發，萬弩交互以射，似毫不能用人力，眞是無由施策之奇變。

方得林君來報，我作一書覆宮崎君，令人携往，此人抵達旅館時，已被捕，據報，當時宮崎君與內田甲（內田良平）、清藤幸七郎同居。此等皆為孫文君之至友，但我不認識內田、清藤二人，且據日本僧說，不知被捕之日本浪人為誰，迨至初十今晨，據所透露，皆乘船已去，其中是否有宮崎君，不得而知。我甚望其不在居所，英吏且已提查一切。眞不勝懊惱。在遠隔萬里之地，不知孫文君會有何種舉動，惟我與孫文問，從前未有嫌惡之事，定不會出於如此下策，尤其宮崎君與我有舊交，更不可能有類此之舉，然日本人有此證言，令人最感奇異。或以革命與勤王，其意見完全不同，兩雄難並立，但今日拳匪大亂，中國岌岌乎危，我日夜爲此痛心，此時豪傑之士，該共救大局，安不能相容；至於端（方）、榮（祿）諸賊，甘爲篡逆，通拳匪，此等才爲不相容。相信孫文君亦當如是，爲何忽有此非常之變，殊屬難解。

每思貴國之周旋，尤其大隈伯爵、木堂先生之高義，感激不可忘，我雖無似，尚能不忘感舊、懷義，平山（周）君曾招呼卓漁（梁啓超）逃出北京，我感其意氣去年在香港時，尚贈以一千二百元。此區區之事，雖不足掛於齒牙，亦足於說明我未敢有惡薄之意。今宮崎君有此異變，不能解其何故，唯心中有憂惱。

因頃有輪船之速便，匆匆寄信，不及後詳，謹先飛告，並請代呈木堂先生我衷懷，道我憂惱，志士之氣誼，「可指天日」。

京濱學堂，方開敝國大局，所以拜托，我之於貴國如連枝，如比翼公及隈伯爵、木堂先生，尤欲報答託庇。謹布心腹，伏乞俯察，不勝屏營幽煩之至。

光緒二十六年六月初十日五點鐘發。

名正具

至於宮崎與清藤在新加坡，因以擬暗殺康有爲而被捕，眞相究竟如何，永遠是個謎。又康有爲的信，係由日文翻譯，是否譯得很正確，並無把握，但願沒有大錯。（取材於「續對支回顧錄」下册）

附康有爲當時寫給宮崎滔天的信，以及宮崎回康有爲的信等等，以供參考。

南海先生足下：仄聞先生頃接友人電，電文中有日本刺客由橫濱向新加坡出發之語。先生及先生之同志某某等，且擬弟及內田、清藤兩君爲電文中之刺客，而使先生避與弟見面。弟聞此曾不禁發笑，而又疑惑。弟自認爲，先生與弟之交情決非尋常，這是爲什麼弟初聞此風說時而不禁發笑，惟據湯君以前所說者來觀察，自然產生一種疑惑，這是爲什麼弟大爲疑惑之理由。

日本曾有一狂人（指津田三藏），揮刀俄國皇帝；又有一狂人，狙擊李中堂（李鴻章）。至於國人之屠國人，實不可勝數。我國誠饒於惡漢。這是世人所周知，而亡命異鄉之志士，來此惡漢國托其生者竟日多，此等惡漢更未曾加刀於亡命托生之士，其理由安在？我國士道雖衰，但仍有一分之俠。嗚呼，俠乎俠乎。此乃我國人所崇尚者，亦為弟等心中所自負者。今日不必云云弟與先生結義於國難之際之故事；惟當今之時局，懷抱一片之深憂與滿腔之經綸，來訪知心者於千里之外，豈知昨日之知己竟非今日之知己，且加之以奇恥大辱之罪名；事世之表裏，人情之反覆，如夢如幻，洵令人驚倒。友人福本君亦欲來見先生，並已出發香港，正在航旅中。他到達此地得悉此事時，不知將作如何感想。嗚呼不得已哉，吾曹該與誰人，講求興亞之大業？謹裁一書，以致善泣於皇帝之知遇而不解友人義誼之人，以表訣別之意。幸自愛。

（原載民國七十八年十月七日「臺灣新生報」）

梁啓超逃出中國的經緯

戊戌政變失敗後，梁啓超因爲得到日本人的協助，而得以亡命日本，但對於梁啓超如何逃出中國的經緯，國人似乎不是很清楚。現在我想根據日本當事人的紀錄，說明其經過，並糾正國內有關之記載，以供國人參考。

光緒二十四年（一八九八年）八月六日（農曆）下午二時左右，梁啓超以臉色蒼白，狼狽不堪的樣子跑到日本公使館求見正在與伊藤博文聊天的代理公使林權助，並說西太后逮捕了革新分子譚嗣同、楊銳、劉光弟、楊琛秀、林旭、康廣仁等，領袖康有爲可能被砍頭，光緒皇帝已被幽禁。梁啓超說他的生命無所謂，但懇求林權助設法幫忙營救皇帝和保護康有爲。林權助當場答應，並對梁啓超說：「你也不必死，請隨時來，我會保護你。」梁啓超流淚倉皇而去。

林權助遂將其經過報告伊藤博文，伊藤說：「一切我明白了。梁這個年輕人真難得。」而很欣賞梁啓超。當時林權助還沒告訴伊藤說如果梁啓超回來，他要救梁啓超的事。到了晚上，在公使館門前，人聲嘈雜中，梁啓超跑進公使館，林權助將其領至一室，並報告伊藤。伊藤說：「你做了件好事，讓他逃到日本好了。到了日本以後由我來幫他。」

沒多久，警衞來報告說，公使館門前形勢險惡，林權助於是決定令梁啓超趕緊離開。此時天津領事舘的鄭領事剛好在這裡，因而遂令鄭領事陪梁啓超換上打獵的衣服，趕往天津火車站，惟顧慮被認出並密告、追踪，由之他倆便搭帆船，半夜下白河抵達塘沽，在那裡被收容於日本軍艦。林權助事先曾由北京發一通電報給日本軍艦說：「有兩個穿這樣那樣衣服的人要去，請予收容，並請帶到日本。」

以上是林權助的回憶。下面我們來看看當時天津領事舘翻譯井原眞澄的回憶。他說：「明治三十一年（一八九八年）九日上旬，伊藤（博文）公爵（當時爲侯爵），率領大岡育造、頭本元貞、森槐南、時岡茂弘等人來到天津。雖然是個人的身分，惟因其爲日本的元勳之一，加以皇帝也有內勅，所以中國政府的頑固派也很表敬意，譬如直隸總督又是軍機大臣的榮祿，則以國賓之禮待伊藤。伊藤在天津待了二、三天之後即到北京，該時袁世凱則與伊藤同車前往。從天津，鄭（永昌）領事陪同而去，而由我和藤田主事留守。但沒幾天，天津突然騷然，與北京的火車開始不通，謠言四佈，在天津實無從把握其眞相。

當時在天津經營漢文報紙「國聞報」的西村博，跟我是幾年來的好朋友，所以我任職天津以來便經常出入於「國聞報」舘，因而與出入該報舘的政治家，以及經由其介紹的中國少壯政治家和青年學生有來往，更與該時創設天津的北洋大學的教授們有交情。這些教授們皆來自南方，尤其是廣東，多是香港維多利亞大學的出身，溫宗堯便是其中之一，他跟我最好。這些新進氣銳之士，都很熱衷於思想和政治的革新，因此對於伊藤的到北京，似乎抱很大的期待。我爲加深與他們的交情，經常與其來往，不但和他們共酒食，而且與其上花柳界，因此能夠得到內部的消息，北京、天津間火車不通的原因，他們告訴我是因爲西太后一夥的政變。

有一天，北京公使館來電報，要我們：「查報康有爲的消息」。於是我問前述那些朋友，得知康有爲準備到上海去設立官報館，人在天津。政變當天，北洋大學總辦王修植送康有爲到塘沽，乘英輪重慶號往上海出發，中國魚雷艇飛鷹號正在追蹤中。我再追問其眞相，結果是榮祿告訴王修植，康有爲的居所，並要其逮捕康，惟因王修植與康爲師生關係，王遂密告康榮祿之命令，並親自送康到塘沽，等康離開以後才報告榮祿，康已經逃出天津，於焉有飛鷹號的追蹤。但飛鷹號沒追到，康到吳淞海面後，便轉乘英國軍艦，逃往香港。

但翌日，在北京的鄭領事却來電報說，他今天將乘晚上到達天津的火車回來，要我和藤田主事前去迎接。以前沒有過這種事，我邊覺奇怪，邊去車站，發現鄭領事除德丸翻譯官外，還帶了一個穿西裝，用手帕遮着鼻子的男士，和中國的僕人。我問鄭領事那個人是誰，但他祇要我警戒前後，沒回答。因此我警戒一行的前後回到領事館，此時我纔知道穿西裝的這個人是梁啓超。鄭領事說，政變當日，梁啓超逃到日本公使館，然後剪髮化裝到天津。我們把梁啓超藏在領事館樓上，一切絕對守秘，梁的事完全由北京帶來的僕人代辦，隔天鄭領事和德丸翻譯官又回到北京。可是跟我要好的這些少壯革新分子却天天來找我偷偷說，梁啓超行方不明，要我設法救他。我心裡雖然覺得很滑稽，但又不能告訴他們梁啓超在樓上，祇對他們的痛心表示同情，並告訴他們，我將盡全力救他。因此自始至終，他們一直不知道梁啓超潛伏在領事舘裡。過幾天，鄭領事從北京回來，他帶來了吳永昌和高尾亨，並以要去打獵爲藉口，雇用了一條民船，帶着梁啓超及其僕人，下白河去了。這是爲着要令其轉乘停靠在塘沽的郵輪長門丸亡命日本的。我以乘長門丸很危險，而建議改搭拋錨在該地的警備軍艦赤城（艦長玉利親賢中校），在日軍艦保護下，見機由塘沽亡命日本爲安全，惟因鄭領事對海軍沒好感，而還是決定令其搭長門丸。

梁啓超動身當天，我因瘧疾發燒躺在床上，大約中午左右，天津海關道臺朱某來訪，我要傳達者告訴他，領事不在，我臥病中，不能見面，但朱道臺却說有緊急事，請能見他，我猜想可能是有關梁啓超的事，一見面他便說：「得到今天早晨，有一個中國革新派分子坐民船與日本人下了白河的情報後，總督衙門派出警衞隊的汽艇在追蹤中，請貴領事館命令那位日本人，令該犯人在適當的地點登陸。在白河兩岸我們都配備有士兵，在任何地點我們都可以逮捕他。」我覺得此事重大，但却若無其事地答覆他：「讓我先來查查有沒有你所說的日本人。」令朱道臺回去後，我馬上告訴藤田主事，鄭領事一行正被追蹤，或許在途中已被中國汽艇扣留，故請他搭火車前往塘沽，路上請他留意白河的情況。萬一已被扣留，要他到赤城軍艦去請其營救，如果無恙地在下白河，則請他轉告朱道臺來訪的始末，請能將梁啓超交給赤城軍艦。而如我所意料，鄭領事一行所搭的民船，被中國汽艇追到，並要搜查該船船艙，但被拒絕，在兩邊爭執下前往塘沽，到達能夠看到赤城軍艦的地點，向其搖帽子以作信號，赤城軍艦遂派滿載水兵的小艇。中國汽艇看情勢不對，遂離開民船，於是梁啓超便轉乘赤城軍艦。又，關於這件事，北京公使曾經通知了赤城軍艦艦長，因此梁啓超才得免於難。

事後我對鄭領事說，如果使此事件不了了之，我們等於默認日本領事館救援了中國的罪犯，也默認中國方面對具有治外法權的領事的傲慢態度，對日本領事的威信將有所影響。爲使將來不會再發生這種情事，我建議對朱道臺提出嚴重的抗議：中國汽艇明明知道日本領事乘那條船，而竟非法地在白河中游予以扣留，並欲搜查船艙，日方不能容忍此種不恭行爲，因而要求其負責人謝罪，如果不答應，將由北京公使舘抗議總理衙門。結果朱道臺令警衞隊長前來領事舘道歉，此事遂告一個段落。

而梁啓超與鄭領事一道離開領事舘，乘民船下白河事之所以洩露，乃因爲日本領事舘的中國傭人被收買，而密告清國當局所致，因此日本領事舘便將所有中國雇員，全部解雇，由之領事舘舘員不得不自己作飯、打掃一段時間。但密告者既不知道潛伏在領事舘者是誰，當時，道臺等也不曉得這個人是梁啓超。

井原的回憶說，梁啓超由民船換乘了赤城軍艦，但據日方的記載，梁啓超是乘軍艦大島到日本去的（外務省編「日本外交年表及主要文書」，上册，一三一頁）所以，如果井原的說法不錯的話，梁啓超一定是在塘沽又由赤城換搭大島前往日本的。否則，便是井原的記憶錯誤。

現在我們來看看當時陪同伊藤博文在北京的平山周的回憶。

「我與在公使舘武官瀧川中校（後來升到少將）家的山田良政正在喝酒的時候

，王照跑進來，……山田和我想把王照帶走，但城門却不開，因而到『朝日新聞』特派員上野靺鞨處，等到晚上十一點開門時間，然後趕往天津，在俠商小島榮藏家住一夜，王照在這裡剪掉辮子，準備與領事舘聯絡，以便於次晨與梁啓超等坐船下白河。可是翌晨到領事舘以後，梁啓超一行已於咋天晚上下江了，因此我們遂不得不携酒自己坐船，船到中游時，看到總督衙門的汽艇快馬號開過來，我們裝傻喝着酒，對方却一直開過去。我放下心，當天晚上十一點鐘左右才抵達大島軍艦。後來才知道，快馬號之沒有搜查我們的船，爲的是追蹤梁啓超的船。」

※

由平山周的回憶，我們發現他所說追蹤梁啓超的淸廷汽艇名字，與井原所說的名字不一樣。從內容來判斷，井原的說法，似乎比較可靠。

其次，我想乘這個機會提到丁文江撰的「梁任公年譜長編」，和李文蓀 J. R. Levenson 著張力譯的「梁啓超」二書有關此事的記載。

前書八〇頁說，營救梁啓超事，係承日本政府的命令，並引述某君任公大事記記其在日本請救於首相大隈重信的經緯，但日本政府祇命令營救康有爲，梁啓超是自動跑到日本公使舘去的，其經過既如上所述，前引書也有記載，故該書這部分的記述，殊不足採信。它又說：「此事可往見外交部大臣鳩山和夫礎商」，羅剛編著「中華民國國父實錄」第一册四六六頁也引用這句話，其實鳩山當時是外務次官（相當於我國的外交部常務次長）；也把柏原文太郎寫成「栢原文太郎」（八三頁），這是特別要指出來的。

後書錯誤更多，更離譜。該書四八頁也說，日本政府密令時在北京的伊藤博文協助康、梁逃亡。接着它說：「任公與王照避難日本領事舘時，平山周即勸他們易穿和服，方能經由天津、大沽登上大島兵艦。」根據以上三個當事者的回憶，這段話有五個錯誤。(1)梁啓超在北京逃進去的是日本公使舘；(2)這時王照沒有跟梁啓超一起逃；(3)他們不是穿和服；(4)此時梁啓超不與平山周同道；(5)他們在塘沽上大島軍艦，不是在大沽。上大島軍艦後，梁啓超才與王照平山周會合。

該書該頁繼而又說：「大島兵艦駛抵瀨戶內海的宮島，日本外相高橋橘太郎親至碼頭迎接，並護送任公至東京，下榻高橋氏花園中。」是即梁啓超亡命日本時（一八九八年九月）的外相是由首相大隈兼任。事實上，日本自成立內閣至今一百零四年，還沒有一個姓高橋的出任過外相。所以我不知道這個外相從那裡來。又，一個外相怎麼可能親自去迎接有邦交國家的逃犯？更不可能親自把這個逃犯護送到東京，令其住在他的「花園中」！

由於以上兩大段話（本來是一大段，為敍述方便起見，我把它分成兩大段）的內容與事實出入太大，我便把原著找來查對，所得結果如下：

前一段話是引自馮自由的「革命逸史」第一集。其中「領事館」是翻譯的錯誤，大沽是李文蒸的錯誤，其他的錯誤應該歸於馮自由！後一段話全是譯者的錯譯。原文是外務省的高橋橘太郎，不是外相，梁啓超和王照被送到東京後住在早準備好的處所，即三橋旅舘。後一段話的內容，乃引自「東亞先覺志士記傳」上册，六二四頁。譯者張力既能譯出高橋橘太郎這個名字，應該參考過「東亞先覺志士記傳」這本書才對，若是，為什麼會有這樣大的錯譯，眞是不可思議。

又該書同頁說：「宮崎寅藏和平山周在日提倡『泛亞主義』，一八九七年他曾受犬養毅網羅爲幕僚，並任大隈的秘書。」是即宮崎和平山周是因爲犬養毅的推介，由外務省聘爲「囑託」，前往中國南方調查革命黨的情況者。所謂「囑託」，是特約人員，套今日術語來說，當是聘雇人員或者約雇人員。

該頁又說：「大隈曾在松芳內閣（應該是松方內閣）任職外相（故當時又稱之爲『松隈內閣』），一八九八年六月，於賦閒一段日子以後，大隈又重作馮婦。」這個「大隈又重作馮婦」也是翻譯錯誤，因爲當時大隈是首相兼外相，不是專任外相，所以我們不能說他是「重作馮婦」。不過從文字上來看，原作者李文蓀也有責任，因爲他衹說「大隈又作外相」。

最後這兩段話雖與梁啓超亡命日本沒有直接關係，惟因該書是有關梁啓超的專書，故順便指出，以作參考。

（原載一九八九年四月廿七～廿九日「臺灣新生報」）

梁啓超給日本人的信

光緒二十四年（一八九八年），由於戊戌政變的失敗，康有爲由宮崎滔天和宇佐穩來彥陪同；梁啓超由平山周護航，從香港及北京先後亡命日本。（康有爲於十月二十五日下午到達東京；梁啓超早一星期抵達，並曾前往新橋火車站去迎接乃師康有爲。）

康有爲於一八九九年一月，由中西重太郎作陪，由日本亡命到美國；梁啓超也於該年十二月，大同學校開校後，爲着籌款而前往夏威夷和美國本土。康、梁二人，在日本時受到柏原文太郎的照顧特別多，康有爲曾經住過他家裡一段時間；梁啓超更使用柏原文太郎名義的護照到夏威夷去。這是爲國人所不知道的事實。

由於梁啓超與柏原文太郎非凡的關係，我想來介紹當時梁啓超寫給柏原的三封信，以供國人參考。（以下三信，皆由日文翻譯者）

第一信

柏原大兄足下：拜別以來將近一月，相思之懷，不能已，本應早日奉告行踪，惟因半月無船期，致使延至今日，請寬恕。以下報告夏威夷近況。

弟到達夏威夷已十日，因此地適流行鼠疫，故中國人、日本人之住處，悉禁止出入，頗爲不便，惟中國有志之士，依各種方法來見者，已達百餘人，而且這些人皆爲此地名望之士，弟所計劃之協會亦已成立，大約可集五萬美元，故事業尚算順利。又，商業機關之件，尚未提議。

此間青年志士，有數人希望就學於東京（將來或將更多），均志願兵科，大同高等學校或爲適當。弟希望成全彼等之志望，煩請與葉君商量，極力賜助。因此事，或能獲得二、三千元捐款，惟尚未向其提出。

其次，必須趕緊奉告者，乃爲護照之事。弟出發日本時，承台端好意，借用台端名義，得以登陸此地，翌日，敝邦領事對夏威夷政府，以弟使用日本人名義護照，昨日乘香港丸登陸，要求其禁止弟言行之自由，並驅出國外；貴國領事乃要弟交出護照，並持此護照前往夏威夷政府證明弟爲日本人，弟始得勉強安居此地。

惟貴國領事，必就該護照照會貴國外務省，以查究其出處及其由來，屆時或將連累台端，弟不堪不安，故請儘速工作，請貴外務省不查究本案，則屬大幸。又弟擬由夏威夷前往舊金山，唯無由領得護照，且即使以台端名義護照抵達舊金山，如遭遇貴國駐舊金山領事阻止登陸，勢必進退狼狽，故請與貴外務省交涉，俾不會發生此等情事，並請迅速賜告交涉結果，以便弟之行止。

銀行之事，請與張玉濤、黃爲之籌商，如成立大略之規模，相信助力者甚多，其章程印刷後，請賜寄幾本。

與弟之通信，請照信封所寫地址，由梁蔭南轉交。

船中成一首詩，詩中「許國同憂樂。論交託死生」二語，乃爲您我終身相交之表證，自不必多言。同時附上予大隈（重信）伯爵、犬養（毅）君、伊藤（博文）侯爵之信及詩，煩請代爲轉呈。

胸中欲語千萬，紙短不能盡懷，自當留待他日續陳。匆匆，不具。

正月十日（一九〇一年三月）

於夏威夷　梁啓超頓首

留別柏原東畝一首　己亥臘月

我昔靈山會，與君爲弟兄。千刼不相遇，一見若爲情。

許國同憂樂，論交託死生。如何別容易，無語只惺惺。

梁啓超游草

第二信

東畝（柏原別號）盟兄足下：近日兩書均已拜讀。最近夏威夷因疫禁初解，弟曾遍訪希羅、茂宜各小島，故未能及時奉覆，今一併奉陳。

敝邦之事，同人佈置，頗爲得手。今港澳上海星波各地來書，現在尙不足款貲，南洋不過十萬，夏威夷六、七萬，舊金山、加拿大大約四、五萬，總共尙不及三十萬之數

（南美或有十萬左右，澳洲二、三萬），加以僞政府（指西太后垂簾政府）以暴力敵我，眞熱心百折不撓援我者少之狀況下，不得已時將招募外債，並與一、二美國人商議中，成功與否，很難斷定，若歸失敗，惟有以現今之力量辦理現今之事。至於購械，如乘貴邦更換，購其舊者則爲一良好機會，弟於上月爲麥、羅兩君滙去五千元，俾便辦理，滙款如已收到，請多予協助。若已收到滙款，當陸續滙去。若能得精兵三萬，則能橫絕全國，惟實際上無精兵，今在內地可聚練兵，但不可能獲得精兵。弟意，如有三萬精者，則可定全國，得精者數千，可踞一省，先踞一省，糧因敵，然後布施自如，今日非不多欲，無奈資本不足（若能得外債，自當別論），今唯能得精者數千，輔助散衆，以爲聲援，得一、二鎭之後，用其財力以再集，此乃不得已之策。而且今日在內地，一年可練兵數月，但不能謂爲精兵，故借用外兵亦爲一策，雇用美國、菲律賓散勇五千，每月需三萬多元，近日或將使用。惟白人不能像我黃種人外借，不知能否在貴國招募，如能招募，一萬人一月需要多少費用，五千人將爲多少錢？考慮結果如有把握，請告訴麥、羅兩君，並請飛告康南海（康有爲）。

請派陸軍軍官同志，以訓練我部，以及派外交人才，以處理南海左右之事，並請令台端認爲適當者，持介紹信往見南海於星加坡，或見我同人於澳門，愈快愈好，所需旅費，請由麥、羅兩君領取。另有一事相託，即近日有二名學生將由夏威夷就學於東京大同學校，其中一人梁賢乃係弟之一族，另一人名曰羅昌，羅昌中學畢業，英文程度不差，弟意擬令其寄居我校（東京大同學校），除在我校上課外，希望其能進東京帝國大學英法科，此生頗爲沈毅而聰慧，既已畢業中學，大同學校可能太低，如感覺不足，則請與松崎（藏之助）先生商量，設法令其進大學，必要時，爲有助於此次之事，或可令其學習兵科，一切授權台端，又希望由夏威夷遊學東京者甚夥，故繼此二人赴日者必多，請台端在心理上有所準備，萬事拜託。

夏威夷我國人被燒房子以後，元氣大傷，銀行又不肯貸款東方人，學校捐款亦不順利，弟急於辦會事，但亦不能催繳會款，實陷於苦境。（以下從略）

五月廿五日　梁啓超

第三信

東畝盟兄閣下：對於兩次來函，未能立即奉覆，實因游歷夏威夷小埠，毫無寸暇，失敬失敬。最近敝邦風潮愈急，意外之事特多，今日如不設法營救，終非消滅不可，相信台端亦爲同感。救它之法有二端：一爲南方之事，一爲北方之事。南方之事，早已工作，一月以來滙款羅君四萬元，皆用於此事，自然需要台端賜助。至於北方之事，據聞現在各國皆以西太后政府爲萬國之公敵，故擬協力予以打倒，以扶助皇上，此可謂敝邦不幸中之幸。此時，若不能扶助皇上，敝邦之事，實不堪寒心。皇上之問題，即爲全中國之問題，列國亦承認，惟無營救之道，弟受皇上知遇之恩，出遊外國年餘，一無展布，今聞此情勢，此爲不得不奮飛北京，犧牲此身以謀事之時，故擬隨各國聯軍進入北京，惟各國中准許弟隨行者，可能唯有日本，故煩請台端轉達微意，並請遊說貴國當道。弟在北京住過數年，熟悉各種情形，若能從軍，願誠心誠意爲列國盡力，爲有助於聯軍，到達北京之後，晉見皇帝，期爲與列國間之樞紐，請台端與藤侯爵、大限伯爵、犬養君、佐佐友房等商量，並轉達政府諸公以微意，如得當則不勝大幸。近日，弟將由美國政府獲得護照，準備赴美，此事如得成功，請儘速電告舊金山保皇會轉告弟，弟將立刻飛渡東洋（日本），情急事忙，一切瑣屑事，無暇敍及，希伏而鑒量。

弟梁啓超頓首

由以上這三封信，我們可以窺悉梁啓超確不愧爲保皇黨的健將，其絕對忠於光緒皇帝，溢於言表。（取材於「續對支回顧錄」下册）

（原載民國七十八年七月一、二日「臺灣新生報」）

關於「三十三年之夢」及其中文譯本

中國革命之友宮崎滔天（寅藏）所著的「三十三年之夢」，據我所知道，至今已有五種日文版本。

其第一種版本出現於一九〇二年，由東京國光書房發行；第二種版本於一九二六年七月，由明治文化研究會出版；第三種版本於一九四三年四月，由日本馳名的文藝文春社發行；第四種版本出版於一九六七年十月十日，發行所是平凡社；第五種版本仍然由平凡社出版，收於「宮崎滔天全集」第一卷，於一九七一年七月二十九日發行。以上五種版本，我都看過，但現在在手邊的只有第二、第三、第四和第五種版本。

第二種版本的校訂者是著名的政治學家、曾任東京大學敎授的吉野作造。這個版本，除本文二七五頁外，還有一個附錄。附錄裏有：一、一張宮崎家人照片，滔天夫婦、母親、宮崎彌藏和宮崎民藏夫婦。此照拍於一八九三年；二、吉野作造對於本書的解說；三、宮崎滔天小傳，作者是滔天的長子龍介；四、索引。

第三種版本，本文二九一頁，有 國父的序文，該序文譯者是著名的中國文學家魚返善雄。序文前有兩張照片。一張是執筆「三十三年之夢」當時滔天的照片；另外一張是滔天夫婦、母親、長子龍介（三歲）和次子震作（一歲），攝於一八九五年。附有龍介所作，乃父小傳及其種種。龍介的這些文字，我曾經把它譯成中文，題名「宮崎滔天與『三十三年之夢』」與「我對於辛亥革命的回憶」（宮崎槌子），分別發表於一九七一年三月號「藝文誌」，和一九七一年一月號「東方雜誌」，並轉載於該年九月號紐約「中華青年」。這兩篇文章，後來收於拙譯著「宮崎滔天論孫中山與黃興」，由正中書局出版。

第四種版本，本文有二三六頁，另外還有註解；吉野作造上述的解說；宮崎龍介的乃父小傳，裏頭有九張很名貴的照片；東京大學名譽教授，現任亞細亞大學校長衞藤瀋吉的解說；滔天年表；地圖和有關人物的略傳。本書的校註者是宮崎龍介和衞藤瀋吉。

因爲是戰後出版的，所以其印刷、內容、裝訂都比前三種版本好得多。

第五種版本的本文是二二〇頁，前面有清藤幸七郎、孫逸仙和無何有鄉生（武田範之）的序文；附錄一五頁；「續三十三年之夢」九頁；照片十張。如前面所說，這個版本係收於「宮崎滔天全集」第一卷。此卷除「三十三年之夢」外，還有孫逸仙的「倫敦被難記」摘譯（比中文版早十四年），以及有關孫逸仙與黃興的文章，全書一共有六二五頁。這些文章，我大多把它譯成中文，以「宮崎滔天論孫中山與黃興」書名，由正中書局出版。

「宮崎滔天全集」一共有五卷。第五卷有「『三十三年之夢』註解」，執筆者是島田虔次，對於瞭解「三十三年之夢」很有幫助。此外，第五卷還有滔天的「書簡集」與年譜以及「人名索引」。年譜的編者是近藤秀樹。我曾經把這兩者譯成中文，題名「宮崎滔天書信與年譜」，由臺灣商務印書館出版。與此同時，我又從「宮崎滔天全集」譯出我認爲比較具有史料價值的部分，由黎明文化事業公司出版「論中國革命與先烈」，與由高雄三信出版社出版「宮崎滔天與中國革命」二書。又，「宮崎滔天全集」的編輯委員是宮崎龍介與小野川秀美；「宮崎滔天全集」的「宮崎滔天」四個字，用的是黃興的題字。

這本書的中文譯本，據我所知道，有九種。第一種是黃中黃譯，書名爲「孫中山」。譯者黃中黃就是做過段祺瑞內閣之教育部長的章士釗。黃興在內陸看到章士釗的這個譯本，知道宮崎滔天的爲人，後來亡命日本時便去找宮崎幫忙，因而他倆變成莫逆之交。這個版本大約出版於一九〇三年。

第二種版本書名叫做「三十三年落花夢」，譯者是金一，問世於一九〇三年。第三種版本仍然叫做「三十三年落花夢」，譯者不詳，只有校刋者「P・Y」的署名，於一九二五年四月，由上海大道書店印行。

第四種版本是第三種版本的翻印，於一九五二年四月，由臺北帕米爾書店發行，譯者是金松岑。據衞藤瀋吉說，金一和金松岑是同一個人，金一爲筆名，松岑是號，他的本名叫做金天翮，係江蘇吳縣人，曾資助鄒容出版其轟動一時的「革命軍」一書（平凡社版「三十三年之夢」三一五—六頁）。由此可見，第三種版本是第二種版本的翻印。

第五種版本是一九六二年，吳相湘主編，由文星書店所印行的「革命家孫逸仙」，但這是第一種版本章士釗譯「孫中山」的翻印。

因此，以上五種版本，如果從其譯文本身來分類的話，在實際上只有兩種，就是章士釗譯的「孫中山」和金松岑譯的「三十三年落花夢」。

章士釗說他的譯書爲原書十分之四，且十分之四中又有裁汰，但在實際上，據我的估計，它只有大約原文的八分之一到十分之一的內容。

第二、章士釗是從原書第十七章開始翻譯的。他不但亂譯，而且亂加自己的意見。從本文第六頁到第八頁倒數第二行這一大段，就是他隨便加上去的。至於其亂譯，不勝枚舉。現在我只舉幾個例子。

「余認個人之自由權利者，不論財產平均之說，不論國家社會之說」（「滔天自序」〔節錄〕第七頁），應譯爲：「我承認個人的自由權利，因此我不喜財產平均之說，也不取國家社會之說」。

「而直視天下事如兒戲」（本文第四十六頁第八行），應譯爲：「有如孩子在打架」。「自是漸明中六之非行。更有私書僞造之發見。黨說紛紜。議陳其名。惠州之事終。孫君續爲裁判。以含糊其局。此最後之事也。」（第五十頁第五—六行），其原文應譯爲：「從此背山（中村彌六）的不正行爲逐漸分明，且有僞造文書之發現，此事遂成爲黨的問題，更演變成議除黨籍的問題。正在此事往另外方向發展，空費時日之際，惠州起義結束，孫君亦回來。此案隨即成爲訴訟問題，麻翁（神鞭知常）的調停，如此在紛紛擾擾中結其局。可是孫君尚不氣餒，隨命我使上海，這是最後之一策。」

章士釗不僅亂譯，並且這裏譯一段，那裏譯一段，既不是正式的翻譯，也不是普通的所謂節譯，所以我把它叫做「撿譯」，就是這裏撿譯一段，那裏撿譯一段的意思。因此章士釗的譯本實在大有問題，殊不值得參考。

至於金松岑的譯本，雖然也有不少錯誤，但却比章士釗高明一些，且文筆又好。不過，嚴格說起來，這個譯本也不行。因爲他跟章士釗一樣，隨便加自己的話，錯誤的地方也多（如把西瓜譯成「丹藥」（第二頁）；將掛羊頭賣狗肉譯爲：「夫飲羊之徒，不如屠狗」（第六頁）」。因此這兩個譯本，或應用譯述二字，而不該用譯字。

第六種版本是宋越倫譯，書名也叫做「三十三年落花夢」，於一九七七年九月，由臺灣中華書局出版。本文二一五頁；前面有 國父序、滔天自序和譯者序，同時附有「日本侵華之一貫性」、「附註」、「人物略傳」、「『落花夢』以後之滔天」和「梅雨瀟瀟中訪滔天故居」等文。這是「三十三年之夢」的第一本中文全譯本。

本譯本的優點是翻譯正確，文字優美，但也有其錯誤。第一個錯誤是在「譯者序」裏他說：「原書係在五十餘年前出版」，但此書乃於一九〇二年問世，距今已有八十五個年頭，宋譯本於十年前出版，所以自不止「五十多年前」。（這可能是筆誤或校對錯誤所致。）

第二個和第三個錯誤是，他把「本君」譯成「本人」（一九五頁）和「孫君本人」（二一一頁）。其實「本君」是彭西。這是犬養毅所講的話，所以把它譯成「本人」就變成犬養自己。彭西與犬養，差得實在太遠了。因此更不能把「孫君本君」譯成「孫君本人」。他把孫先生與彭西混爲一談了。「本君」(Ponkun)是彭西(Ponce)的綽號，這兩者的前三個英文字母都是 Pon ，因此日本友人們叫彭西爲「本君」。

第七種版本是佚名初譯、林啓彥改譯和註釋的「三十三年之夢」。此譯本於一九八一年，由花城出版社、生活・讀書・新知三聯書店香港分店出版，廣東省新華書店所發行。有七張照片、王德昭序、譯者的話，本文和註釋二四七頁，四個附錄。第一個附錄是吉野作造作，我譯的「宮崎滔天著『三十三年之夢』解說」，當然是他們轉載的，沒有註明出處。

第二個附錄是宮崎龍介前述那篇文章，是譯者譯的，第三個附錄是滔天的年表，譯者所編，最後是人名索引。

這個版本的優點是完全用白話文，缺點是用簡體字。它跟宋譯本一樣，把「本君」譯錯了。在二二六頁，它把「本君」譯成「背山」，亦即中村彌六，二四三頁的「孫君本君」，乾脆不譯。

在這裏我想順便提到的是，「三十三年之夢」的英文版 *My Thirty Three Year's Dream*，係於一九八二年，由普林斯頓大學出版，譯者是該大學教授詹森 (Marius B. Jansen) 和衛藤瀋吉，這個譯本，也把「本君」完全省掉（該書二五一頁和二七四頁）。

第八種版本是於一九八四年元月，由帕米爾書店出版的「三十三年之夢」。這是前述第七種版本的翻印（但譯者名是啓彥譯），加上前述帕米爾書店所出第四種版本而成。換句話說，把第四種版本當成附錄的第三篇，其餘的與第七種版本完全一樣，當然有我譯的「宮崎滔天著『三十三年之夢』解說」。因此，此書分量最多，有三八五頁。

第九種版本是宋越倫譯中華書局本的重印，於民國七十六年五月，由臺北致良出版社出版。此譯本，把「宮崎滔天全集」的所有照片，統統收入，加上蔣復璁函和「宮崎滔天年表」，其餘照舊，一共有三一五頁。舊版的筆誤或校對錯誤，「原書係五十餘年前出版」，已經改爲「七十餘年前」了，但第二個和第三個錯誤，仍然沒改（新版二一六頁第一行和二三四頁第二行）。

此外，明年將出現第十種版本。這是我譯的。我於十年前還在東京時，把它譯完百分之九五左右，惟因準備參加甲等特考，把它擺下來，一擺擺了十年。我譯此書有兩個原因。第一是我研究　國父與日本人亦即日本人與辛亥革命的關係多年，自應該翻譯這本最重要的文獻；第二、早期的譯本（那時第六、七種版本都還沒問世），全是文言文，不大合適現代人閱讀，而且是摘譯，錯誤、缺點又多。所以我決心把它譯成任何中國人都能夠閱讀的現代文，並改正這些錯誤和缺點。我的書名也叫做「三十三年之夢」，將交由水牛出版社出版。

七六、十一、三十

（原載七十七年一月號「傳記文學」）

李香蘭「我的半生」

去（一九八七）年七月間，日本東京新潮社出版了山口淑子、藤原作彌著「李香蘭『我的半生』」，全書三九八頁，附有許多照片。此書問世以來，不到三個月就印了七版，可見其銷路之一斑。目前仍是日本最暢銷書之一。

李香蘭本名山口淑子，一九二〇年二月十二日出生於瀋陽郊外的北烟臺，是長女；沒多久，全家搬到撫順，李香蘭在撫順完成小學敎育。父親山口文雄（一八八九年生）是九州佐賀縣人，母親石橋愛（愛是片假名的音譯）爲九州福岡縣人，小山口文雄五歲。她父親於一九〇六年到東北，進滿鐵烟臺採煤所，其後轉到撫順煤礦，同時給滿鐵社員敎中國語文，山口淑子的中國話是從她父親學的。她有一個弟弟、四個妹妹。

山口文雄有兩個中國朋友——李際春和潘毓桂，因爲他們三個人結爲義兄弟，所以山口淑子取了「李香蘭」和「潘淑華」的中國名字。十三歲時，因爲父親的工作關係，由撫順遷到瀋陽。

山口一家人居住在瀋陽小西邊門外商埠地三經路聲宣里一一一號；是當時「瀋陽銀行總裁」李際春第二太太的「公館」，不要房租，條件是要照顧這個第二太太。第二太太是滿洲人，山口淑子便天天跟她學中國話，並且拜李際春爲乾爸爸，李際春給她取名李香蘭。

李際春曾經幫助過奉天特務機關長土肥原賢二在東北和關東軍在華北的工作，並於一九三三年，以丁強的假名字，組織「救國游擊隊」，協助關東軍入侵熱河，更組織日本的傀儡河北省政府的軍隊（保安警察隊），由於其爲日本「立功」，而分得「瀋陽銀行總裁」的位子。戰後，以漢奸罪名，被判死刑。

李香蘭於小學六年級，旅行瀋陽時，在火車上偶然認識俄國女孩劉吧。劉吧與李香蘭同年，上日本的小學，能說一口很流利的日本話。後來李家遷到瀋陽，李香蘭與劉吧過從甚密。劉吧替李香蘭介紹歌劇歌星坡特列索夫夫人，跟她學唱歌。這是李香蘭走上演藝界的開端。

坡特列索夫夫人出生於義大利，父親是米拉諾音樂學校教授，與俄國貴族坡特列索夫結婚，由於出身音樂世家，後來成爲莫斯科歌劇院的名歌星。

一九三二年，隨僞「滿洲國」的誕生，奉天創設廣播電臺，李香蘭被請去唱「滿洲新歌曲」（包括「漁光曲」、「昭君怨」），從此她便開始使用李香蘭這個藝名。

這時候，她到北平去，住潘毓桂家，以潘淑華這個名字，上翊教女中。潘毓桂於一八八四年出生於河北省鹽山縣，留學日本早稻田大學，曾任敵僞蒙藏院副總裁、國務院參議、平津衛戍司令、冀察政務委員會政務處長和天津市長。

潘家有十個兒女，李香蘭與其女兒月華和英華同起居、上學。潘家住宅很大，大門口有兩個衞兵，包括衞兵、佣人、親戚、家屬在內，有一百來人。潘毓桂吸鴉片，李香蘭常幫他準備烟具。

李香蘭在北平上學時，她父親的朋友山家亨有時候來找她。山家的日文名片寫着「北支派遣軍司令部報道部宣撫擔當中國班長陸軍少佐」；中文名片爲：「北京武德報新聞公司總經理王嘉亨」（通稱「王二爺」）。

山家亨是日本女間諜川島芳子的第一個情人。如所周知，川島芳子是清朝肅親王的女兒，因給日本浪人川島浪速做養女而取名川島芳子。李香蘭初逢川島芳子於川島在天津日本租界松島街經營的中國料理店東興樓。這是多田駿給她開的。

川島芳子與山家初戀，爾後鬧失戀，企圖自殺未遂。後被其養父姦汚，遂與蒙古王子干什加布結婚，不久離婚。隨即逃往上海，與特務田中隆吉（少校）同居，參與上海事件的謀略。曾經由天津護送溥儀、秋鴻到東北。曾任「滿洲帝國」宮廷女官長。接近「滿洲國軍政部最高顧問」多田駿，就任「滿洲國安國軍司令」，改名金璧輝，參加日軍入侵熱河的作戰，耽溺於痲藥（嗎啡），爲日軍和僞滿軍所共棄，經營東興樓……。

以上是川島芳子的簡歷。

川島芳子經常穿着男裝，所說日語，全是男性口吻；她家有十五、六個少女保鏢。她的作息時間，跟普通人完全相反。她們大多下午兩點左右起床，三點到四點吃簡單的早餐。然後她的朋友便三三五五來找她；或由她的第一手下劉小姐發出召集令，十點前後吃飯，飯後開始玩。喝酒、演戲、表演雜耍、變魔術、打麻雀、賭博，或者到夜總會、舞廳、撞球場、酒館……，玩到天亮才回家。由於川島芳子的芳子，與山口淑子的淑子，在日語是同音，加以川島大李香蘭十四歲，所以川島要李香蘭叫她為「哥哥」。惟因潘毓桂看川島生活反常，山家也勸李香蘭不要接近她，因而遂與川島疏遠。

李香蘭十八歲時開始拍電影，第一部電影是「蜜月快車」。她說她當明星，是半被騙半被哄出來的。爾後又拍了「富貴春夢」、「冤魂復仇」、「白蘭之歌」、「黃河」、「萬世流芳」、「東遊記」、「鐵血慧心」等等；一起演出的中國明星有夏佩傑、王丹、鄭曉君、孟虹、葉苓、白玫、李明、朱文順、王福春、劉恩甲、戴劍秋、浦克、隋尹輔等人。此時，李香蘭的月薪是二百五十元（中國人的影星薪水為二十元到四十元）。又，李香蘭係屬於所謂「滿映」（「滿洲映畫會社」的簡稱）公司。

李香蘭的「我的半生」後半又提到川島芳子。川島聽說「滿映」姓李的女明星與山家有關係，以為是李香蘭，其實是李明。因而大罵李香蘭忘恩負義，搶走了她的愛人，給自己養的狗咬了一大口，更向憲兵隊告密。

此時，多田駿任日本駐華北方面軍司令官，覺得川島的存在是一種累贅，而下令殺她。這項命令竟下給川島的第一個情人山家。山家捨不得殺她，而讓她暫時避難到九州的雲仙。又根據山岡莊八著「破天荒——人間笹川良一」一書的說法，拯救川島的是笹川良一，因此川島才追笹川良一，追到九州來。李香蘭認為，這兩者可能都是事實。

在雲仙的旅館清流莊，李香蘭與川島芳子再度會面。川島說她看到報紙，知道李香蘭將住這裏，特地來找她。李香蘭以人太多，說「等下見」而告別。晚飯前，川島去房間找李香蘭，並罵說山家、田中（隆吉）、多田（駿）這些日本軍人都是壞蛋。半夜三點左右，川島送來一封三十多頁的長信給李香蘭，並勸她說：「一個人被人們奉承的時候最吃香，但絕不能為人家所利用。妳應該照妳的信念去做。被人家利用而終於像垃圾丟掉。妳看我。從我痛苦的經驗，我要忠告妳，現在我的心境是瞪着太陽要沉下去遼濶的曠野。我很孤獨。我應該往何處去？」

在另一方面，山家因為受到川島向東條英機告密，於一九四三年，突然被調回，並被關起來，同時以叛國罪、洩露機密罪、違反軍紀、吸食嗎啡等十幾項罪狀，被判十年有期徒刑。在這以前，山家與李明分手，而與白光同居。山家在名古屋的陸軍監獄服刑時，因為監獄被轟炸，山家得以乘機逃逸。

特務山家不但躲日本陸軍，而且怕被發覺送到中國去受軍事審判，所以一直藏起來。後來他辦雜誌、經營印刷業失敗，負債數百萬元，曾向李香蘭告貸兩百萬元（那時日本首相月薪為五萬元），李香蘭心有餘而力不足，終於一九五〇年一月底，在山梨縣南巨摩郡西山村的山裏，與其太太自殺。山家的頭被紅色山狗吃得幾乎只剩下骨頭！

一九四三年，山家被調回日本時，白光跟他一起來，並曾經棲身於靜岡市山家的老家。惟因不得與山家會面，因此回到上海。白光戰後到香港，與美國軍官結婚，經營夜總會，生意不錯，後來在東京六本木也經營了一家叫做滿達林俱樂部。

山家有一個女兒，名叫博子，東洋英和女學院畢業，曾經在白光的夜總會上過班，與同事談戀愛，做過某銀行家的二太太，後來與一位廣播記者結婚，沒幾天，却吃了安眠藥和開放瓦斯而自殺。

戰後，李香蘭被留在上海，等待我方的調查。第三次被傳訊出來時，竟有一個男人在門口用英語對她私語說：「給五千美元，我可以幫妳變成無罪。」她正在嚇得目瞪口呆時，這個人又說：「三千美元也可以。」李香蘭謝謝他。他竟說：「李香蘭不像以前那麼值錢了，現在日本的女人祇值三千元以下呢！」這是可惡的司法黃牛。

此時，有的報紙甚至報導說：「文化漢奸李香蘭將於十二月八日下午三時在上海國際賽馬場槍斃」。後來因爲劉吧的幫忙，從天津李香蘭父母處拿到她的戶口謄本，證明她是日本人，而終於一九四六年二月，由裁判長葉德貴判決「無罪」。裁判長說：「本裁判的目的，在裁判中國人背叛中國的漢奸罪，因此日本國籍的妳是無罪。不過在倫理上和道德上還是有問題。因爲妳用中國人的藝名上演了『支那之夜』等電影。在法律上與漢奸裁判無關，但實在很不應該。」李香蘭請求發言說：「那時我年輕，不懂事（思想愚蠢），很對不起。」

李香蘭本來預定乘該年二月二十九日開的船回日本去的。當天，她把頭髮弄得亂糟糟，穿得破破爛爛，低着頭要過關時，給女查證人員認出，同時大聲喊叫「李香蘭！」而命令她離開隊伍。隊伍裏的日本人，私語說：「李香蘭想逃到日本。」陪她的川喜多長政說，李香蘭已經得到可以回日本的許可了，可是那位女檢查員却說：「我沒接到通知。將再報告上司，在還沒得到指示以前不許上船。」

因此，李香蘭又去找葉德貴。三月底，在葉德貴的護送下，李香蘭搭乘雲仙丸。在船上，她聽着她唱的「夜來香」的廣播音樂，告別了上海，感慨萬千。

回到日本以後，李香蘭上舞臺演戲、拍電影，到美國上舞臺劇，相當成功，並認識了羅斯福總統夫人、世界的大牌喜劇明星卓別林、演「國王與我」而馳名的尤伯連納等等。在這期間，她與旅居紐約的名雕刻家野口勇（勇是片假名的音譯）結婚，惟因工作上的關係，四年後離婚（一九五六年二月）。一九五八年，她與外交官大鷹弘結婚，以迄於今。目前，她是日本參議院議員。

最後，我要特別提到的是，在瀋陽開麵包店的劉吧的父親，戰後在上海時却工作於蘇聯的總領事館，可見其爲俄諜；李香蘭在翊教女中最好的同學溫貴華，在抗戰期間隻身由北平到重慶去找她燕京大學出身的男朋友，參加抗日戰爭，現在溫貴華夫妻皆在臺灣；日本快要戰敗時，在上海，爲了籠絡中國民心，日人曾動腦筋，到香港去想把梅蘭芳抬出來，但梅蘭芳却謝他們說：「我已經老了，站也站不起來，而且喉嚨有問題，實在不能唱。」可是勝利後，梅蘭芳却立刻把鬍子剃掉，站得挺挺地，在上海的大戲院，參加勝利紀念的公演，他的美貌和美聲，對觀衆仍有吸引力，可見梅蘭芳當時不願落水做漢奸。

（原載民國七十九年一月號「傳記文學」）

評吳相湘編著「第二次中日戰爭史」

吳相湘編著「第二次中日戰爭史」上、下兩册，於民國六十二年五月和六十三年二月，分別由臺北綜合月刊社出版。全書一共一千二百四十五頁，用了三百八十一張有關照片。到目前爲止，根據我所知道，這是國內有關第二次中日戰爭，內容最豐富，資料最多，因而最值得一讀的一本好書。

但是，它也有其錯誤和缺失。由於國內外參考本書的學者相當多，加以吳教授也「誠懇地希望讀者們指正我的錯誤、提示我的缺漏，以便再版時修訂」（該書「自序」），因此我想把這些錯誤和缺漏提出來，以供將來吳教授再版時修訂的參考。

其一我要指出的是，人名錯誤多。特別是日本人的名字。譬如九一八事變的要角之一的板垣征四郎，全部寫成坂垣征四郎。「板」和「坂」，在中國雖然是同一個發音，但在日語，其發音是不相同的，何況其爲人名，不能弄錯。二〇八頁上段，「永津鐵山」，應該是「永田鐵山」；「眞崎甚太郎」當爲「眞崎甚三郎」；板垣征四郎寫成「坂垣征次郎」，「廣田宏毅」，應爲「廣田弘毅」（四二六頁上段）。

六六頁下段倒數第三行的「齊藤垣」，應該爲「齊藤恒」；二一八頁上段倒數第二行和二一九頁下段倒數第二行的「川樾」，應爲「川越」。而在人名當中，錯得最離譜的是，把東鄉平八郎寫成「東鄉隆盛」（九一頁，上段倒數第六行）。日本名人，東鄉是平八郎，西鄉才是隆盛。

其二是內容的錯誤。九二頁刋有一份日文電報。它的內容是「對哈爾濱的出兵，即使情勢驟變亦不可行」。但吳教授却把它說成是「日本參謀總長電令關東軍進攻哈爾濱電稿」。（附有電文）

其三是照片說明的錯誤。四八頁的「北京學生掀起了五四運動」，應該是「北平各界爲五卅慘案舉行總示威」；一八八頁照片說是「中國駐日本大使蔣作賓訪日本外相廣田弘毅」，但這個人不是廣田弘毅，而是岡田啓介。

二九七頁的照片是中印公路（史迪威公路），不是「京黔公路」；三三八——三三九頁照片說明爲「西安事變中的蔣委員長」，但這應該是「蔣委員長在南京接見請願學生代表」；五八五頁照片說是「蔣委員長和夫人避入防空洞」，但這是「拉鐵摩爾晉見蔣委員長」。

七四〇頁照片說明是「後來自殺的主戰內閣首相兼陸相東條英機」，應該加上「未遂」兩個字，即「自殺未遂」，因東條自殺沒成功。八一二頁照片，原說明爲「赤着上身的中國遠征軍攻克仁安羌」，但這應該是「孟拱之遠征軍游過孟拱河後即入陣地」；八四七頁照片，說最右邊者是宋靄齡，其實是宋慶齡。

一〇六〇頁下面照片，說是「在黔桂公路上攻擊的一批日本軍官」，應當是「九一八事變當時的日本少壯派軍官」；一一八八頁下面照片，原說明爲「戰時逃離故鄉的人們都回來了」，但這些不是中國婦女，而是日本婦女。

其四是有些引述問題和日文的翻譯問題。譬如四七三頁的（註二），我在其所說「太平洋戰爭への道」④第一〇三頁就沒找到其內容；五二三頁（註三十五），「太平洋戰爭への道」④第二二一——三頁，沒有「承認滿洲國」這一項；五四四——五四五頁，本文缺漏了（註三十三）和（註三十四）。我在所引原書找到了其內容，故（註三十三）應該放在五四四頁下段倒數第四行末，但它只寫「駐華北日軍管理」，連，。都沒有。而且，原文是由「民間管理」，不是由「駐華北日軍管理」。

五一八頁下段說：「日本駐上海總領事館曾分析」這句話，實際上是日領館警察由一個中國人所得到的分析（「太平洋戰爭への道」④二一六——二一七頁）；五二三頁上段說：「日軍保留在駐屯區域所有鐵路……軍事上要求權及監」，原文的意思爲：「日軍保留在駐屯區域以及與其有關聯區域所有鐵路，……軍事上之要求權」，沒有監督權的記載。（「太平洋戰爭への道」④二二一頁）

譬如九三頁下段，它說：「世界經濟恐慌（日人稱做『不景氣』）」，其實在日文「經濟恐慌」和「不景氣」，跟中文沒什麼兩樣，換句話說，日人也叫做經濟恐慌。四六頁上段倒數第五行說：「不加以何等之更改」，「何等」二字是「任何」的意思，國內許多書常把「何等」二字照用。

最後是事實上的錯誤。八三頁上段「關東軍」應爲「關東廳」；九〇頁上段「三羽烏」，該爲「三羽烏」；一一〇頁下段；一三四頁下段「日本領事館」，應爲「日本公使館」；二三六頁上段，「宮內大臣」，應該是「內大臣」；「教育總監」當爲「陸軍教育總監」。

四九二頁下段一一行，「軍務局長」應爲「軍務課長」；七七八頁下段四行，「有兩册」當爲「三册」；一一一九頁下段「汪精衞在日本名古屋醫院去世」，應爲在日本名古屋帝國大學醫院去世；一一六四頁上段，「關東軍總司令官」，實爲「關東軍司令官」；一二三四頁，「大東亞戰爭全史」，不是八册，而是三册；「太平洋戰爭への道」才是八册。

此外，日文參考書目錄中，有平假名的書名，有九本是錯的。即一二三五頁的第七、九、十七、二十本，一二三六頁的第一、五、十七本，和一二三七頁的第三、五本。

雖然如此，「第二次中日戰爭史」還是一部好書。

鄭士良小傳

鄭士良，號弼臣，廣東惠陽人。與　國父孫中山先生於民國紀元前二十六年（清光緒十二年，西曆一八八六年）締交於廣州博濟醫學校，爲人豪俠尚義，所交游皆爲江湖之士，爲同學中所無。（註一）　國父與其談革命，士良一聞而悅服，遂爲　國父革命同志的第一人。（註二）

中國革命之盟友宮崎滔天，經　國父之介紹，於一八九八年，初逢士良於香港。士良給他的印象是：「體格中等，圓臉，臉色蒼白，嘴是小小的，是個很柔和的人。可是他的眼睛却光亮射人，是水滸傳中人物的眼光。他與其說是寡言，毋寧說是沉默的人。無論提出甚麼問題，除是或不是，好或不好以外，一概不說；不管遭遇到任何困局，除左或右以外，完全不開口。而且，常常自動地去處理事情，做完事以後，從不自吹（不

提）的一個人。」（註三）

一八九四年，中日戰爭爆發，清軍大敗，時人心憤激，達於極點。 國父以革命時機已到，次年遂由檀香山回香港，召集同志研商，士良參加計議，決定攻取廣州爲根據地。會中初要士良聯絡香港、九龍、新安等地會黨，惟因楊衢雲自告奮勇，士良乃改負聯絡廣州附近會黨之責。

旋即在香港正式成立興中會分會，以「乾亨行」爲招牌，決定在香港挑選會黨三千人運往廣州，並由在廣州附近的會黨響應發動。於是將所有與會同志的任務分爲兩部分：一部分在香港辦理後方事務（即後勤）；一部分入廣州設立機關，主持起事。楊衢雲、陳少白、黃詠商、鄧蔭南等在香港負責；士良與陸皓東隨 國父率幾名歐美軍官前往廣州，設軍事機關於雙門底，並在鹹蝦欄、河南等處設立分機關，以通聲氣。（註四）

此次起義，決定於重陽節（農曆重九節即九月九日，陽曆十月二十六日）採取行動，因爲該日是廣東風俗秋祭掃墓日子，乘此人潮，革命黨人容易混進省城廣州。是時，革命軍的計畫，擬於光復廣州後，成立臨時政府，因此對於臨時政府的領導人，事先自應有所選定，以便屆時執行職務。這職位稱爲總統。與會者一致贊成　國父出任此職，但過一天，楊衢雲却要求　國父「讓賢」，爲了避免內訌，　國父與士良等開會商量，士良大加反對，並說要去殺楊衢雲，　國父勸他，並把總統讓給楊衢雲，以息事寧人。（註五）

到了起義那一天早晨，士良和陳少白率義軍、民團、防營和會黨各路人，集合雙門底機關部領受命令口號，準備迎接將由香港到達的同志，分頭大舉。惟香港弟兄未能按時抵達廣州，加以有人告密，革命軍所運軍械，遂爲海關查獲，雙門底、鹹蝦欄等處機關部亦皆被查抄，並搜去旗幟等物，且逮捕了陸皓東、程懷、程次等同志。

國父知事機已洩，便致電楊衢雲，要其暫停前來。但楊却已派丘四、朱貴全等率領集合在九龍的二百餘同志，和子彈武器七大箱，且已上船出發。因此，丘四等四十餘人於第二天到達廣州時，遂被南海縣吏捕獲，其餘同志則各自散去，於是深具歷史意義的第一次舉義便告失敗，結果陸皓東、丘四、朱貴全三人爲國捐軀，被捕者七十多人，廣東水師統帶程奎光且病死獄中。（註六）

陸皓東被捕後，　國父令部衆逃避，自己與士良留下來，從容督促少數部下隱藏武器，燒燬同志名册和重要文件，最後才離開，經由澳門，轉往香港，亡命日本，以圖東山再起。士良與陳少白跟　國父同行。對於　國父這種膽大而泰然的作風，士良佩服得五體投地。（註七）

士良居留日本沒多久，便奉　國父命回國，邊收拾餘衆，邊在香港設立機關，以謀各地會黨統隸於興中會行列之中。　國父同時遣派三個同志，與士良携手並進；則陳少白在香港創辦「中國日報」，以鼓吹革命，史堅如和畢永年分別入長江和兩湖，聯絡各省會黨。因而於一八九九年秋季，三合會、興中會、哥老會諸領袖聚首一堂，創建忠和堂與漢會，啜血爲盟，通過興漢綱領三則，公推　國父爲總會長，由宮崎滔天和陳少白，回日本呈獻總會長印信給　國父，並報告一切經過。（註八）又到此會者，與中會有陳少白、鄭士良、楊衢雲、宮崎滔天，哥老會爲李雲彪、畢永年、張堯卿、楊鴻鈞、李堃山、辜天恩、辜天保，三合會曾捷夫、曾儀鄉、黃明堂等人。（註九）

一九〇〇年五、六月間，滿清政府藉義和團排外，仇殺外國人，攻打使館，北京、天津因此爲八國聯軍所陷，光緒母子，倉皇逃逸西安， 國父遂命士良，把握時機，圖謀再舉。於是聯絡惠州各屬會黨及綠林首領黃福、江恭喜、（註一〇）梁慕光、黃耀庭（註一一）諸人，爲起義先鋒，並擇定歸善縣（即日後之惠陽縣）的三洲田做發難的根據地，由 國父接濟軍械。

士良本來的計畫，即一接得軍械，便要舉事。惟因軍械遲遲未到，而又怕事機敗露，乃令各弟兄分守山寨，不使閒人揷足。凡入寨的閒人，皆將其留下。因而謠言四出，說革命軍有幾萬人，聲勢浩大。廣東巡撫德壽，聞悉大驚，乃於閏八月十日，派補用副將莫善積管帶兵勇一營，由廣州趕抵歸善，此時革命軍尚未集齊，聞清兵已到，遂提前於閏八月十三日，正式發難，（註一二）進攻新安沙灣，奮勇直前，殺死清兵四十人，奪槍四十支，彈藥數箱，生擒三十人，革命軍威大振。

當革命軍進攻沙灣時，水師提督何長清所部新舊靖勇及各軍砲勇一千五百餘人，已經進駐深圳，因此革命軍便回攻橫岡，進取龍岡，轉圖惠州府城。閏八月二十二日，博羅縣會黨首領梁慕光等率衆響應，圍攻縣城，並進迫惠州府城，且俘虜歸善縣縣丞杜鳳

梧，和補用都司嚴寶泰，（註一三）奪槍七百多支，子彈五萬發，馬十二匹。（註一四）

是夜，革命軍宿鎮隆；二十四日，由永湖出發，擊退清軍，陸路提督鄧萬林中槍墜馬逃去，但革命軍副元帥黃揚却被清兵所殺。此次戰役，奪得槍六百支，子彈幾萬發，馬三十多匹，俘虜數百人。

二十五日，革命軍進攻河源縣城，未果。翌日駐紮梁化雷公嶺，因彈藥不繼，欲出東江，但為清軍所阻，乃折而東走，攻佔黃沙洋、三多祝。二十七日凌晨，清軍都司吳祥達等率領清兵前來奪取三多祝，激戰半日，雙方損失慘重，殉難革命同志多達五、六百人，三多祝、黃沙洋遂失守。（註一五）

國父以士良所部連戰連勝，乃致電在日本的宮崎滔天，要其從速將前向菲律賓獨立軍代表彭西預商借用的軍械，趕緊輸送惠州沿岸接濟。不料，軍械代購人中村彌六，為菲律賓獨立軍所購軍械，皆為廢鐵，菲械接濟，遂成泡影。（註一六）

加以此時日本更換內閣，新任首相伊藤博文，不許臺灣總督兒玉源太郎協助中國革命，又不准日本軍人投效革命軍，更禁止軍械出口。 國父不得已，乃特派山田良政（

註一七）和幾位同志，携函從香港經由海豐到達革命軍司令部，傳達士良說：「政情忽變，外援難期，即至厦門，亦無所得，軍中之事，請司令自決行止。」（註一八）

士良於二十九日上午，在白沙接到　國父函，便宣告各弟兄，全軍二萬餘人，莫不慷慨激昂，號聲震野。乃召開軍事會議，以決定進止。皆認爲，厦門一路既不能行，不如沿海退出，再回三洲田大寨，設法自香港購得子彈，再會合新安、虎門同志，以攻取廣州。於是，士良遂不得不忍痛解散各方來投效的同志，而只留下携有槍械者一千多人，分水陸兩路，退回三洲田。行至横岡，爲何長清所部攔遏，經過一場激戰，因寡不敵衆，士良唯有揮淚解散各弟兄，而與黃福、黃耀庭等人先後到香港。（註一九）

經過廣州、惠州之役後，士良的聲名大著，因而他在其故鄉的財產，悉被清政府沒收。但他却仍然往來於香港與日本之間，與　國父共謀再舉策略。一九〇一年，士良又奉　國父命，由日本回到香港有所活動，事被清吏所偵悉，遂懸大賞通緝他。有個漢奸，爲着貪得此重賞，於七月十四日，設計誘他至水坑口的瓊林酒樓吃飯，順手將其毒死。遺妻鍾氏，子雲初，身後悽涼。　國父在日本聞悉，悲痛非常，乃特派黃士龍同志

前往香港慰問，給款維持其生活，並帶雲初到南京去讀書。雲初學成後，曾在粵漢鐵路局服務。（註二〇）

註釋

註一：「國父全集」，第一冊（民國六十二年六月出版，中國國民黨中央黨史會編訂），四九一頁。

註二：「革命人物誌」，第七集（民國六十年六月出版，中國國民黨中央黨史史料編纂委員會），二七七頁。

註三：陳鵬仁譯，「論中國革命與先烈」（民國六十八年八月，黎明文化事業股份有限公司），一五九—一六〇頁。

註四：「革命人物誌」，第七集，二七七—二七八頁。吳相湘編撰，「孫逸仙先生傳」，（民國七十一年十一月，遠東圖書公司），上冊，一一九—一二一頁。吳書作「當時議定孫先生負責主持這起義行動，楊衢雲在香港籌款購械並召募壯士，謝纘泰負責旅港外國人，鄭士良召集所屬三合會衆參加。」

註　五：同註二，二七八頁。
吳相湘「孫逸仙先生傳」，上冊，一二七頁。

註　六：「國父全集」，第一冊，四九二頁。
吳相湘「孫逸仙先生傳」，上冊，一二九頁。又吳書說，「程奎光在營務處受軍棍六百致死。」，該書，一三二頁。

註　七：陳鵬仁譯著，「宮崎滔天論孫中山與黃興」（民國六十六年十月，正中書局），一九—二〇頁，二九頁。

註　八：宮崎滔天著，「三十三年之夢」（一九七五年九月二十日，日本平凡社），一五七頁。
陳鵬仁譯「論中國革命與先烈」，一六二—一六三頁。

註　九：宮崎滔天「三十三年之夢」，一五六—一五七頁。
陳鵬仁譯，「宮崎滔天書信與年譜」（民國七十一年五月，臺灣商務印書館），九四頁。
「革命人物誌」第七集，二七九頁。

註一〇：江恭喜這個名字，在馮自由「革命逸史」（民國六十一年一月，臺灣商務印書館）第一集，和李守孔「國民革命史」（民國五十四年十一月十二日，中華民國各界紀念　國父百年誕辰籌備委員會），三四頁，皆寫成「黃江喜」；陳少白著「興中會革命史要」（民國三十年八月，重慶中國文化服務社），一〇三頁，和「革命文獻」（民國四十七年十二月，中央黨史會），第三輯，八五頁，則作爲「江公喜」。在這裡，我沿用「革命人物誌」的紀錄。

註一一：黃耀庭，係根據莊吉發文；陳少白書爲「黃耀庭」；馮自由「革命逸史」第一集和「革命人物誌」是「黃耀廷」（三八頁），但在「革命逸史」第五集却作「黃耀庭」（一八頁）。

註一二：關於惠州之役的正確發難日期，史籍有不同的記載。莊吉發作「從故宮檔案看國民革命運動的發展」（民國七十七年二月，「近代中國」），有詳細的說明。

註一三：同註一二，莊吉發文，「近代中國」二七六頁。

註一四：馮自由「革命逸史」，第五集，一九頁。「革命人物誌」，第七集，二八〇頁。清軍所派總兵鄭姓名字，各書記載不一。李守孔「國民革命史」（三五頁）、馮自由「革命逸史」第五集（二〇頁）爲「鄭潤琦」，「革命人物誌」第七集（二八一頁）則作「鄭潤芳」。

註一五：前述莊吉發文，「近代中國」，二七六頁。

註一六：關於它的眞相，宮崎滔天著「三十三年之夢」後半，有很詳細的記載。筆者所譯「三十三年之夢」一書，預定今年秋季，將由水牛出版社出單行本。

註一七：關於山田良政，請參閱拙譯「論中國革命與先烈」一書有關文字。

註一八：馮自由著，「中華民國開國前革命史」（民國四十三年四月，世界書局），九五頁。

註一九：「革命人物誌」，第七集，二八二頁。

註二〇：「革命文獻」（民國六十二年十二月，中國國民黨中央黨史會），第六十四輯，三一三頁。

七七、三、二十七

（原載民國七十九年一—二月號「藝文誌」）

黃克強先生軼事

去年夏天，在一個偶然的機會，我認識了一位在美國已經住上將近五十年的日本人；而今年夏天，我更跟他在紐約郊外的長島濱海一起工作。這位日本人，名叫上田金作，是長崎縣島原市人，今年八十歲。

自十五歲起，他就開始過着海上的生活。換句話說，他是輪船的服務生。因此，他幾乎跑遍了地球上的每一個角落；更見過不少的世界名人。而黃克強先生就是他所接觸過的這些名人之一。

據他說，民國二年夏季，因二次革命失敗，黃克強先生擬亡命日本，當時他所乘的日輪靜岡丸（六千二百公噸，船長爲井澤虎吉），乃受中國革命之友犬養毅之托，在上海接黃先生，把他帶到日本來。該輪由上海開到香港去運客人，爾後由香港再經上海，而抵達橫濱，前後大約三星期。

在這三個星期當中，據他說最麻煩的就是在香港停留一星期，以載三百多名中國人移民至加拿大溫哥華的時候。因爲當時懸賞通緝黃先生，既怕給香港政府海關官員查到，又怕移民的中國人爲獎金而告密，因此想盡辦法掩護他。專門侍候黃先生的，除上田氏外還有一位姓佐藤的靜岡人。爲避免給海關官員發現，他們曾經把黃先生藏在冷凍蔬菜的大冰箱裏，那時黃先生穿上大衣和披着毛氈進冰箱。而在通常，黃先生則住船上郵局專堆信件的大箱子，並完全與一般客人隔絕。佐藤氏專送飯給黃先生吃，上田氏有時候也幫忙；但上田氏主要的工作是帶黃先生到服務生專用的澡堂去洗澡，和在澡堂外邊守候黃先生。

根據上田氏說，黃先生身軀魁偉，臉白，眼睛很大，大約四十歲，說一口流利的日本話。黃先生完全不喝酒，喜歡吃日本菜，而不喜歡西餐；更喜歡洗澡，一天最少要洗一次，多時要洗兩次到三次。而且，連洗澡時也要把手槍放在身邊。忘記帶的時候，即喊上田氏去拿。在這次旅途上，黃先生一直在看轟動當時日本文壇一時的德富盧花（健次郎，當日之名政論家德富蘇峯的胞弟）底「不如歸」。

跟黃先生上船的還有一位中國人。上田氏不知道這位中國人是誰；但這位中國人却帶着很多錢給黃先生。以後這位中國人下船去，並未到日本。爲酬謝上田氏和佐藤氏的照顧，黃先生曾給他們各一百元；但是，靜岡丸的事務長命令他們不能要（當時上田氏的月薪是十二元）。因爲黃先生不是普通客人，而是大政治家犬養毅的亡命朋友。不過黃先生終把他的手錶送給佐藤氏。又，上田氏亦曾用白襯衣的背身請黃先生寫字給他；但事務長又命令不可以，因此，連黃先生的墨蹟也沒有到手。惟後來，他們的公司各給他們五元獎金。

黃先生向他們說，他到達日本後不久將轉往美國，不過將來只要他能成功，他一定要請他們兩個人到中國來，並將保障他們一生的生活。三年後，黃先生不幸與世長辭。上田氏說：「假若黃先生不那麼早逝世，而我眞的去找他的話，我的一生恐怕又是另一種景況了。」

靜岡丸抵達橫濱時，很多日本的新聞記者到碼頭去找消息。這些記者抓住上田和佐藤氏說：「你們一定知道這條船載有中國革命領袖黃興。只要你們肯說出這個事實，我們決定給你們要多少就給多少的錢。」當然，他們守口如瓶。到那天晚上深夜，靜岡丸開到靠近東京的某地，黃先生才下船，下榻犬養毅公館。

以上係上田氏向我所說有關黃克強先生二次革命失敗後亡命日本的經過和事實。由於現在我手邊並沒有詳細資料，所以對於上田氏的陳述無法予以考證。不過，我覺得上田氏的陳述是可靠的。因爲上田氏是沒有受過什麼高深教育的人，而竟知黃興這兩個字；如果沒有見到黃先生，他更不會知道黃先生留學日本，懂得日文和日語。而且他對於黃先生所得印象，亦與我們所了解者一致。因此上田氏的話是可信的。

現在，我想對於上田氏再說明兩句。

上田氏今年雖已屆古稀，但其身體却非常健康，而且還在繼續做洗濯盤碗的工作。其動作之敏捷，並不遜於年輕人。他自己雖然沒有多少儲蓄，但是，却非常喜歡捐獻和助人。遠在一九三三年，他曾捐過一千二百美元給他的小學母校，俾建立以勤、學馳名於世的二宮尊德（金次郎）底銅像。而在最近數年，對於他故鄉的慈善團體、養老院等，前後更捐了三千多美元，因而榮獲島原市長的特別褒獎。實在難得。我們但願上田氏愈老彌堅，活到一百歲。

（原載一九六七年九月十日臺北「政治評論」）

關於藏本失蹤的日期

最近，我偶然看到徐志道先生所撰，刊於一九八〇年五月號「中外雜誌」之「藏本事件眞相」的大作，深深感覺到人的記憶力之不可靠。

日本駐南京總領事館書記生（相當於我國的主事）藏本英明失蹤時，徐先生是我國憲兵司令部特務營長，他奉谷正倫司令之命，帶了幹練憲兵三十六人，千辛萬苦，日以繼夜，好不容易把藏本找出來的經過，應該都是事實；但他說旁人寫的，包括一九三四年七月號「東方雜誌」所刊「藏本失蹤與尋獲之經過」的筆者難賓，以及「中國國民黨七十年大事年表」和「中國國民黨八十年大事年表」等所寫的日期都是錯誤的說法就有問題了。

徐先生說別人錯，但事實上錯的不是別人，而是他自己。至於藏本失蹤的日期爲何，是一九三四年六月八日，還是徐先生所說的四月十日？現在僅列舉如下述三項日文文獻以爲證據。第一，石射猪太郎著「外交官的一生」中一九二至一九三頁提到這件事。石射有寫日記的習慣，當時他身爲上海總領事。

第二，大正昭和新聞研究會編，「新聞編成昭和編年史」一九三四年度版，三六五頁；第三則是日本外務省編，「日本外交年表及主要文書」下卷八三頁（不過此書把藏本誤爲駐南京公使館書記生），都說藏本失蹤於六月八日。由此可見，徐先生說藏本失蹤於四月十日應是錯誤的。

其實，徐先生本身，非常缺乏歷史常識。他說：「民國二十年九月十八日，日軍製造中村失蹤事件（即喧騰中外的『九一八』事件），藉詞採取軍事行動，侵佔我國東北地區」。他把中村失蹤事件當做九一八事件，眞是笑話。中村震太郎事件發生於六月二十七日，距九一八事變的發生尙有兩個多月的時間，這完全是兩件事情，怎麼可以混爲一談？九一八事變的直接原因是柳條湖事件，這是稍具現代知識的人都知道的事實，爲什麼徐先生不知道？

其次，徐先生說「東方雜誌」是「東方圖書館出版」的。「東方雜誌」明明是商務印書館出版的，怎麼會變成「東方圖書館」出版的。

再次，徐先生一再否認藏本失蹤時，難賓文中所說：「……日艦數艘，又集中南京江面，若有所待」（八十年大事年表載的是「……並派遣軍艦來京示威」），並批評說純屬「虛構」。唯前述石射猪太郎的回憶錄中却表示，爲此當時的第三艦隊曾經出動其旗艦「八雲」到南京江面，並由上海，陸軍副武官趕到南京去助勢（「外交官的一生」，一九二頁）。因此，我們根本不能說它是虛構。

第四，徐先生又說：「廿三年六月×日（是不是八日，我想不起來），確也有過日領館副領事失蹤消息，但那副領事是名『松本』（也許是名『杉本』，已模糊記不清楚），而絕不是『藏本』！」這件事，事實上就是藏本其人！難道徐先生的記憶力，比日本外務省編的「日本外交年表及主要文書」還要正確嗎?從外務省編的這部年表裏，我沒找到載有姓「松本」或「杉本」的日本外交官在中國大陸失蹤的事件。

寫歷史性事件的文章，要根據史料，不能單憑記憶，因爲人的記憶力並非絕對可靠的。

（原載一九八一年十一月分「中外雜誌」）

宮崎滔天故居訪問記

一九七三年九月中旬，我奉亞東關係協會駐日代表馬樹禮先生之命，前往九州參加熊本縣日華親善協會的成立大會。該時，亞東關係協會福岡分處主任陳昭成兄、副主任郭汀洲兄和何鵬齡兄與我同往。由昭成兄開車，我們從福岡出發，一路往熊本南下。由於路途必須經過，所以我便提議順便去參觀在荒尾市的孫文紀念館和中國革命之友宮崎滔天先生的故居。

我們抵達孫文紀念館，並在那裡拍紀念照時，有位六十歲左右的日本人對我們說：「這不是宮崎滔天的老家，他的房子我們把它買過來了。」我於是請他帶我們到他家去看看。從孫文紀念館到宮崎故居並不遠，大約三、四百公尺罷。這位日本人名叫川口久勇，在東京工作，其所以回家，是爲了看他母親，很巧跟我們碰面。

進屋子後，他給我們介紹他的母親，請我們喝啤酒，吃糖果。我拼命地照像，想像六十年前 國父在此屋居住的種種情形，……。我們大約呆了一個多小時，然後去參觀中山亭和紀念碑。紀念碑上面右邊是 國父遺像，左邊是滔天像，中間寫着「世界是一家」，下面有漢學家安岡正篤先生撰寫的碑文。中山亭是座涼亭，立於紀念碑傍邊，裡邊掛着 國父手撰的「博愛」匾額。這個地方是滔天父親別墅的所在地。

大概是太興奮了，這次照像，我沒把膠捲捲好，因此全部落空，一張像片也沒照出來。我覺得非常可惜，並一直想找機會再去拍攝一次。很幸運，今年四月中旬，我陪馬代表到九州參加佐賀縣日華親善協會的成立大會，馬代表在旅館整理資料時，我由福岡分處的薛宜興兄陪同去訪問熊本的僑胞，順便又去參觀孫文紀念館和宮崎滔天的故居，並拍了不少照片，滿載而歸。

滔天的故居修得比以前好多了，院子也整理得很漂亮。現在它是熊本縣的史跡，更是荒尾市的文化財產。我此行與研究滔天乃兄民藏的麥田靜雄先生初見面，並承他邀請到他家，一起吃了中飯。 國父到日本一共十五次，前後住了九年七個月左右，但國父住過的地方而今日尚能找到的，據我所知道，實祇有滔天的這個故居。所以這座房子非常有價值。根據記載，於一八九七年十一月間，　國父曾經在這裡住了十天左右。

其次，我想就孫文紀念館做些說明。這座紀念館是於民國十九年，中國國民黨中央撥出兩萬國幣來建造的。紀念館本身是雙層樓，樓中央本有青天白日徽章，後來因颱風而掉下來。前幾年，日本報載，爲了紀念館的所有權，宮崎家內部正在打官司。打官司的是民藏的子孫和滔天的後代。據說，前者主張紀念館的財產權屬於他們，因此他們要把它賣掉，後者堅決反對，認爲紀念館必須保存，其財產權屬於社會，應該根據當年中國國民黨中央的意思，組織財產團法人來管理紀念館。

一九七八年七月十九日　於東京

（原載香港「中外」畫刊）

南方熊楠紀念館訪問記

今年十月十四日，我趁出差大阪之便，利用禮拜六和禮拜天到大阪南部和歌山縣白濱去訪問南方熊楠紀念館。內人莉莉與我同行。

南方熊楠是馳名世界的生物學家，尤其對於黏菌學有特別的研究和成果，同時又是著名的民俗學家。他的大部分著作，前後由日本乾元社和平凡社以「南方熊楠全集」十二卷出版。此外還有一些日記和菌譜等尚沒問世。

我去參觀南方熊楠紀念館，不是爲了他在學術上的非凡成績，而是由於他跟　國父在倫敦時代曾經是「難兄難弟」，紀念館裏頭展覽着　國父的信件、照片和遺品等等，想去參觀這些，同時到南方先生的老家看其家人，和參拜他的墳墓。

南方熊楠紀念館位於名勝之地白濱番所之崎山頂上，竣工於一九六五年三月底，四月一日正式開放。一樓收藏文獻和資料，另有館長室和事務室。二樓纔是展覽室，國父的信件等則展覽在這裏。

我們在白濱火車站下車後，乘計程車直往紀念館。可是紀念館却關閉着。山下小店舖的老板說，紀念館已經關好幾年了。我覺得我們跑這樣遠的路，如果不能進去看看，實在太寃枉，於是我單獨，帶着照像機，從鐵門下面空隙鑽進去，想拍幾張照片。但園裏頭四周却都是蜘蛛網，從鐵門到紀念館又那麼遠，束手無策，祇有另想辦法。

我們馬上到旅館，把行李放下，遂到田邊市去訪問南方先生家人。我們運氣好得很，到他家時他的女兒（岡本文枝女士，六十五歲）剛好在家。我們進去自我介紹，並告以來意，她很高興，即刻打電話給紀念館的主事古家信行先生，要他帶我們進去參觀。

我們告別文枝女士以後，搭上她替我們用電話叫的計程車，直駛高山寺，去參拜她爸爸的墳墓。我們依照日本人的習慣，打水來爲其墳墓冲水，然後兩個人並排站立，向南方先生的墳墓行了三鞠躬禮。

然後坐同一部計程車到田邊火車站前搭巴士回紀念館，到達山下時，古家先生已經在那裏等着我們了。古家先生就紀念館的關閉說，因公園地主與租人之間發生糾紛，正在進行訴訟，所以整個公園關起來，紀念館則在公園裏頭，自不得不「關門大吉」，並且已經關了兩年三個月。又說，明年春天大概可以獲得解決，重新開放。

因此，古家先生隨領我們由山後面上去，進入紀念館，紀念館展覽有　國父給南方先生的兩封信，和一封介紹南方先生給犬養毅的信。前兩封信皆以毛筆用英文寫的，其中一信及給犬養毅的此信爲任何版本的「國父全集」所沒有，另一封信，木下彪先生雖曾介紹過（民國六十二年版「國父全集」第三卷第二五頁），但不全，而且日期也不對（也許是另一封信）。所以筆者擬以另文介紹這兩封信和最近筆者所發現而爲「國父全集」所沒有的　國父的其他信件和文章。

其次有一頂白色的大巴拿馬帽，這是一九〇一年二月間，　國父與溫炳臣到歌山去訪問南方先生，臨走告別時送給他做紀念的。這是　國父與南方先生的最後一次見面。第三，有一張很大的照片，這是　國父、溫炳臣和南方先生三位弟兄與其姪子一起拍的。第四，尙有一本書和一本小册子，　國父在倫敦親自署名送給南方先生的。這本書叫做「紅十字會救傷第一法」，一八九七年出版於倫敦，是　國父譯的，其第一面寫着：「恭呈南方熊楠先生大人雅政　中原逐鹿士孫文拜言」；小冊子是錄自黃梨洲「明夷待訪錄」的「原君原臣」，　國父同樣以毛筆署名着：「南方先生鑒　孫文持贈」。第五，國父在南方先生的日記簿上簽名曰：「海外逢知音　南方學長屬書　香山孫文拜言」。此外有一幀　國父的全身玉照。

我一一把這些全部拍攝下來。而在參觀其他照片和資料時，我發現南方先生於一八九二年在美國佛羅里達州與廣東籍華僑江聖聰拍的照片，紀念館竟把江聖聰寫成「聖聰江」，所以遂告訴古家先生，請其改正過來。參觀完畢之後，太陽快要落山了。

晚上住僑領黃秋茂先生經營的迎賓閣。在他這家大飯店的停車場與游泳池之間，一年四季，插着青天白日滿地紅的國旗和黨旗。黃先生忠黨愛國，由此可見，實在難得。

（原載一九七七年十二月廿一日臺北「青年戰士報」；轉載一九七八年五月號東京「留日學誌」）

日本前海軍省所保存有關辛亥革命的資料

很多人都知道，日本有關辛亥革命的資料，最多和最全的是外務省外交史料館所收藏的外務省紀錄，亦即「各國內政關係雜纂——中國之部——革命黨關係（包括亡命者）」。

這裏我所要介紹的是，防衛廳防衛研修所所藏，日本前海軍省公文中，有關辛亥革命的資料。這些資料，對於上述外交史料館的資料有補充的作用。

日本前陸海軍所編纂的戰史資料，其大半在戰敗時都由軍部燒燬或者散失。剩下的資料，皆被美軍扣押，並保管於美國國務院公文部門，惟經過長期的外交交涉，終於一九五八年四月，把它歸還日本，其大部分乃由防衛廳防衛研修所所保管。除這些由美國發還的資料外，包括戰後由厚生省復員局所整理、保管，和防衛研修所所搜集的、目前防衛研修所所保管的資料，一共有前陸軍方面者八萬三千冊，海軍方面者三萬三千冊。這些資料的一部分，從幾年前，已經可以公開閲覽。又防衛研修所圖書館，係位於東京都目黑區中目黑二——二——一，電話爲七一三——六一一一，離國鐵惠比壽車站，大約四百公尺。

在可以公開閲覽的這些資料當中，與辛亥革命有直接關係的，有下面兩件：第一件是「明治四十四年——大正三年：清國事變關係外務報告」（共計二十九册），以下簡稱「外務報告」；第二件爲「明治四十四年——大正二年：清國事變書類」（總共五十七册），以下簡稱「書類」。

「外務報告」是海軍省把從辛亥革命到第二次革命，亦即自一九一一年八月二十五日到一九一四年四月二十一日，外務省與駐外機構（以中國爲首，包括歐美等國）間所往還的電報，按照收到的日期順序編纂而成的。從其性質來看，這些資料應該由外務省外交史料館去保管才對。除一小部分外，都是外交史料館所沒有的資料。其各册所收資料的日期如下：

第一册　自明治四十四年九月十一日至十月二十五日
第二册　自明治四十四年十月二十六日至十一月三日
第三册　自明治四十四年十一月四日至十一月十日
第四册　自明治四十四年十一月十一日至十一月十六日
第五册　自明治四十四年十一月十七日至十一月二十五日
第六册　自明治四十四年十一月二十六日至十二月四日
第七册　自明治四十四年十二月五日至十二月十九日
第八册　自明治四十四年十二月二十日至十二月三十一日
第九册　自明治四十五年一月一日至一月十五日
第十册　自明治四十五年一月十六日至一月三十一日
第十一册　自明治四十五年二月一日至二月十日
第十二册　自明治四十五年二月十一日至二月二十九日
第十三册　自明治四十五年三月一日至三月十三日

第十四册　自明治四十五年三月十四日至三月三十一日
第十五册　自明治四十五年四月一日至四月三十日
第十六册　自明治四十五年五月一日至五月三十一日
第十七册　自明治四十五年六月一日至六月三十日
第十八册　自明治四十五年七月一日至大正元年八月二十九日
第十九册　自大正元年八月十二日至十月八日
第二十册　自大正元年九月十日至十一月三日
第二十一册　自大正元年十一月三日至大正二年二月六日
第二十二册　自大正二年二月十五日至四月三日
第二十三册　自大正二年四月七日至四月三十日
第二十四册　自大正二年五月一日至六月三十日
第二十五册　自大正二年七月一日至七月三十一日
第二十六册　自大正二年八月一日至八月三十日

第二十七册　自大正二年九月一日至十月三十一日
第二十八册　自大正二年十一月四日至大正三年四月二十一日
第二十九册　自明治四十四年八月二十五日至大正二年十一月十四日
「書類」是將大約與上述「外務報告」的同一個時期亦即自一九一一年九月到一九一四年八月（但其表題却爲「明治四十四年——大正二年」），與辛亥革命直接、間接有關聯，以海軍爲主的各種資料（主要是電報，包括報告、文書、便條等等），分門別類編輯而成。其大部分是有關辛亥革命的資料，一部分關於第二次革命，極少部分關於中國的其他問題。這些資料，在瞭解日本海軍中央對辛亥革命的方針和態度，以及外派海軍船艦、軍人對辛亥革命狀況的報告，特別有幫助。

從其內容來看，「書類」似可大別如下：

㈠海軍中央的基本方針與全般的問題（命令、訓令、人事、通信、船艦之派遣等等）（卷一——卷六）。

㈡海軍外派船艦、軍人對海軍省及軍令部的報告（卷七——卷四十六）。

㈢外派陸軍軍人對陸軍參謀本部的報告（卷四十七——卷五十三）。

㈣海軍關係雜件（卷五十四——卷五十六）。

「書類」各卷的主要表題如左：

卷一　梗概命令訓令往復一

卷二　梗概命令訓令往復二

卷三　梗概命令訓令往復三

　　　文書、人事、臨時增置、清國海軍學生取締等件、薪金、救療。

卷四　陸戰隊、南京事件、列國海軍指揮及關係、不使上海成爲交戰地案件、日清汽船、兵器其他運輸、領航人、帝國海軍行動訛傳案件、有關上海法國租界警察官吏不法行爲案件、日水兵爲中國兵傷害案件、陸軍出兵、清國變革政體。

卷五　有關通信、秦皇島無線電信所案件。

卷六　派遣船艦：龍田、千早、春日、千代田、滿洲、松江、最上。

卷七　來電一　第三艦隊電報一
卷八　來電二　第三艦隊電報二
卷九　來電三　第二艦隊電報
卷十　來電四　軍艦盤手艦長電報
卷十一　來電五　軍艦春日艦長電報
卷十二　來電六　軍艦嵯峨艦長電報
卷十三　來電七　橫須賀鎮守府電報
卷十四　來電八　上海外波少將
卷十五　來電九　上海加藤中校電報
卷十六　來電十　厦門平井中校電報
卷十七　來電十一　松電（片假名日音譯）
卷十八　來電十二　第三艦隊司令官所發電報抄件
卷十九　來電十三　軍令部通報、通信局、東亞同文會時報、電報接受件名簿。

卷二十　警備報告要領上奏案（明治四十四年至大正二年）
卷二十一　關於清國事變的警備概報一　第三艦隊一
卷二十二　關於清國事變的警備概報二　第三艦隊二
卷二十三　關於清國事變的警備概報三　第三艦隊三
卷二十四　關於清國事變的警備概報四　第三艦隊四
卷二十五　關於清國事變的警備概報五　第三艦隊五
卷二十六　關於清國事變的警備概報六　第三艦隊六
卷二十七　關於清國事變的警備概報七　第三艦隊七
警備秘報（明治四十四年第一號至四十五年第五號）
警備特報
附錄一　與中國及外國官憲往復文書報告。（以下從略）
卷二十八　關於清國事變的警備概報　第三艦隊八
附錄二　清國事變日誌一（明治四十四年十月至十二月）

卷三十八　關於清國事變的警備概報十八
卷三十九　關於清國事變的警備概報十九
卷　四十　關於清國事變的警備概報二十
卷四十一　清國事變通報一
卷四十二　清國事變通報二
卷四十三　清國事變通報三
卷四十四　缺
卷四十五　北清警備報告一
卷四十六　北清警備報告二
卷四十七　陸軍省通知清國事變一覽表
　　　　　陸軍參謀本部報告一
卷四十八　陸軍參謀本部報告二
卷四十九　陸軍參謀本部報告三

卷 五十　陸軍参謀本部報告四
卷五十一　陸軍參謀本部報告五
卷五十二　陸軍參謀本部報告六
卷五十三　陸軍參謀本部報告七
卷五十四　鈴谷 坐
　雜報告一
卷五十五　雜報告二
卷五十六　湖北事變通報
　福建方面 秘中之秘 有關二十五萬元

最後，舉出一項資料，以供參考

「清國事變書類」卷三

明治四十四年十月二十日發電　海軍大臣

海軍部內

各主管長官

各廳長

「清國目前情勢紛亂，不可推測，事態嚴重。此時我國態度，應該採取不偏不倚，保持中正（立），鑒於將來帝國之國是，乃屬瞭然之事。尤當謹愼言行，對部外者，縱令以個人談話，一時閒聊，亦可能連累我海軍之名，爲嚴密注意，請對部下訓示；同時對列國行動，亦應恪守縝密之態度，不可有使其惹起惡感，連累帝國之外交等情事。

以上各節，當爲各官所深爲瞭解，惟在此時機，士氣作興之餘，或有缺欠謹恪之虞，特爲內訓。」

附註：

㈠文中，原文爲「支那」者，我一律把它改成中國。

㈡明治四十五年是大正元年，大正元年是民國元年。換句話說，明治四十五年也是民國元年。

㈢本文取材於藤井昇三氏刊於「辛亥革命研究」第四號的論文，特爲誌謝。

七七、二、十九

（原載民國七十七年二月廿九日「近代中國」）

附錄：南京大屠殺的眞相

藤原彰

一、南京大屠殺

日軍攻擊南京

民國二十六年（一九三七）七月七日的盧溝橋事件，終於擴大爲中日兩國間的全面戰爭。於戰火波及上海的八月十五日，日本政府公佈「膺懲暴戾支那」之事實上的戰爭宣言，並令松井石根上將的上海巡遣軍登陸上海。惟遇到中國軍英勇的抵抗，日軍非常苦戰，因而於十一月，令柳川平助中將的第十軍和中島今朝吾中將的第十六師團，分別登陸杭州灣和長江的白茆江，威脅中國軍的背後，於是上海的中國軍遂開始退卻。日軍追擊敗退的中國軍，於十二月十三日，佔領南京。攻擊南京時，日軍屠殺戰俘，對老百姓有過搶奪、暴行、強姦等殘酷行爲，世上把它稱之爲南京大屠殺(atrocity)事件（日語叫做南京大虐殺事件）。

當時南京是中國的首都，有許多外國使領館，和各國的新聞記者。但其大部分都隨日軍的迫近而避難，尤其是於佔領前的十二月十二日，大多搭乘美國軍艦巴聶號離開了南京。惟巴聶號於當天下午，在南京上游二十八英浬的江面，被日本海軍軍機炸沉，其生存者則分乘幾條船避難於上海。因此，當日軍佔領南京時，外國記者祇剩下五個人：「紐約時報」的竇奠安、「芝加哥日報」的斯迪爾、路透社的史密斯、美聯社的麥克達尼爾，和巴拉蒙電影公司的攝影記者孟肯。但他們也都於十二月十五日，乘運巴聶號生存者的船到上海，所以爾後留在南京的祇有傳敎士、敎師等少數的外國人而已。當這些記者離開南京時，日軍曾經極力阻撓其帶出照片、發出消息等，以防止南京大屠殺的消息走漏出去。但由起初就在南京的外國記者，和從南京回國的外國人的作證，以及其他各種管道，這個事件早已報導於全世界了。此時，世界各國尤其是美國輿論所關心的問題集中於巴聶號，但從十二月十七日以後，便逐漸轉移到南京大屠殺事件上面去。

殘酷事件的報導

「芝加哥日報」的斯迪爾於十二月十五日（遲發），從南京發出的報導「日軍在南京的屠殺和搶奪」；「紐約時報」駐上海特派員阿邊特於十二月十九日發的「俘虜、老百姓和婦女、孩子的殺害」的報導，「紐約時報」的竇煲安從十二月十八日以後，由漢口發出去的詳細報導等等，從一九三八年一月至二月，許許多多有關日軍的屠殺行爲的報導，則出現於世界的報刊。同時，上海、香港等地的中文報紙，也都大事報導日軍的殘暴行爲。

而把日軍的殘暴行爲有系統地訴諸於世界輿論的，便是英國「曼徹斯特導報」駐華特派員田伯烈（亦作丁白萊）編著的「什麼是戰爭——日軍在中國的暴虐」（*What War Means: the Japanese Terror in China*）一書。該書亦於同年發行於紐約，更於同年七月，以「外人目睹中之日軍暴行」的書名在中國出版。在日本，洞富雄編的「日中戰爭史資料9——南京事件II」（河出書房新社，一九七三年），把該書全文收入，並附以詳細的解說。田伯烈的這本書不僅敍述南京事件，也包括中日戰爭初期日軍在各城市的暴行，這些都是外國人的作證。其目的不是要作反日宣傳，而是要讓人們知道戰爭的殘忍。

當時的同盟通信社上海支局長，同時是田伯烈的好朋友松本重治，在他的回憶錄「上海時代（下）」（中央公論社，一九七五年）中就有這樣的一段，一九三八年四月，田伯烈往訪松本於上海，說他將出版「日軍在中國的殘暴行爲」一書，「此舉雖然很對不住好的日本人，但希望它能令全世界認識戰爭改變人這個可悲和可憎的事實。尤其對於日高先生（日本大使館參事官）和松本先生，爲著創設上海難民區得到你們兩位的協助，可是我卻編著了事實上反日的專書。對於你們兩位的好意，我好像還之以惡意，所以覺得有些不安」。對此松本答說：「田伯烈先生，我也是個日本人。南京的暴行、屠殺，實在可恥。曾著一時具有反日的宣傳效果，事非得已。我們日本人要對中國人和人類深致歉意，並以你的書爲反省的借鏡。謝謝你這樣客氣先告訴我，使我反而感覺慚愧」。我認爲，此書是人類良心對戰爭的控訴。

祇有日本人不知道

爲外國人所普遍知道的南京事件，當時的日本人却完全不知道。無需說，這是由於嚴格的統制言論所導致的結果。對於國內的新聞報導，中日戰爭開始以後，陸海軍省便予以非常嚴格的限制和取締。根據一九三七年九月九日，陸軍省主管審查報導之「新聞揭載事項許否判定要綱」的規定，凡是「不利於我軍的報導、照片，有關逮捕審問中國兵和中國人的報導、照片中，可能予以虐待的感覺者，一律不許刊載」（「現代史資料41大衆媒體統制2」，密斯茲書房，一九七五年）。

日本當局不但取締國內出版品，而且嚴格取締外來的出版品。前坂俊之的「被審查的南京大虐殺」（「現代之眼」，一九八二年十二月號），乃是根據最近所翻印內務省警保局的「出版警察報」所做的研究，根據這本書的統計，因爲「涉及毀損皇軍威信」而被查禁者，一九三八年一月有二十五件，二月有一百零九件，三月有四十八件。被查禁的內容包括：「誣指我軍對無辜人民有殘忍行爲者」，「歪曲我軍行使違反國際公法之戰鬥手段者」，「曲說我軍將士行動且極予侮辱者」；其中「對無辜人民的殘忍行爲」就是南京大屠殺，一月共有九件，二月共有五十四件，三月共有二十九件，幾乎佔被查禁之出版品的一半。它介紹的僅是被查禁報導的一部分，然僅此內容就已夠令人驚心了。

外務省東亞局長的回憶錄

一般國民雖然不知道南京事件的眞相，但政府、軍當局和報館方面的人卻都知道。當時爲外務省東亞局長的石射豬太郎，戰後根據他的日記寫成的回憶錄「外交官的一生」（讀賣新聞社，一九五〇年）中，對南京大屠殺有這樣的記載：

「南京於十二月十三日陷落。根據跟隨日軍後面回到南京的領事福井（淳）所拍的電報，以及繼而寄達的上海總領事的書面報告來看，實在令人慨嘆不已；這些都是進入南京的日軍對中國人的掠奪、強姦、放火和虐殺的情報。由於憲兵人數不多，無法取締。據說，福井領事想制止而幾乎喪命。」

他在一九三八年一月六日的日記中曾寫著：

「上海來信，它詳報日軍在南京的暴行、掠奪、強姦，慘不忍睹。嗚呼！這就是皇軍？這是日本國民民心的頹廢，是很大的社會問題。」

石射在三省事務局長會議（陸、海軍省軍務局長和外務省東亞局長會議）席上，常常警告陸軍，廣田（弘毅）外相也向陸相「要求振刷軍紀」。石射把這個事件叫做南京大屠殺。他說：

「而這就是『聖戰』和『皇軍』的眞面目！從那個時候我就把它叫做南京大屠殺，因爲這樣說遠比用暴虐兩字來得更恰當。」

「日本報紙對自己同胞的畜牲行爲雖然保持了沈默，但壞事立時傳遍千里，轟動海外，日軍即刻受到各方應有的指控。日本國民不但不知道這個民族史上的千古汚點，而且還在歌頌赫赫的戰果呢！」

事件與軍中央

否定南京大屠殺的人或許會說，當時的軍方上層並沒有承認屠殺的事實。但連外務省都知道，可知軍方上層一定有殘暴行爲的報告。登陸杭州灣後的十一月十七日，爲統一指揮松井上將的上海派遣軍和柳川中將的第十軍，編成華中方面軍，由松井兼方面軍司令官。但於大本營命令攻擊南京的十二月一日，朝香宮鳩彥中將被任命爲上海派遣軍司令官，松井專任方面軍司令官。松井於佔領南京後的十二月十八日慰靈祭之後，召集軍司令官和師團長，申訴說「你們煞費苦心光輝了皇威，惟因一部分士兵的暴行，皇威一舉掃地」（松本重治「上海時代（下）」）。巢鴨戰犯拘留所的教誨師東京大學敎授花山信勝寫道：「松井說：『南京事件實在很慚愧』，『作爲軍總司令官，我又哭又生氣』。」（花山信勝，「和平的發現」，朝日新聞社，一九四九年）。

不特松井方面軍司令官得悉事件後憤怒異常，軍中央也知道這個事實。當時爲參謀本部作戰課高級課員的河邊虎四郎，在他的回憶錄「從市谷臺到市谷臺」（時事通信社，一九六二年）中說：「就這個事件曾以參謀總長閑院宮載仁親王的名義，對松井司令官發出警告，而其底稿是本人起草的。」這個警告，似乎指一九三八年一月四日，參謀總長載仁親王給華中方面軍司令官之「有關維持振作軍紀風紀的要求」而言，它說：「在軍紀風紀方面，可惡的事態之發生，近來漸多，欲不信而又不能不懷疑」，「故再次切望振作軍紀和風紀，希見諒本人之眞意」（「續現代史資料6——軍事警察」，密斯茲書房，一九八二年）。

參加攻擊南京的第十軍，爾後前往攻打杭州，十二月二十日，該軍參謀長對其所屬師團參謀長和直轄部隊長以通牒告戒說：「對於嚴禁掠奪、強姦、放火等，曾屢次訓示，但徵諸此次攻擊南京的實績，單單強姦一項便發生一百多件，不應再蹈，特予注意」（「關於第十軍作戰指導參考資料其三」，防衛研修所戰史部藏）。由此可見，方面軍上層也知道日軍暴行的事實。

至於陸軍上層在當時也知道日軍在南京的暴行，我們可以從一九三八年八月，奉命攻擊武漢之第十一軍司令官岡村寧次中將的回憶錄獲得證據。它說：「登陸上海一、二天之內，聽取宮崎參謀、華中派遣軍特務部長原田少將、杭州特務機關長荻原中校等的報告，所得結論如下：一、攻擊南京時，對幾萬老百姓的掠奪、強姦等是事實。二、第一線部隊假藉給養名義，有殺死戰俘之弊」（「岡村寧次大將資料（上）」，原書房，一九七〇年）。岡村後來出任華北方面軍司令官，其後再任中國派遣軍總司令官，在其回憶錄中，便曾多次嘆息日軍強姦之惡行和軍紀風紀的頹廢。

此外還有許多例證，皆可證實軍中央一定知道南京事件的梗概。惟爲隱匿這個事件不讓日本國民知道，日本政府採取了很週全的措施，對於有關該事件的言論，予以很嚴格的取締。

司法省一九三八年度思想特別研究員西谷徹檢察官的報告「關於中國事變的造言飛語」中，有個附錄叫做「造言飛語事件一覽」，它刊登著因違反陸軍刑法，由區法院判決的很多例子。譬如：因說「我們在南京時，有五、六個中國女生替我們燒飯，燒完飯後要離開時，我們把這些女生全部殺掉。又在南京，有個八歲左右的男孩走投無路正在哭泣時，我的部下把他抱起來，因爲小孩反抗，故其他士兵便把小孩刺死……」而被判監禁三個月；因說「在戰地，日本的士兵三、四個人一組，到中國老百姓家掠奪豬、鷄，或強姦中國女性，把戰俘五、六個人排成一列，用刺刀予以刺殺」而被判監禁四個月；因說「日軍很亂來，最近聽由大陸回來的士兵道，據說日本士兵沒有殺過人，因此想殺殺看，而大殺中國士兵和農民等等」而被判監禁八個月。把殘暴行爲的見聞說給人家聽便是有罪，所以事件的眞相，完全被隱匿著。對於南京事件日軍的暴行，眞的「不知道」的祇是國民。

東京審判的震撼

這種欺瞞國人，掩飾罪行的狀況，因日本的戰敗而改變。尤其是一九四六年八月遠東國際軍事法庭審理南京大屠殺時，每天將審判的情形刊登於報紙，至此，許多日本人才知道有這個事件和它的眞相。出庭作證者有事件發生當時在南京的美國籍牧師，又是南京國際紅十字委員會委員長的馬琪、金陵大學附屬鼓樓醫院醫師威爾遜、金陵大學歷史學教授，同時爲南京安全區國際委員的貝茲等人，就日軍的殘忍行爲作證；由屠殺中死裏逃生的中國人，亦舉出活生生的事實作見證。結果爲被告之一的華中方面司令官松井石根上將，被判了死刑。有關這項裁判南京事件的紀錄，收入於洞富雄編「日中戰爭史資料8——南京事件I」（河出書房新社，一九七三年）。

一九四八年十一月，遠東國際軍事法庭的判決說：

「南京被佔領之後，在最初的二、三天內，至少有一萬二千名的中國非戰鬥員——包括男女小孩，皆毫無差別地被殺害。在被佔領的頭一個月，南京市內大約發生了二萬件的強姦事件。同時日軍假藉要掃蕩打扮成老百姓模樣之中國兵的名義，集體地殺害了年紀相當於兵役年齡的中國男性二萬人；以及屠殺了三萬人以上的戰俘。從南京逃難的市民中，有五萬七千人以上被日軍窮追和收容，他們因爲饑餓而遭到刑訊，而大多死亡，其餘的，大多被用機關槍和刺刀殺死」，認爲當時的犧牲者大約有十二萬人。但該判決文的後段又說：

「根據後來的估計，日軍佔領後最初的六個星期，在南京及其四周被殺害的老百姓和戰俘，總數實達二十萬人以上。這個估計並非誇張，埋葬隊及其他團體所埋葬的屍體之達十五萬五千具，這個事實便是證據。」

判決書所說二十萬人以上被殺害，這個數目雖然不是完全有史料的根據，但遠東國際軍事法庭承認日軍在南京確曾有過大屠殺的事實，認爲這是日本的戰爭犯罪，此判決結果曾予當時一部分日本人很大的震撼。

有關該事件書籍的出版

在遠東國際軍事法庭的判決前後所出版的田中隆吉少將著「被審判的歷史〈敗戰秘話〉」（新風社，一九四八年）一書，有這樣的敍述：事件當時任上海派遣軍參謀（兼華中方面軍參謀）的長勇中校，於一九三八年四月對田中誇說，他「獨斷地以軍司令官名義，用無線電對所屬各部隊下令」，要他們把大約三十萬的中國軍戰俘「殺光」。起初，田中以爲這是長勇的大言壯語，但後來知道了殘暴行爲的全貌，因爲要實行這種大屠殺，唯有賴軍隊統制的集體行爲始能做得到，至此田中才相信長勇講的是事實。殺死三十萬戰俘這個數字，雖然過於誇張，然這本書於戰後發行非常普及，也是告訴人們日軍曾有過大屠殺的材料。

爾後在日本所出版的有關中日戰爭史的書籍，僅透過遠東國際軍事法庭的判決書提到南京事件而已，幾乎沒有人把它視爲學問的研究對象。就這一點來說，以南京事件爲歷史研究的對象，並有很大成就的便是洞富雄的一連串著述。洞氏自一九六〇年代就積極地開始研究南京事件，且出版過「近代戰史之謎」（人物往來社，一九六七年）、「南京事件」（新人物往來社，一九七二年）、「『幻影』化工作批判、南京大虐殺」（現代史出版會，一九七五年）、「決定版・南京大虐殺」（現代史出版會，一九八二年）等著作，和「日中戰爭史資料8・9——南京事件I・II」（河出書房新社，一九七三年）的資料集。這些著作是他以其所搜集有關南京事件之國內外的資料和文獻爲主而做的實證研究，也是唯一從歷史學家的立場所獲得的研究成果。

對大屠殺的爭論

可是，迨至一九七〇年代，肯定不肯定南京大屠殺的問題，便帶有政治上的意味。這跟日本與中共「建交」前，批評和反駁戰前日本軍國主義的論爭有很大的關係。一九七一年，朝日新聞社的本多勝一記者訪問中國大陸，調查戰爭中日軍的戰爭犯罪，將其報導題名爲「中國之旅」，連載於「朝日新聞」，並出版單行本（本多勝一，「中國之旅」，朝日新聞社，一九七二年）。這是九一八事變以後，有關日軍殘暴行爲的紀錄，其中南京事件部分，係以證人口述史實爲主而寫成的，其內容十分逼眞，帶給讀者很大的震撼。

由於本多的文章連載於發行量達百萬分的「朝日新聞」上，所以讀者衆多，造成的影響很大。連載完了之後，「諸君」雜誌遂有很激烈的反駁言論出現。它站在否定南京大屠殺的立場，推出與日本的戰爭責任與戰爭犯罪等問題有關聯的政治論調。而鈴木明著「『南京大屠殺』的幻影」（文藝春秋社，一九七三年）就是它的一個例子。鈴木的書，是直接採訪與事件有關的人員所寫成的，書中有好多新的陳述，認爲人們所說的有些是「幻影」，但他並不完全否定日軍有過屠殺的事實。然因其很刺目的書名，以及在當時反擊日本軍國主義批判聲中，它遂扮演否定大屠殺的有力武器。

經過大約十年後，於一九八三年又發生了教科書問題，再次對南京大屠殺的評價引起爭辯。此時日本社會開始右傾，在對於侵略戰爭的批判和反省逐漸風化的情況下，大屠殺否定論，遠比十年前囂張。尤其是教科書的審定，對於南京事件的陳述加以嚴格的限制，使得此一問題具有更濃厚的政治色彩。更有人以事件完全是虛構，教科書有「南京大虐殺」的敍述，這些都是「基於虛僞的風聞」，而控告政府，要求刪除這種記載，並對精神上的痛苦給予金錢上的賠償。反此，青木書店於一九八四年，翻譯「中國人民政治協商會議江蘇省南京市委員會文史資料研究委員會」所編內部發行的「侵華日軍南京大屠殺史料專輯」，以「證言・南京大虐殺」的書名出版。又，收於此書的南京大學歷史系編著「日本帝國主義在南京的大屠殺」（內部發行，一九七九年）一書認爲，在南京被日軍殘殺者爲四十萬人。

從說大屠殺是「幻影」、是「虛構」、到根本沒有這回事；被殺者是二十萬人、三十萬人、還是四十萬人？議論非常紛歧。加害者方面之欲儘量說少，如果可能，想否定事實，乃是人之常情。但實際上發生的歷史事實祇有一個。我們不要感情用事，不要打政治官腔，而應該實事求是地做求證的工作才好。

二、集體屠殺戰俘

何謂大屠殺

對於南京大屠殺事件的見解之所以如此紛歧，其原因之一，可能在於屠殺的定義。大屠殺的英文是 massacre，即毫無差別地殺死很多人的意思。歷史上著名的「聖・巴索羅眯的屠殺」，乃是一五七二年八月以後，法國國王查理九世對巴黎新教徒的屠殺，其犧牲者據說有三、四千人；二次大戰中的「卡金森林的大屠殺」，爲德、俄兩國論爭責任之波蘭軍官被屠殺事件，該事件犧牲者爲四千五百人。

中國把這個事件叫做南京大屠殺事件，也稱爲南京atrocity，是包括更廣義的暴行。但單就殺死而言，計算人數時要不要把軍人和老百姓分開，分開與否其人數便會有很大的差別；且南京屠殺事件，是祇限於南京市內，還是包括其市外，以及其期間的長短，計算時若標準不同，一定會有距離。

中國方面計算大屠殺的死者人數時，所根據的是紅十字會和崇善堂所埋屍體的紀錄，這些屍體，應該包括了戰死的軍人，亦即戰死者與被屠殺者的區別並不清楚。然若從這個戰爭是日本帝國主義非法的侵略戰爭這種觀點來解釋的話，把因戰鬥而犧牲者也算做被屠殺者，應該也不是完全沒有道理的。

撰寫實證的歷史書「日中戰爭史」（河出書房新社，一九六一年）的秦郁彥認爲，「被殺害的老百姓，可能在一萬二千至四萬二千（人）」。「松井上將哭了嗎？」（「諸君」，一九八四年十月號）一文中，更把屠殺的內容分成㈠對軍人（a殘兵的殺害，b投降兵的殺害，c戰俘的處刑，d便衣兵的處刑），㈡對老百姓（a掠奪，b放火，

c強姦及強姦殺害，d殺害），第㈡項的c、d，與第㈠項的d，被屠殺的對象是被誤認爲是便衣兵的老百姓。

秦氏所做的分類中有關老百姓的被殺害，當然是屬於屠殺，而其他投降兵和戰俘的被殺害，也是屠殺。殺害放棄武器及沒有抵抗意思的人，此不僅違反國際公法，更是人道上的問題。再者，把逃入難民區穿便服的兵役適齡者挑出來當做便衣兵來處刑（數目之多後文會提到），這些人，並非不適用陸戰法規的游擊隊，而是怕死逃往難民區的不抵抗士兵，不經法定手續，就把他們毫無差別地予以處刑，自是屠殺。而最大的問題是，日軍在南京曾經有組織、有計畫地處刑了許多投降兵、戰俘和便衣兵這件事。

殺害戰俘

在日本努力於欲在國際社會上被肯定爲現代國家的明治、大正時期，日軍曾努力於遵守國際公法，對戰俘也根據戰時法規給予待遇。根據記載我們可知：日俄戰爭時的俄國戰俘、第一次世界大戰時的德國戰俘，在日本國內的收容所都得到應有的待遇，使他們對日本有好感。但在中日戰爭日本的表現就不是這個樣子，他們徹底地殘殺不抵抗的戰俘，這不僅是違反國際公法，而且是超越國際公法之上的倫理上和道德上的問題。

陸軍步兵學校曾出版，附上香月清司校長之序的「對支那軍戰鬥法之研究」（一九三三年一月）的秘密小册子，把教官冰見上校的研究，發給步兵學校的學生以及召集校官對於「對支那戰鬥法教育」做參考的。其中對於「戰俘的處置」這個項目，這樣寫著：

「戰俘不必像對其他列國人那樣後送監禁，以待戰局；除特別情形者外，得在現地或者移至他地予以釋放。中國人的戶籍法不但不完全，而且兵員大多是流浪者，人們很難確認其存在與否，因此縱令把他們殺掉或釋放於其他地方，在社會上不會發生什麼問題。」

國際公法不適用於中國

關於日方對待戰俘的方式，說中國兵跟俄國兵和德國兵不同，中國兵被殺掉沒關係的論調，很明顯地表現了藐視中國的態度。事實上，自九一八事變以來，日軍在中國的行動，其無視國際公法自不在話下，實遠離了人的尊嚴和對人命的尊重，在在藐視中國。而且，中日戰爭起初叫做「北支事變」，繼而稱爲「支那事變」，不宣而戰地擴大戰線，但卻又不把它當做戰爭。由於不是戰爭，所以不適用交戰法規，因此「決定不把抓到的中國人當做俘虜」（遠東國際軍事法庭對於武藤章的訊問紀錄，見洞富雄「決定版・南京大虐殺」）。

這裏所謂不適用交戰法規的決定，似是指一九三七年八月五日陸支密第一九八號陸軍次官給支那駐屯軍參謀長的通牒，爾後逐次發給各部隊的文件而言（防衞研修所戰史室「戰史叢書・支那事變陸軍作戰2」，一九七六年）。這個通牒說：「在目前的情勢，帝國並不對中國從事全面戰爭，因此並不適用『有關陸戰法規慣例條約及其他有關交戰法規之諸條約』的具體事項以行動」，對於害敵手段的選用，要儘量尊重規定，但更要避免「令人感覺日本先於中國決心從事中日全面戰爭的言行（譬如戰利品、俘虜等名稱的使用）」。這些文字表面上看來可能會令人誤解不要接受戰俘也說不定。不過，不把它當做國際公法上的戰俘，並不就等於可以把他們殺掉，但實際上，於戰爭一開始，日軍就大殺戰俘。亦即從上海的戰鬥，便有日軍非法殺害戰俘的史料。例如根據當時出動上海的第三師團步兵第三十四聯隊的戰鬥詳報，在大場鎮附近戰鬥的「捕獲表」，就有「俘虜」准軍官以下一百二十二名，「大部分俘虜送到師團，一部分在戰場予以處分」的記載。

又根據第十三師團步兵第一一六聯隊，劉家行西方地區的戰鬥詳報，在十月下旬的「捕獲表」有「俘虜准軍官士官二九名」，並說「俘虜全部，因戰鬥中，故予以槍殺」（步兵第一一六聯隊「自昭和十二年十月二十一日至昭和十二年十一月一日在劉家行西方地區的戰鬥詳報」）。我們從正式的報告中，可以知道日軍在現地殺掉戰俘的情形。

中島師團長的日記

我們更可以從史料，窺悉軍和師團曾經命令或指示殺害戰俘，並有組織地殘殺戰俘。

第十六師團從華北轉進，登陸於白茆江，爾後沿長江前進，由東方和南方迫近南京，在下關遮斷退路，佔領後擔任南京市內的警備。最近公開了這個師團的師團長中島今朝吾中將的陣中日記「南京攻略戰〈中島第十六師團長日記〉」（增刊「歷史與人物」，中央公論社，一九八四年十二月）。其一九三七年十二月十三日，有令人觸目驚心的記載：

「一、如此這般，敗退的敵人，大部分出於第十六師團作戰地區內的森林村落地帶，同時也有從鎮江要塞逃出來的，到處有俘虜，實在不勝應付。

一、本來是不抓俘虜的方針，故一個一個地把他殺掉，但一千五千一萬的人群，則欲解除其武裝也不可能，唯他們已經完全失去戰意，絡繹不絕地跟來，故並不危險，但如果騷擾，則很難因應，故以卡車增派部隊，以資監視和誘導。十三日黃昏，需卡車的大活動，唯戰勝不久，很不容易馬上實行，此種處置從未料到，故參謀部大忙而特忙。

一、要埋葬這七、八千人，需要有很大的壕，但又找不到，因此準備把他們分成一百人二百人，將其帶到適當地點，然後予以處理。」

師團長當日的日記說，「本來是不抓俘虜的方針」，表示這是軍的方針，這與前述上海派遣軍參謀，長勇所說的話是一致的。根據師團長的日記，第十六師團在十二月十三日那一天，便「處理」了二萬四、五千的戰俘。

佐佐木旅團長的日記

中島師團長所屬步兵第三十旅團長佐佐木到一少將是陸軍數一數二的中國通，更以「一個軍人的自傳」（勁草書房，增補新版，一九六八年）的著作馳名。進攻南京時，佐佐木指揮步兵第三十八聯隊和步兵第三十三聯隊第一大隊等，而爲佐佐木支隊，迫近南京城的北邊，向下關以截斷退路。該書「南京攻略」（「進攻南京」）時的日記，十二月十三日那一天這樣寫着：

「這一天，遺棄於我支隊作戰地區內的敵屍達一萬數千，此外，如果加上裝甲車在江上所擊滅者以及各部隊的俘虜，單我支隊，就解決了二萬以上的敵人。

下午二時左右，大致完成掃蕩，使背後安全，整頓部隊前進至和平門。

爾後，俘虜陸續來降，達數千人。激憤的士兵，不聽長官的制止，一個一個地殺。回顧許多戰友的流血和十天的辛酸，不要說士兵，連我也想說『統統幹掉』。」

在佐佐木旅團長所屬步兵第三十三聯隊的「南京附近戰鬥詳報」，「自昭和十二年十二月十日至昭和十二年十二月十四日第三十三聯隊捕獲表」說，「俘虜軍官十四，准軍官士官、兵三千零八十二」，「俘虜予以處決」。因同時在「敵的遺棄屍體（概數）」這個項目又說，「十二月十日二百二十，十一日三百七十，十二日七百四十，十三日五千五百，四日共計六千八百三十」，「備考，十二月十三日的部分，予以處決，包括殘兵」。

十二月十四日，佐佐木旅團擔任南京城內外的掃蕩。根據該旅團步兵第三十八聯隊「昭和十二年十二月十四日南京城內戰鬥詳報第十二號」的記載，十二月十四日凌晨四時五十分，以「步兵第三十旅團命令」，命令「旅團於本十四日將徹底掃蕩南京北部城內外」，「各部隊有師團指示，不得受理俘虜」。這個戰鬥詳報的附表說：「俘虜（軍官七十，士官、兵七千一百三十）」，備考「俘虜七千二百名是第十中隊受命守備堯化門附近時，十四日上午八時三十分左右，數千名舉着白旗前來，下午一時解除其武裝，護送至南京者」。雖然有各隊不得受理俘虜的命令，惟第十中隊以七千二百名的大量俘虜，遂把他們送到南京。

處分俘虜

處分俘虜的命令，我們在旁的地方也可以看得到。在第三師團「第六十八聯隊第三大隊陣中日誌」說，在十二月十六日的聯隊會報，以「藤田部隊（第三師團）會報追加」，「以後俘虜兵，調查之後在各隊予以嚴重處分」。這表示俘虜的處分是師團的命令。

對於軍、師團等上級司令「不要接受俘虜」，「槍斃俘虜」的命令或者指示，第一線部隊是怎樣做法呢？畝本正巳的「證言『南京戰史』(5)」（「偕行」，一九八四年八月號）有如下的敍述。

「第十六師團步兵第三十八聯隊副官兒玉義雄的回憶。

當聯隊的第一線接近南京城一、二公里，彼此正在混戰時，師團副官以電話說是師團命令而道：『不得接受支那兵的投降，並予以處置』。我以為這絕不可以，而受到很大的震驚。

師團長中島今朝吾中將是位很豪爽的將軍，人品好，但唯這個命令我實在無法接受。

我曾對參謀長及其他參謀建議過幾次，但未能獲得其同意，所以我也有責任。

部隊非常吃驚而為難，惟因是命令，不得已遂對各大隊下達，但以後各大隊却都沒有任何報告。由於正在火拼，其情況自可想像得到。」

又，獨立攻城重砲兵第二大隊第一中隊觀測班長澤田正久，亦就前述第三十八聯隊戰鬥詳報的俘虜七千二百人，在同一刊物作證說：

「俘虜數目一萬左右（因爲在戰場，沒有正確地算，記得有大約八千以上），遂報告軍司令部，司令部命令『應立刻予以槍決』，我拒絕，改而命令『把他們帶到中山門來』。我說這也不可能，因此又命令『將增援步兵四個中隊，你也一起到中山門來』，於是我也跟他們同行。（中省略）

我於快畢業陸士（陸軍士官學校簡稱，它是軍官學校——譯者）的一九三七年六月，在市谷大禮堂聽過飯沼守學生隊長的紀念演講『關於俘虜的處置』，他教我們應該好好對待俘虜。這個學生隊長現在是上海派遣軍的參謀長。畢業後僅僅五個月的今日却說『應立刻予以槍決』，這是誰決定和下達的命令？當時我心痛的情形，當時自不必說，現在還是一樣。」

山田支隊殺害俘虜

大量殺掉俘虜，並不限於第十六師團。十月初，增派到上海戰線的特設師團——第十三師團（師團長是荻州立兵中將），在參加戰鬥之前，於十月九日，曾以師團司令部名義，發出「關於戰鬥的教示」，對於俘虜的處置方針，有如下的指示（「第十三師團戰鬥詳報別紙及附圖」第一號）。

「有許多俘虜時，不要予以槍決，解除其武裝之後，將其集中於一地監視，並應報告師團司令。又俘虜中如有軍官，不要槍斃，解除其武裝後應送到師團長司令部。這些人在軍，不僅是收集情報，亦可利用於宣傳，故此時要使各部隊徹底明瞭。但少數俘虜，經過訊問之後，則適當地處置。」

換句話說，多數俘虜和軍官，必須報告司令部，少數俘虜在各隊，可以適當地處理。而這個師團之會津若松的步兵第六十五聯隊，在南京竟抓到很多的俘虜。

進攻南京時，第十三師團主力渡過長江，截斷津浦鐵路，其中一部分的山田支隊（步兵第一百三旅團長山田栴二少將所指揮之步兵第六十五聯隊的基幹部隊），沿長江南岸，前進第十六師團北邊，在南京北方的烏龍山和幕府山附近截斷退路。這個山田支隊於十四日拂曉，在幕府山附近，「獲得一萬四千俘虜」（「戰史叢書・支那事變陸軍作戰1」）。當時的「朝日新聞」報導它說，抓到一萬四千七百七十七名俘虜（洞富雄「決定版・南京大虐殺」）。

對於山田支隊抓到一萬四千多俘虜，「戰史叢書」並未舉出出處資料。而說，釋放其中的非戰鬥員，收容八千人，當夜逃亡大半，十七日夜準備釋放於對岸而移動到江岸時發生恐慌，襲擊警戒點，因而槍殺一千人，其餘的逃亡。但洞富雄根據從軍於第六十五聯隊的作家秦賢助的日記等等，主張這些俘虜是於十七日或者十八日被屠殺。洞富雄所批判鈴木明的「『南京大虐殺』的幻影」，曾經介紹過山田支隊長的備忘錄，其中就這批俘虜有這樣的記述：「十三日，上午四時半出發，前往幕府山。抵達砲臺附近時，有許多投降兵，很難應付。」「十四日，爲處理俘虜事遣派本間少尉到師團，師團竟命令『處理掉！』各隊沒糧食很窮困。俘虜中的軍官，據說幕府山有糧食，遂將其送去。要養俘虜實在很難。」「十八日，爲俘虜事操心，視察江岸。」「十九日，爲俘虜事延期出發，上午，總動員予以處理。」

支隊長山田少將與支隊主力的步兵第六十五聯隊長兩角業作上校，似乎並不希望殺害俘虜。惟因師團命令「處理掉！」加以糧食不足，監視困難等等，可能監禁幾天之後，就把這些俘虜槍決於長江江岸。

很大的戰爭犯罪

跟這件事有關連的是，根據沒死的唐廣普的說法，有一大批被關於幕府山麓的草管房，既不給吃也不給喝而衰弱的俘虜，被帶到長江獅子山附近沼澤地去屠殺。而且，有一位曾經參加過此項屠殺的日本兵，後來很勇敢地站出來作證。亦即一九八四年八月四日的「每日新聞」，刊出步兵第六十五聯隊的上士栗原利一，在當時所畫現場的素描和紀錄。他說，十二月十七日或者十八日晚上，一萬三千五百名俘虜，雙手被綁在後面，且綁成一串，被帶到離開收容所四公里的長江江岸，全部槍決，因而對於「戰史叢書」所說俘虜鬧起來才自衛開槍反駁說「雙手被綁在後面，連動都不能動的俘虜，怎麼可能集體暴動？屠殺是事實。我們應該把它說出來」。同年八月十五日的「每日新聞」，也刊登前上等兵兒玉房弘的作證：「作爲機關槍隊的一個隊員，我也參加了屠殺」，以證明栗原的證言。

不止是第十六師團和山田支隊，雖然有規模之差別，在其他地方也有許多殺害俘虜的例子。又對於放棄武器，沒有戰意的投降兵就地也殺的很多。軍中央既然通告不適用國際公法，不使用「俘虜」的名稱，方面軍和軍之指示不要接受俘虜的方針，參謀敢用軍司令官名義命令槍斃俘虜，因此第一線部隊之就地殺害投降兵，以及對於束手無策的俘虜，集中予以殺掉都是很可能的。但俘虜之有組織的大量殺戮，不管有任何理由，還是屠殺。這是對人的尊重的冒瀆，是很大的戰爭犯罪。

三、對老百姓的殘暴行為

殘殺老百姓

遠比殺害俘虜更非法的是，殘殺非戰鬥員的老百姓。而許許多多老百姓之被犧牲，便是被人們稱其為南京大屠殺的原因。

當然，日軍並沒有公認殺害普通老百姓。據說，松井方面軍司令官於十二月十五日，對其所指揮兩軍進攻南京的命令，親自加上「尤其對於喪失抗戰意志者和一般官民，要採取寬容慈悲的態度，並予以宣撫愛護」（田中正明「『南京大虐殺』・松井石根的陣中日誌」，「諸君」，一九八三年九月號）。但實際情況並不符合這個方面軍司令官的意圖。對於俘虜，上面我們已經說過，對於老百姓，軍的態度也有很多問題。

第十軍在登陸杭州灣前的十月二十一日，曾指示軍司令官柳川平助中將的訓示於其麾下的官兵，同時通告「軍參謀長的注意事項」（「昭和十二年支受大日記《密》第十一號）。其中在「對支那老百姓的注意」，要求出於斷然的處置如下，對於一般老百姓的保護却隻字沒提。

「在華北尤其是上海方面的戰場，一般支那老百姓，縱令是老人、女人或者小孩，很多幹敵人的間諜，或告知敵人以日軍的位置，或誘敵襲擊日軍，或加害於日軍的單獨兵等等，不能粗心膽大的實例，故需要特別注意。尤以後方部隊爲然。如果發現這些行爲，不得寬恕，應採取斷然處置。」

此外，參謀長注意事項又補充說：「應徹底利用現地物資」，「鑒於上海戰的例子，在房屋天花板上藏著很多糧食，在現地物資的利用上要注意」。當然，軍司令官和參謀長並沒有同意他們毫無差別地殺害或者掠奪老百姓，但給予他們這樣特別的注意，而很可能予第一線部隊的行動以某些影響。松本重治的「上海時代（下）」有這樣一段話，說是隨從柳州兵團的同盟記者講的，它說：「柳州兵團的進攻之所以如此迅速，是因爲在官兵之間有『可以任意掠奪、強姦』的暗默的諒解」。

許多證言

自登陸杭州以至到南京的第十軍，在其中途自稱「徵發」（徵用）而掠奪糧食，抓老百姓來驅使，以及強姦婦女等等，本多勝一的「到南京之路」（「朝日導報」（*Asahi Journal*），一九八四年四月十三日至十月五日）有很詳細的介紹。

與此同時，上海派遣軍在上海激戰，損失很大，所以對中國軍民的敵愾心很強，因此而有更厲害的越軌行爲。曾根一夫的「私記・南京大虐殺」正、續（彩流社，一九八四年），有驚人的體驗殘暴行爲的紀錄。曾根是第三師團步兵第三十四聯隊的分隊長，參加九月一日以後吳淞上游以來的上海戰，成爲進攻南京的第二線兵團，也列席過進南京城的儀式。這部體驗記錄告訴我們：經過上海的激戰，得悉不能早日回國的士兵們，逐漸自暴自棄，開始砍俘虜的頭，把俘虜當做刺刺刀的練習品，而慣於殺人；假藉徵用名義，掠奪糧食，在這過程中凡遇到婦女則予以強姦，因怕強姦被發覺，故姦污後便把她殺掉；爲報復其士兵去掠奪而被殺，把整個村莊放火燒掉，不分男女老幼，全部殺光等等。它更說，這種殘暴行爲不僅在南京，從上海到南京的廣泛地區皆有。

在包括南京的中國戰場，前幾年曾經出版過參加非法殺害中國老百姓者的坦白書。譬如小俁行雄的「侵掠」正、續（德間書房，一九八二年）、「侵略——一個從軍士兵的證言」改版（日中出版，一九八二年）、中國歸還者聯絡會編「新編・三光」（光文社，一九八二年）等等。

至於殘暴行爲的犧牲者的正確數目，則很難計算。恐怕其概算也很不容易。曾根對於三十萬人被殺事說：「我不知道日軍所殺的確實人數，但我並不覺得中國方面所說的數字是誇大。也許比這個數目還要多。『南京虐殺事件』不祇是南京地區，從出發上海附近，以至掃蕩南京，很廣泛地發生過」。三十萬人這個數字，沒有具體的根據。也許是二十萬人，或許是十萬人。但從上海到進攻南京的整個局面，到處有過集體屠殺，許許多多的證言和記錄證實了這一點。

「皇軍的崩潰」

對於一般老百姓，特別是婦女老幼的殘暴行爲，軍並沒有有組織的從事，上級幹部曾告戒其非法，也有取締的憲兵。但越軌行爲太多，憲兵實在束手無策。分配於第十軍的憲兵軍官上砂勝七的回憶錄「憲兵三十一年」（東京生活社，一九五五年）說：「因爲對於幾個師團二十萬大軍，衹分配不到一百名憲兵」，所以「衹能做到逮捕太過分的現行犯而已」。而「第十軍法務部陣中日誌」和「中支那方面軍軍法會議陣中日誌」（前述「續現代史資料6軍事警察」）則刊有因強姦、殺傷罪而在軍事法庭被處罰的例子。一九三八年二月十八日，第十軍所調查被告事件一覽表載，以強姦、殺人等罪名處決者一百零二人，未決者十六人，但這必定只是其中的一部分例子而已。而且，有的部隊長還責備憲兵「取締得太厲害」呢！

根據同稱爲憲兵的大谷敬二郎著「皇軍的崩潰」（圖書出版社，一九七五年）的說法，中島第十六師團長對於於一九三八年一月初訪問南京的阿南惟幾陸軍省人事局長大言壯語說：「支那人，殺多少也沒關係」，故「在這個司令官底下，殺人、掠奪、強姦，可能像佔領的特權那樣橫行」。由於軍紀風紀的頹廢，佔領軍意識，對於中國人的敵愾心，而未充分取締的指揮官，應負其責任。

掃蕩城內與挑出殘兵

我認爲，在南京內殺害老百姓，大多因十二月十三日佔領後掃蕩城內，以及自十二月下旬到一月上旬之挑出「殘兵」而發生。十二月十二日夜防衛南京的中國軍敗退，惟因完全爲日軍所包圍，故欲從把江門逃到長江對岸的則在下關被佐佐木支隊，擬沿長江上游撤退者則在江東門附近被第十六師團，準備往下游去的則在幕府山附近被山田支隊捉拿或殲滅。在市內來不及逃脫的，則丟棄武器，脫掉軍服潛伏於市內或逃往難民區。這些便被日軍挑出殺掉，此時許多老百姓因而遭殃。

掃蕩城內，第十六師團擔任中山路以北，第九師團負責其以南。第九師團步兵第六旅團因此發「關於進入城內的旅團命令」，後來刊登於「證言・『南京戰史』（7）」（「偕行」，一九八四年十月號）。其中在「南京城內的掃蕩要領」說：「逃跑的敵人，大部分很可能化裝便衣，因此可疑者應該說統統予以逮捕，並監禁於適當位置」，在「關於實施掃蕩的注意事項」則說：「青壯年一律認爲是殘兵或者便衣兵，應該全部予以逮捕和監禁」。

這個「殘兵」和「便衣兵」的數目究竟有多少，暫且不談，但却有許多「把他殺掉」、「看到把他殺掉」的證言。十二月十七日，舉行松井方面軍司令官和朝香宮上海派遣軍司令官也參加的入城儀式，所以掃蕩作戰更是徹底。

否定屠殺的人主張說，能夠獲得國際公法上俘虜待遇的，祇限於着正式軍裝的軍人，便衣兵是游擊隊，所以「處分」他們也不算是屠殺。但被認爲是「便衣兵」的大部分，却都被截斷退路，畏死而潛伏的人。不分別是否老百姓，也不採取法定措施，祇以其有士兵的嫌疑就予以處刑，無論如何絕對說不過去。

十二月二十一日，幸中方面軍移至新配置，南京及其周圍地區則由第十六師團擔任警備。步兵第三十旅團長佐佐木少將出任南京城內的警備司令官，佯稱「肅清工作」，指揮搜出便衣兵。日軍認為最少有六千便衣兵潛入難民區，因此自一九三八年一月上旬開始其挑出和處分。根據作證，其挑出標準為，天庭有帶過軍帽痕跡者，穿短褲有曬黑部分者等等都是當兵的，所以便把這些人帶到下關長江江岸碼頭去槍斃。但縱令曾經是軍人，也不能成為被處刑的理由，何況一定有老百姓被誤認和誤殺。根據佐佐木的私記，其數目為兩千，加上城外的殘兵，「在下關處分者達數千」。

有許多日方和從當時現場生還的中國人作證說，他們看到用鐵絲或麻繩綁住的俘虜和便衣兵，一批一批地在下關的煤炭港、魚雷營、中山碼頭等地被處刑。我們不能因為其證言與日軍的戰鬥詳報有出入或者矛盾，而就否定集體屠殺的事實。

犧牲者的數目

在南京及其四周，究竟有多少人犧牲，在今日要確定它，實在非常困難。如果把被害者方面所說的數目單純的加算，當然會愈來愈多，反之，加害者方面必定要說出這個矛盾那個矛盾，以減少其數字。因此，我們還是根據遠東國際軍事法庭所採用的紅十字會和崇善堂所埋葬的紀錄來計算比較可靠。

紅十字會南京分會的救援隊所埋葬的屍體，迨至一九三八年三月，城內一千七百九十三，城外三萬六千九百八十五，一共三萬八千七百七十八，四月以後，城外四千三百四十五，共計四萬一千一百三十三具。洞富雄以刊於一九三八年四月十六日「大阪朝日新聞」「北支版」之林田特派員的報導，與紅十字會、自治委員會和日本山妙法寺的僧侶共同在城內埋葬一千七百九十三，城外三萬三百十一，以及還準備處理城外者大致符合，而認爲紅十字會的紀錄是可信的（「決定版・南京大屠殺」）。

在另一方面，南京市崇善堂掩埋隊的報告說，迄至四月八日，在城內埋葬七千五百四十九，四月九日至五月一日，城外十萬四千七百十八，共計十一萬二千二百六十七具。紅十字會與崇善堂似把城內分成東西去從事埋葬，而崇善堂在城內的紀錄有詳細的收容場所和埋葬地點，但自四月九日以後城外的十萬多這個數目太大，該項報告說掩埋隊人員爲四十九人，四十九人在三個星期之內，是否能夠埋葬那麼多人，實不無疑問。否定屠殺者以崇善堂是葬儀社，而主張其報告爲胡說，但崇善堂是前清時代就存在，民國二十三年當時擁有三十三所不動產和大約六千元債券等的慈善團體，不是普通商人，其所說城外的數目或許有誇張之處，但我們却不能因此而就否定其報告。

而且，埋葬屍體的不止是這兩個團體。南京市長高冠吾在城東地區埋過三千多具，日軍和附近的居民也應該埋葬過才對，被丟進去長江的屍體也很多，還有被沉下沼澤和溝渠的。隨將來在現地的發掘，以及日方當時的生存者的見證，相信更能接近其眞相。而如前面所述，關於進攻南京時中國人死者的數字，因其期間與範圍之認定而有很大的差距。總之在目前，我認爲，檢討各種紀錄結果，以爲「在南京城內外死的中國軍民，不下二十萬人」之洞富雄的推斷最爲可靠。

譯註：本文還有一章專談爲什麼發生大屠殺，但譯者把它省略了。本文譯自藤原彰著「南京大虐殺」的小册子，於一九八五年，由岩波書店出版。作者藤原氏，一九二二年出生於東京，日本陸軍士官（軍官）學校畢業，以步兵小隊長身分，參加華北、華中、華南作戰，前後達四年。戰後畢業於東京大學，現任一橋大學教授，專門研究現代史，特別是政治史和軍事史。

另外，有關南京大屠殺的資料，尚可參閱陳鵬仁譯「石射猪太郎回憶錄」（水牛出版社，民國七十六年）及「鐵蹄下的亡魂」（黎明文化事業公司出版，民國七十年）兩書。

（原載民國七十七年七、八月「歷史教學」）

國父在日本

國父一生從事革命，十次失敗，皆亡命國外，其中往日本次數可能最多，滯留時間最久。一八九五年十月，第一次革命失敗後，國父與鄭士良、陳少白於十一月十二日首度到達日本神戶，十七日抵橫濱，宿橫濱市山下町五十三番地文經商店，創立興中會橫濱分會。（註一）從此以後國父與日本遂結下了不解之緣。

經過十幾天之後，國父「以返國無期，乃斷髮改裝，重遊檀島。士良則歸國收拾餘衆，布置一切，以謀捲土重來。少白獨留日本，以考察東邦國情，予乃介紹之於日友菅原傳，此友為往日在檀所識者。後少白由彼介紹於曾根俊虎，由俊虎而識宮崎彌藏，即宮崎寅藏之兄也。此為革命黨與日本人士相交之始也。」（註二）

一八九七年八月十六日，國父由英國經美到達橫濱，下榻陳少白寓所，稍後，宮崎寅藏（即宮崎滔天，以下簡稱滔天）和平山周由中國大陸乘船返回橫濱，他倆將行李排在旅館後，獨去找陳少白。是時少白剛巧去臺灣不在，而遇見穿着睡衣的 國父。（註三）

滔天與平山力勸 國父暫留日本，但 國父以舉兵在即，急需回國，不肯答應。但是翌日， 國父却往見平山周於東京有樂町之居所，並告訴他，思考了一夜，結果決定暫居日本。於是由平山作陪往訪犬養毅，投宿數寄屋橋對鶴館。（註四）

對鶴館登記名字時，平山以 國父如用實名諸多不便，瞬間聯想到方才經過日比谷中山侯爵公館前面，乃寫下「中山」的姓氏，就在不知該如何塡寫名字時， 國父遂拿過名簿來，於「中山」下面寫了「樵」字，並說明此爲「中國之山樵的意思」。這是日後 國父號「中山」的由來。（註五）

爲了 國父居留，犬養毅說服外相大隈重信，大隈原則上同意；惟當時外國人要在特定地區以外居留，必須經過地方政府許可，因此以平山之語言教師的名義提出申請，惟主辦人員怕事，拖延時日；旋由外務省簡任參事官尾崎行雄，電請東京府知事久我通

久幫忙，方於十月十二日正式核准下來。（註六）

平山與　國父起初居於麴町區平河町三十番地五丁目，生活費用大部份由平岡浩太郎負擔，（註七）坂本金彌也出力不少。（註八）惟因居所過於太接近清國公使館，十分危險，不久便遷往早稻田鶴卷町，與平山、可兒長一同居。新居靠近犬養宅，同犬養毅來往更加便利。（註九）於此前後，　國父為華僑子弟設立中西學校，後改名大同學校，犬養毅任名譽校長，亦即今日橫濱中華學院的前身。（註一〇）

在東京將近三年的時光裏，　國父經由犬養毅的介紹，認識許多日本政要、財界人士，包括大隈重信、大石正巳、尾崎行雄、副島種臣、頭山滿、秋山定輔、平岡浩太郎、中野德次郎、鈴木久五郎、安川敬一郎、犬塚信太郎、山田良政、久原房之助、寺尾亨、萱野長知、菊池良一、副島義一、坂本金彌、山田純三郎、山座圓次郎、小池張造和柏原文太郎等人（註一一）。

一八九八年九月，戊戌政變失敗後，康有為由滔天陪同，梁啟超則由平山周作陪，先後亡命抵達日本。（註一二）十月二十六日，犬養、滔天等欲從中調停，促使孫、康、

梁會談，但爲康所拒絕。（註一三）未久，康、梁成立保皇會，並於十二月二十三日在橫濱出刊機關報「清議報」。（註一四）

一八九八年底一八九九年初，非律賓獨立軍代表彭西（Mariano Ponce）與 國父、犬養會談。爾後彭西與 國父商量購買軍械事， 國父便託滔天、平山設法。兩人以此事非易辦通，而去請教犬養，犬養便推薦了中村彌六。（註一五）

但是在這種不能公開的軍械買賣中，中村彌六曾經有過欺詐行爲，亦即他從中撈了一大把。（註一六）爲此，內田良平和滔天發生爭論，甚而動武。（註一七）中村之背信行爲，是因爲一八九九年七月二十一日，載運部份軍械開往非律賓之布引丸在寧波海面，遭遇大風暴船沈大海後，要查核剩餘軍械時纔發覺出來。（註一八）

一八九九年三月二十二日，康有爲離日本前往加拿大。九月，趁康有爲不在日本期間， 國父與梁啟超等保皇會分子協議合作。且進入組織化階段，惟終因康有爲之反對而告吹。（註一九）

一九〇〇年六月十一日， 國父自橫濱動身前往香港。此爲應李鴻章之「請」而前去的。同行者有鄭士良、陳少白、滔天、內田良平、清藤幸七郎，旅費由兒島哲太郎和中野德次郎各負擔三千元及五千元。（註二〇）國父自一八九七年八月十六日抵橫濱，迨至此時方離開日本，這是　國父來日本十五次當中，居留最長的一次，爲時大約兩年十個月。

國父因爲香港政府五年放逐令尚未滿期，不能登陸，直往西貢；俟福本誠來，更至新加坡，以便與滔天等會合，但被驅逐，由此經由香港，再度返回日本。

這段期間，滔天、內田和清藤三人代表　國父，與李鴻章代表劉學詢會談，他們向劉學詢提出與李鴻章妥協的兩個條件：一、特赦　國父，保障　國父生命安全；二、由李鴻章借　國父六萬元，以便清理　國父多年亡命生活所積的負債。（註二一）

劉學詢答說：第一點需請示李鴻章後作覆；第二點他可以負責，並約定第二天於香港先交三萬元，其餘三萬元將滙到新加坡。（註二二）

滔天等往新加坡，主要目的想促成　國父、康有爲合作。惟因康有爲得到其在橫濱的徒弟電告有人要去謀殺他，因而以爲滔天等卽爲「兇手」；結果取自劉學詢的一筆錢

和兩把日本刀，却爲滔天和淸藤帶來莫須有的災禍——坐牢。（內田有事先離新加坡，纔倖免於難。）（註二三）

一九〇〇年七月二十日，國父從香港赴神戶，停留日本，完成舉兵準備；八月，起程赴上海，惟是時發生自立軍起義事件（八月九日），受其影響，各地搜查嚴緊，未能上岸，立卽返回橫濱。（註二四）

九月二十五日，國父和內田、平岡、山田等急赴臺北，與臺灣總督兒玉源太郎、民政長官後藤新平會晤，洽商合作事宜，對方約定給予軍人、彈藥武器之援助。（註二五）

十月八日，惠州三洲田舉義；非律賓獨立軍讓與的彈藥，因受中村彌六欺詐，而未能送出；同時取代山縣之伊藤內閣，改變對華政策，禁止援助革命黨人，惠州之役，由之受挫。山田良政在三多祝戰死，這是爲中國革命犧牲的第一位外國人。（註二六）

一九〇〇年十一月十六日，國父第四次來到日本。二月十四日，由橫濱華僑溫炳臣陪同，前往和歌山會晤他的「難兄難弟」南方熊楠。國父與南方識於一八九七年三

月十六日於倫敦，係由大英博物館東洋圖書部主任道格拉斯爵士介紹，從此他倆成爲莫逆之交。（註二七）

同年春天，國父往返於東京、橫濱之間，與亡命志士章炳麟、秦力山、程家檉等交往；更與馮自由等廣東籍留日學生接近，幫助他們組織廣東獨立協會。興中會會員黎炳垣、溫炳臣、陳和等人亦與他們來往，此後廣東獨立協會與興中會開始合作。（註二八）

一九〇二年一月十八日，國父離日赴港，滯留六天，重返日本。四月二十六日，章炳麟、秦力山、馮自由、馬君武等人發起召開中夏亡國紀念會。章炳麟請求國父贊成，獲得國父承諾，可是日本政府卻令警視總監予以解散。發起人是否知曉這項命令雖不得而知，但當天仍有數百人集合開會地點上野精養軒，國父亦率領華僑十餘人，從橫濱趕往參加。當晚，國父於橫濱又召集同志合聚永樂樓補行紀念會。（註二九）

一九〇三年一月七日，國父經香港抵安南；七月下旬，又由安南路經西貢再回到橫濱。此時，橫濱興中會會員減少。跟國父來往者祇有十多人。但自成立抗俄義勇軍和國民教育會以後，各省留學生相繼發行「湖北學生界」、「游學譯編」、「江蘇」、「浙江潮」、「新湖南」等雜誌，喚起民族意識，鼓吹民族主義。　國父更透過馮自由關係，一九〇一年以來與留學生聯絡來往者達數十人。（註三〇）八月一日，　國父在「江蘇」第六期，發表「論中國之保全分割合論」。（註三一）

旋卽於東京青山成立革命軍事學校，由於日本政府加強對留學生之管理，纔有該校之創立。這時得犬養毅協助，乃能以軍事專家日野熊藏爲該校校長，並以日野朋友騎兵少校小室友次郎爲教授，第一期學生十四人，惜　國父離開日本不到半年後卽解散了。

又　國父於九月二十六日，爲籌款而前往夏威夷。

一九〇五年七月十九日，　國父第七次揷足日本國土。這一次，雖然祇在日本居留兩個多月，但和一九〇〇年一樣，就中國革命來說，是十分重要的一年。七月二十八日，　國父在二十世紀之支那社與宋教仁、陳天華等人會談，主張各省的革命勢力應該合作。翌日，宋教仁、陳天華等華興會會員討論是否與　國父合作。（註三二）

七月三十日，東京赤坂區檜町三番地黑龍會（內田良平宅）召開中國革命同盟會籌備會。除沒有留學生的甘肅外，十七省代表七十多人參加；滔天、內田良平、末永節等人也出席，一共一百多人，由於人數太多，致使地板塌了下去，於是大家喊嚷：「我們把清朝踏扁了！」而哄堂大笑；並通過「驅除韃虜、恢復中華、創立民國、平均地權」誓詞。（註三三）

八月十三日，東京留學生於麴町富士見樓舉行歡迎　國父大會，聽衆超過一千人以上，盛況空前。是時　國父以「中國應建設共和國」爲題發表演說，宋教仁擔任翻譯；滔天、末永也演講。（註三四）

一個星期後，在赤坂區靈南坂之坂本金彌宅，召開中國革命同盟會成立大會，制定章程，選舉各部門負責人，推　國父爲總理，黃興任實行部長，宋教仁、張繼、胡漢民、李烈鈞等爲幹事；滔天、平山、萱野三人特准加入同盟會，後來萱野的盟友和田三郎與池亨吉也獲准爲會員。（註三五）成立同盟會同時，在牛込區築土八幡町租借一幢房子，國父在此掛上高野長雄這個名牌。（註三六）

八月二十八日，日本政府禁止發行「二十世紀之支那」，因此一個月後更名爲「民報」，章炳麟任主筆，與梁啓超的「新民叢報」展開論戰，每期出四、五萬部。 國父在「民報發刊詞」正式提出三民主義的主張。（註三七）此後，在中國內外各地，組織同盟會分會。

經由和田三郎的介紹，這時 國父與政治家板垣退助會晤；又因萱野長知的推介，結識神戶航業巨子三上豐夷。爾後， 國父曾居住三上寓所，講解時事。這同時，北一輝亦經介紹加盟。同盟會成立前後費用，皆係鈴木久兵衞個人捐助；（註三八）警保局長古賀廉造爲民報社在牛込區新小川町租屋作保證人。（註三九）凡此種種都是值得一提的。

十月七日， 國父偕萱野前往西貢籌款。路經長崎時，金子克己安排與俄國革命黨員尼古拉·拉塞爾會晤，這是中俄兩國革命派聯繫之開端。以此爲轉機，滔天、萱野、和田、北一輝、池亨吉、清藤等開始發行「革命評論」。（註四〇）

一九〇六年十月九日， 國父由西貢抵達日本。十一月十五日夜，與滔天、平山周、池亨吉、和田、萱野、清藤等人，在 國父寓所和俄國流亡人士格爾雪尼徹夜暢談。（註四一）

十二月二日，於神田錦輝館舉行「民報」周年紀念慶祝會，　國父發表題爲「三民主義與中國民族之前途」的演講。平山、滔天也致賀辭。（註四二）

一九〇七年二月十七日，應清廷之請求，早稻田大學開除了與革命黨有關係的留學生三十九人。（註四三）二月二十五日下午，內田於赤坂三河屋歡送　國父，黃興、章炳麟、劉師培、胡漢民、宋教仁、內田、滔天、清藤、和田等人作陪。（註四四）

一九〇六年十月萍醴之役故，清廷要求日本政府驅逐　國父出境。內田與外務省政務局長山座圓次郎交涉，令其拿出七千元，手交　國父六千元，剩下之一千元用之前述三河屋之宴會。（註四五）由之，　國父遂於一九〇七年三月四日自動離開日本，前往新加坡，胡漢民、汪兆銘、池亨吉和萱野長知同行。

一九一〇年六月十日，　國父抵達橫濱，化名阿羅哈，前往東京；惟因清廷要求，日本政府便請　國父離境，乃由萱野陪同前赴神戶，二十五日搭乘安藝丸出發前往新加坡。（註四六）

一九一三年二月十三日，　國父搭乘山城丸登陸長崎，隨行的計有馬君武、戴季陶、何天炯、袁華選、宋耀如、山田純三郎，滔天前去迎接，十四日抵東京，歡迎者兩千多人，東京期中，國父曾與桂太郎長談兩次，約有十五、六小時之久，對桂太郎擬以中日德聯盟驅逐英國勢力之主張，至表同感。（註四七）

爲了實現鐵路政策，又往長崎、神戶、大阪、東京、橫濱各地方訪問，視察鐵道、工廠，同時與實業家接觸。

二月十六日，爲近衞篤磨展墓，近衞家招待午餐於精養軒，下午則爲神鞭知常掃墓。二月十七日，訪問陸軍大臣木越安綱、參謀總長長谷川好道。二月二十日，往訪日本軍界元老山縣有朋，桂太郎宴晚餐。三月四日，參加外務大臣牧野伸顯午宴。（註四八）

二月二十日，國父出席三井物產公司所舉行爲設立中國興業公司之第一次發起人會議，由山本條太郎主持；同時與三井社員森恪、高木陸郎進行協商；亦與澁澤榮一會晤。（註四九）

二月二十二日，出席丁未俱樂部、中華留學生會館幹部、日華協會、中國協會及其他中日兩國學生共同舉辦的歡迎會。翌日，對留日學生演講，講題爲「學生須以革命精神努力學問」。三月十三日，出席神戶國民黨交通部之歡迎會，講演「黨爭乃代流血之爭」。（註五〇）國父在這期間，曾向華僑、留學生和日本各界演說六次，講解中日兩國應該如何親善合作與政黨政治的眞諦。（註五一）

三月十八日，在福岡受到玄洋社社長等人的歡迎，之後爲平岡浩太郎、安永東之助展墓於玄洋社墓地，並於安永墓前，與安永夫人、遺子、近藤玄洋社長、寺尾亨、島田經一、藤井種太郎、滔天、金子克己、中田猪十郎、菊池良一等人合攝照紀念；晚間出席安川敬一郎等礦主在東公園一方亭設之市民歡迎晚宴。（註五二）

三月二十日，往熊本縣荒尾村爲滔天母親佐喜掃墓；二十二日，訪問長崎日乃出新聞社長鈴木天眼夫婦，晚間出席了華僑歡迎餐會。獲悉宋教仁遇刺，遂變更返東京計畫，三月二十三日乘天津丸出航長崎，二十五日抵上海，滔天、島田經一和菊池良一同行。（註五三）

由於第二次革命失敗， 國父於一九一三年八月九日搭乘郵輪伊豫丸亡命日本，抵神戶。（註五四）從臺北赴日本途上，在船中以電報通知萱野長知。另方面，應袁世凱要求，日本政府擬拒絕　國父登陸，犬養毅、頭山滿所以遂對日本政府強硬交涉，終得政府默許　國父居留日本。當時，三上豐夷、松方幸次郎出力很大。（註五五）

八月十八日，　國父到達東京，居赤坂區靈南坂町廿七番地海妻猪勇彥邸，　國父在此住了兩年多，乃是頭山滿之安排。頭山住隔鄰，以爲保護。安川敬一郎受頭山之托，負擔　國父日本亡命二年半多的一切費用。（註五六）

此後兩個月左右，爲貸款、購買武器事，　國父先後與飯野吉三郎、山本條太郎、益田孝、森恪、澁澤榮一、大倉喜八郎等會晤、密商，但均告失敗。（註五七）

此時，東京西本願寺的中國佈道僧水野梅曉，設立收容流亡革命黨員子弟的浩然學舍，　國父給予援助；寺尾亨創設收容革命青年的政法學校，並任校長。（註五八）

一九一四年五月十一日，　國父致大隈書簡，希望日本給予革命黨以支持援助，並以對日本開放中國市場，作爲廢除領事裁判權條件。（註五九）

六月二十三日，在東京召開中華革命黨選舉大會，　國父被推爲總理。七月八日，築地精養軒舉行中華革命黨成立大會，參加者凡三百多人，　國父當選爲總理。設本部於青

山，發行「民國雜誌」為機關誌。（註六〇）

九月二十日起，於頭山滿寓所先後舉行十七次會議，討論革命方略。十一月二十五日，國父與宋慶齡在梅屋庄吉公館結婚。（註六一）一九一五年一月十八日，日本政府對中國提出二十一條要求。十二月，發生第三次革命。

一九一六年二月二十日，因秋山定輔之斡旋，由久原房之助貸款七十萬元。這時日本政府採取默認民間援助革命黨的方針。鑒於第三次革命之發展，認為革命黨須獨立從事活動，國父因此於四月二十七日離東京返國，同時亦要求海外同志回國參加革命行列。滔天、戴季陶、廖仲愷、張繼隨行。（註六二）

一九二四年十一月十日，北上宣言，十三日，自廣東出發，十七日抵上海，十九日招待上海記者，發表對時局的主張。國父雖欲即刻北上天津，惟據報上海、北平間之交通，因軍事行動而告斷絕，因決定乘船經日本到天津。（註六三）

十一月二十一日，國父與夫人、李烈鈞、戴季陶等人乘上海丸由上海出發。二十二日，船上招待日本記者，就「中日親善」與「北上目的」，發表談話。（註六四）二十三日抵長崎，受到二、三百人歡迎。船旅招待日本記者時說明，不要外債，打倒軍閥，打破列強干涉；對長崎留學生演講主張開國民會議，解決中國內亂，廢除不平等條約，收回海關、租界領事裁判權。（註六五）

十一月二十三日晚，從長崎出發，二十四日抵神戶，受到四、五千人之歡迎。招待記者，強調中國內亂之因在於不平等條約；日本應該協助中國廢除不平等條約。（註六六）

十一月二十五日，於神戶東方飯店對東京、大阪、神戶國民黨歡迎大會講演「中國內亂之原因」。（註六七）十一月二十八日，應神戶商工會議所等五團體邀請，在神戶高等女學校演說「大亞洲主義」，戴季陶擔任翻譯。同日晚，於東方飯店對神戶各團體歡迎宴時講演了「日本應助中國廢除不平等條約」。（註六八）

十一月三十日上午十時正，　國父一行所乘北嶺丸於國民黨神戶支部「歡送　孫總統」大旗撼揚，少年團奏樂聲中，緩緩告別了神戶碼頭。（註六九）十二月一日，一行抵達門司，二日離此，四日抵天津。從此，　國父永別了日本。　國父與日本三十年關係中，曾經來過日本十五次，前後大約住了九年半，獲得數以百計的日本友人，（註七〇）數不清華僑和留學生的支持贊助，終於推翻滿清，建立亞洲第一個民主共和國——中華民國。

附註

註一：馮自由著，「革命逸史」第一集，（一九六九年三月臺一版，臺灣商務印書館），二—四頁。

註二：「國父全集」第一冊，（一九七三年六月出版，中國國民黨中央委員會黨史委員會編訂）四九二頁。

註三：宮崎滔天著，「三十三年之夢」，（一九七五年九月三十日平凡社），一一〇—一一一頁。黑龍會編，「東亞先覺志士記傳」，上卷（一九七四年十月二十五日，原書房），六一七—六一八頁。

註四：陳鵬仁譯著，「孫中山先生與日本友人」（一九七三年五月，大林書店），二四—二五頁；「東亞先覺志士記傳」，上卷，六一八—六一九頁；古島一雄，「一老政治家的回想」（一九七五年八月十日，中央公論社）一〇六頁。

註五：黑龍會前引書，六一九頁。吳相湘著，「孫逸仙先生」，第一冊下，（一九七一年五月一日，傳記文學出版社）二〇八－二〇九頁。普林斯頓大學教授詹遜，將 國父日名「中山樵」於其所著「日本人與孫逸仙」(Marius B. Jansen, *The Japanese and Sun Yat-sen*, Harvard University Press, 1967) 讀爲"Nakayama Shū （一九頁）是錯誤的。

註 六：「東亞先覺志士記傳」，上卷，六二〇－六二一頁；「犬養木堂傳」，（一九六八年九月二十日，原書房）七一一－七一二頁；吳相湘前引書，二〇九頁。

註 七：「東亞先覺志士記傳」，上卷，六二一－六二二頁；「犬養木堂傳」，七一二頁；宮崎滔天「三十三年之夢」，一一五頁；萱野長知著，「中華民國革命秘笈」（一九四〇年，皇國青年教育協會）五九－六〇頁。

註 八：萱野長知前引書，同頁。

註 九：「東亞先覺志士記傳」，上卷，六二二頁；「犬養木堂傳」，七一二頁；陳鵬仁譯著，「孫中山先生與日本友人」二六頁；古島一雄，「一老政治家的回想」（一九七五年八月十日，中央公論社）一〇七－一〇八頁。

註一〇：馮自由「革命逸史」，第一集，七五－七八頁；陳鵬仁譯著「論中國革命與先烈」（黎明文化事業公司，一九七九年八月），二九－三三頁。

註一一：「國父全集」第一冊。（一九七三年六月出版，中國國民黨中央委員會黨史委員會編訂），四九四頁。

註一二：「東亞先覺志士記傳」，上卷，六二四頁；宮崎滔天「三十三年之夢」，一三四頁；吳相湘前引書，二二二頁。

註一三：宮崎滔天前引書，一三四頁；「東亞先覺志士記傳」，上卷，六二四－六二五頁。

註一四：吳相湘前引書，二二五頁。

註一五：宮崎滔天前引書，一四四－一四五頁；古島一雄前引書，六八－六九頁；「東亞先覺志士記傳」，上卷六二九頁。但內田良平却以爲，這是平岡浩太郎托中村的。（「明治、大正、昭和本流民族主義的證言」（一九八一年十一月，原書房），一六七頁。）

註一六：滔天前引書，二〇五－二〇六頁；古島前引書，七一－七二頁；可是「東亞先覺志士記傳」却爲中村辯護，上卷，六三四頁。

註一七：滔天，前引書，二〇七－二〇八頁。

註一八：滔天，前引書，二一〇－二一一頁。關於布引丸事件，車田讓治著，「國父孫文與梅屋庄吉」（一九七五年四月二十日，六興出版）一書有詳細介紹。

註一九：吳相湘，前引書二三一—二三二頁。

註二〇：滔天，前引書，一六五頁；「東亞先覺志士記傳」，上卷，六五四頁。

註二一：「東亞先覺志士記傳」，上卷，六五五頁。吳相湘，前引書，二五八頁。但內田良平却說是「十萬兩」。內田良平「明治、大正、昭和本流民族主義的證言」一六九—一七〇頁。

註二二：同二一註。

註二三：滔天，前引書，一七〇—一九三頁；吳相湘，前引書，二五九頁；「東亞先覺志士記傳」，上卷，六五九—六六三頁。

註二四：萱野長知，「中華民國革命秘笈」，六二—六九頁；陳鵬仁譯著「宮崎滔天論孫中山與黃興」（一九七七年十月，正中書局），二五二頁。

註二五：「宮崎滔天全集」，第四卷（一九七三年十一月十六日，平凡社），二九五頁。但換了伊藤內閣之後，爲中央政策有所改變，因此後藤態度也完全改變。請參閱陳鵬仁譯著「論中國革命與先烈」，二二三—二二四頁。

註二六：吳相湘，前引書，二八二頁；萱野長知，前引書，六四—六八頁；陳鵬仁，「孫中山先生與日本友人」，一七八—一八〇頁。

註二七：陳鵬仁譯著，「論中國革命與先烈」一書中「南方態楠日記中的　國父」一文告訴我們　國父與南方的深厚友情。他倆相識於　國父與滔天見面早半年。

註二八：馮自由，「革命逸史」，第一集，一九二頁。

註二九：馮自由，「革命逸史」，第一集，八四－八九頁。

註三〇：馮自由，前引書，一五五頁；實藤惠秀，「中國人日本留學史」（一九七〇年十月二十日，黑潮出版），四一八－四二一頁；「日本華僑志」（華僑志編纂委員會編印，一九六五年十一月）三一－三四頁；陳鵬仁，「日本華僑問題之分析」（一九七九年四月三十日，天馬出版社），五〇－五七頁。

註三一：馮自由，前引書，一九三頁；馮自由，「革命逸史」，第五集，四〇－四二頁；陳鵬仁譯著，「宮崎滔天論孫中山與黃興」，二五五頁。

註三二：「東亞先覺志士記傳」，中卷，三七五頁；陳鵬仁譯著，「宮崎滔天與中國革命」（一九七七年十二月二十五日，三信出版社），一八一頁。

註三三：「東亞先覺志士記傳」，中卷，三七六－三七七頁；陳鵬仁譯著，「宮崎滔天與中國革命」，一八一頁。

註三四：「東亞先覺志士記傳」，中卷，三七五—三七六頁；車田讓治，「國父孫文與梅屋庄吉」，一五九—一六〇頁。

註三五：「東亞先覺志士記傳」，中卷，三七七頁；陳鵬仁譯著，「宮崎滔天與中國革命」，一八二頁。

註三六：萱野長知，前引書，八六頁、一八三頁。普林斯頓大學教授詹遜，將　國父另外一個日文名字「高野長雄」誤為　國父援用明治維新志士「高野長英」之名。馮自由，「革命逸史」第一集，三頁；陳鵬仁譯著，「宮崎滔天論孫中山與黃興」，二五頁，皆有記載。　國父甚且用過「長雄」之名，寫信予平山周。請參閱馮自由，「革命逸史」，第一集，一一五—一一六頁；陳鵬仁譯著，「論中國革命與先烈」，七〇頁。

註三七：「國父全集」，第二冊（一九七三年六月，中國國民黨中央委員會黨史委員會），八〇頁。

註三八：陳鵬仁譯著，「孫中山先生與日本友人」，五四頁；滔天，「三十三年之夢」，二九〇頁。

註三九：萱野長知，「中華民國革命秘笈」，六〇頁；「東亞先覺志士記傳」，中卷，三七八頁；陳鵬仁譯著「孫中山先生與日本友人」，九一—九二頁。

註四〇：「東亞先覺志士記傳」，中卷，三八二頁；萱野長知，前引書，八六頁。

註四一：萱野長知，前引書，八六頁；「東亞先覺志士記傳」，中卷，三九七—三九九頁；陳鵬仁譯著，

「孫中山先生與日本友人」，五三－五四頁。

註四二：「國父全集」，第二冊一九九－二〇七頁；陳鵬仁譯著，「宮崎滔天與中國革命」，一九〇頁。

註四三：「國父全集」，第六集，「附錄　國父年表」（一九六一年十月，中央黨史史料編纂委員會），三六六頁。

註四四：陳鵬仁譯著，「宮崎滔天與中國革命」，一九一頁；「東亞先覺志士記傳」，中卷四三六－四三七頁。

註四五：同註四四。

註四六：陳鵬仁譯著，「論中國革命與先烈」，七〇頁；陳鵬仁譯著，「宮崎滔天與中國革命」，二一〇頁。

註四七：戴季陶，市川宏譯，「日本論」（一九七二年五月十五日，社會思想社），九四－一〇一頁；陳鵬仁譯著，「孫中山先生與日本友人」，三六－三八頁；陳鵬仁譯著，「論中國革命與先烈」，一五一－一五八頁。

註四八：陳鵬仁譯著，「宮崎滔天與中國革命」，二二二頁；陳鵬仁譯著，「孫中山先生與日本友人」，一〇五頁。

註四九：陳鵬仁譯著，「宮崎滔天論孫中山與黃興」，二六一頁。

註五〇：「國父全集」，第二集，三二六－三三二頁；三四〇－三四三頁。

註五一：同註五〇，三二五－三四五頁。

註五二：「東亞先覺志士記傳」，中卷，五〇八頁；陳鵬仁譯著「宮崎滔天與中國革命」，二二二頁。

註五三：同註五二後半段。

註五四：萱野長知，前引書一九九－二〇三頁。萱野說這時　國父乘「伊豫丸」來日；但傅啓學和車田讓治却說是搭「信濃丸」來，請參看傅編著「國父孫中山先生傳」（一九六五年十一月十二日，中華民國各界紀念　國父百年誕辰籌備委員會），三三九頁；車田，「國父孫文與梅屋庄吉」，二六七頁。

註五五：萱野長知，前引書，一九八－二〇三頁；古島一雄，「一老政治家的回想」，一一九－一二〇頁；陳鵬仁譯著，「孫中山先生與日本友人」，三九－四〇頁。

註五六：海妻玄彥，「孫文的亡命及其生活」（一九八〇年五月十日，亞細亞大學亞細亞研究所）藤井昇三，「孫文の研究」（一九六六年四月十日，勁草書房）八四頁；陳鵬仁譯著，「宮崎滔天論孫中山與黃興」，二六四頁。

註五七：同註五六後半段。

註五八：「東亞先覺志士記傳」，中卷，五三三頁。

註五九：王芸生，「六十年來中國與日本」，第六卷第三四、三六頁，天津大公報社一九三二年版。

註六〇：傅啓學，「國父孫中山先生傳」，三三六頁；「國父全集」，第六集，「附錄　國父年表」，四〇二頁。車田讓治，前引書，二八八－二八九頁。

註六一：陳鵬仁譯著，「宮崎滔天論孫中山與黃興」，二六六頁；陳鵬仁譯著，「宮崎滔天與中國革命」，二二六頁；車田，前引書，二八九頁。對於　國父與宋慶齡的結婚，傅啓學前引書有很詳細的介紹。

註六二：陳鵬仁譯著，「宮崎滔天論孫中山與黃興」，二六六頁；陳鵬仁譯著，「宮崎滔天與中國革命」，二二九頁。

註六三：同註六二前半段，二六七頁。

註六四：「國父全集」，第二集，八七〇頁。

註六五：同註六四，八七一－八七二頁。

註六六：陳鵬仁譯著，「宮崎滔天論孫中山與黃興」，二六八頁。

註六七：同註六四，七五二—七六二頁。

註六八：同註六四，八七三—八七六頁。

註六九：澤村幸夫「送迎孫中山先生私記」（收入陳鵬仁譯著，「孫中山先生與日本友人」，一三〇一—一三三頁）；古島一雄，「辛亥革命與我」，（收於陳鵬仁譯著，「孫中山先生與日本友人」，四一—四二頁。）

註七〇：目前張玉法列出一四六個人，「中國現代史論集」第三輯「辛亥革命」（一九八〇年七月聯經出版事業公司），四三一—四三八頁。當然不止此數，萱野長知認爲，國父的日本朋友有將近三百人（萱野，前引書，五一頁）。

（原載「孫中山先生與辛亥革命」中册）

三民主義的研究在日本

就一般來講，日本人對於　國父思想或三民主義的研究，似可大別爲二次大戰以前和以後的兩個時期。而前者，似應分爲汪僞政權成立以前和以後的兩個階段。換言之，在汪僞政權成立以前，他們幾乎都是否定三民主義的；汪僞政權成立以後，他們則一變其態度而肯定三民主義。不過，他們的肯定，並不是正面的接受；而是在有利於他們的範圍內予以修正而已。這等於說，他們的研究實緊緊地跟他們的所謂大陸政策結合在一起，隨着大陸政策的演變而演變。二次大戰以後，中共竊據大陸。日本的左派勢力隨之而興，並且對於三民主義的研究亦做得不少；不過，這些人都是站在共產主義的立場來研究三民主義的，所以其見解也就有問題了。此外，雖然還有一部份研究，但是並不多；而現在一般日人對於三民主義的關心，似也比不上以前。

以下我們按照這個順序來敍述日人對於三民主義研究的過去和現在，以供國人關心此問題者參考。

三民主義的否定（自一九二四年左右到一九三九年左右）

在日本，最早研究三民主義的論文應該是吉野作造的「三民主義之解釋」，出版於一九二四年二月。其次是米內山庸夫的「孫文氏的思想及其勢力」，出版於一九二五年二月。在這以前，雖然也有不少關於　國父的文章，但是，這些文章都是介紹或描寫國父的爲人；並不是研究或分析　國父思想者。而且，寫的人多是直接間接認識　國父的人。因此，日人之開始研究　國父思想或三民主義，實自　國父講演三民主義亦即一九二四年元月以後。

不過，一九一五年，日本軍閥田中義一內閣無理向我政府提出所謂二十一條要求，積極準備侵略我國；迨至一九二七年，革命軍開始北伐時，爲阻止中國之統一，日本遂出兵山東，而這種日本侵華的陰謀，終於以九一八事變的姿態暴露。此時，隨所謂大陸政策的展開，日本的御用學者和理論家，便陸續出來為他們的政府辯護。

詳而言之，在九一八風雲危急的前夕，橋本增吉在一九三〇年四月出版的「外交時報」發表「三民主義的解剖」一文說：「中國的所謂民族主義，實以中國民族為中心的大統一的帝國主義」。「並且，孫中山先生自己的帝國主義美其名謂為和平主義，而說他國的帝國主義為侵略主義，……眞是太不應該。」這就是說，橋本把 國父的民族主義看做帝國主義了。為什麼呢？他的答覆是：「因為孫先生所主張者皆為敵視我國，反對我國者」。橋本的意思是說，三民主義是反日抗日的根源，所以三民主義不對。但是他根本就沒有反省中國人為什麼反日和抗日。這不是日本政府侵華的御用理論嗎？老實說，它是日本政府侵華之御用理論的典型。這是為反對而反對，亦即為反對中國人的愛國而反對三民主義者。這種說法，自九一八事變發生以後，愈來愈多，而且愈來愈烈。水野錬太郎、小柳司氣太、井上哲次郎、安東不二雄、神谷正男、山口察常等人便是它的代表。

譬如小柳於一九三二年八月出版的「丁酉會倫理演講集」題名「三民主義的批評」之講演後段說：「辛亥革命失敗的原因固然很多，……但我認為最重要的是孫中山的理想之錯誤。」「中國人相信三民主義說日本是帝國主義國家，……日本佔了朝鮮和臺灣。」小柳之說辛亥革命失敗，可能就辛亥革命以後，中國一直未能統一而言；而說 國父理想錯誤，乃是他的獨斷。他說了半天，根本就沒有說出為甚麼 國父的理想錯誤。他跟前述的橋本一樣，認為三民主義是中國人反日抗日的根源，所以三民主義不對。

其次，井上哲次郎於同年九月出版的同樣講演集題名「關於孫逸仙與三民主義」說，「改造中國，簡直是緣木求魚。大概因為著者孫逸仙是個醫生，所以他的主張非常唯物的，對外國在政治經濟上他都主張爭取平等，結果變成排外，尤其是變成排日、抗日和侮日，……更虐殺日本的兒童、婦女和毫無武裝的商人，因此使我不得不出兵。」眞是胡說八道。井上根本不懂得三民主義是甚麼，因此也就沒有資格談三民主義。

一九三七年七七事變發生，日人更大肆攻擊三民主義和為他們一手扶植的傀儡政權滿洲國辯護。亦即桑江常夫於一九三八年四月出版的「滿蒙」以「三民主義與中國之內亂」爲題的文章說：「中國的內亂與三民主義是分不開的。」「好在滿洲國業已獨立，華北和蒙古民族亦建設新政府，……這種各民族的獨立正是使民衆由三民主義的混亂到和平的唯一方法，而且這是三民主義運動所導致的歷史必然。」桑江的意思是說：三民主義乃中國內亂的本源，而其責任則在中國國民黨。當然，桑江之這樣說，其目的不外乎在替所謂滿洲國辯護。

而下面的田崎仁義，比桑江說得更無仁無義。他在一九三九年九月出版的「日本及日本人」發表「新東亞建設與三民主義，我們應該徹底撲滅三民主義」一文說：「皇道日本與王道滿洲建立了互助聯環的關係，而達到共同防共之新中國的更生原理實捨王道莫屬。因此，欲承認或修正與皇王道水火不相容的三民主義，不但危險，而且將使眞正的東亞新秩序的建設歸於失敗，甚至是汚瀆聖戰之意義的行爲。」無需說，這是爲擁護日本政府的侵華政策而所作的無恥論調，不值一駁。

綜上所述，我們知道這個時期日人對於三民主義，祇把它當做謾罵的對象，並無所謂理解，更談不上甚麼研究。

惟這裏有一個例外，就是宮澤俊義和田中二郎合著的「立憲主義與三民主義、五權憲法之原理」這本書並不謾罵三民主義，而站在一九三〇年代流行一時的法西斯主義思想說，將來中國縱令實行三民主義，也必走向帶有極端中央集權亦卽法西斯主義色彩的道路去；但在另一方面，他倆以爲中國教育不普及，言論不自由，所以中國沒有實行三民主義尤其是實行民權主義的條件。他倆認爲中國實行三民主義亦必走向法西斯之路，乃因爲他們（當然包括絕大多數之日人）根本沒有民主素養和觀念所致。換言之，乃受時代風尙所迷和被時代思潮所誤；至於說中國教育不普及言論不自由所以沒有實行三民主義的條件一節，與事實不完全相符。因爲中國教育不普及雖然是事實，但實行三民主義教育必然普及；而言論不自由乃因爲當時是戰時不得不限制言論，不要說中國，當時日本也是限制言論自由的，而且比中國限制得還厲害得多呢！凡此，以後的歷史事實都證明了他倆的論點之爲不正確。這是不需加以任何說明的。

三民主義的修正（自一九四〇年左右到大戰結束）

對於中國的英勇抗戰束手無策的日本近衛內閣，為做長期戰爭的打算，乃向失敗主義者頻送和平攻勢的秋波；而意志薄弱的動搖份子汪精衛遂由重慶逃出，組織傀儡政權於南京。自此以後，日人對於連汪精衛也不敢背棄的三民主義也就不再謾罵或完全否定，而予以修正並消極地接受了。為甚麼他們要接受汪精衛的三民主義呢？理由很簡單，因為汪精衛不但不再反日和抗日，而且做了他們的傀儡。

現在，我們且來看看他們的妙論罷。

一九三九年七月出版的「外交時報」刊有高橋勇治的「東亞新秩序與三民主義」一文說：「如果中國民族眞是『一盤散沙』的話，我們祇有放棄東亞新秩序的企圖。但是因為『三民主義』，中國民族顯示了固有的團結力量，而這證明中國民族確具有擔當新秩序的資格，更證明隨新秩序的指導原理本身而可能使中國民族主動參加新秩序和變成新秩序最堅強的擁護者。」很明白，這表示三民主義有接受的餘地。

其次，田所義行於一九四三年二月在「斯文」發表「三民主義小考」一文說：「當然我並不以爲三民主義是完全對的，但是也不認爲三民主義統統不對。老實說，自辛亥革命以後，中國之有今日，乃三民主義思想使然。因此，我們不該強迫中國人放棄三民主義，而應指導其重新檢討三民主義，促其自動摒棄其短發揮其長，這是東亞的盟主日本對於中國應有的態度。」這是何等的轉變！

一九四三年七月，橘樸在「日本評論」發表題名「東洋樞軸孫文思想之東洋性格的考察」的論文說：「日本政府既然承認了南京（汪）政權，她（日本）的國民自當不能不關心他們的指導原理孫文主義，對於它我們更不可以做不禮貌的批評。」這不表明日人之消極接受三民主義，乃因爲汪僞政權之成立嗎？是卽汪僞政權以　國父的「大亞細亞主義」爲根據跟日人合作，所以日人不能否定汪僞政權所以成立和存在的根據。由於這種原因，他們一方面承認汪僞政權的三民主義；另方面否定國民政府的三民主義。

譬如一九四〇年三月由現代社出版淺野利三郎著的「三民主義思想發達史」一書就

是做這種看法的。也正因爲如此，所以他們便積極開始做修正三民主義的工作以應他們的需要。而在戰爭時期擁護日本帝國主義者，戰後搖身一變而爲中共應聲蟲的平野義太郎就是這個典型。他在一九四五年六月出版的「大亞細亞主義的歷史基礎」一書中說：「正如孫文所說，美國應回到她的孟羅主義。可是，美國却佔領了菲律賓，企圖在福建獲得海軍根據地，更援助重慶政權在亞洲掀起禍亂，拼命妨害亞洲人建設亞洲。既然如此，跟日本人同樣爲亞洲人的中國人，第一爲中國的自立，第二爲中日兩國的安危必須並肩與美英作戰到底——汪主席的這種主張，才眞正是繼承和發展孫文的大亞細亞主義的思想。」（六頁）平野認爲，惟有這樣做才是辛亥革命之理想和歷史的發展。這個人現任所謂中國研究所的所長，是今日日本最無恥最低級的媚共學者。他曾被福田恆存批評得體無完膚；我也批評過他。（發表在高雄「中外建設」周刊）

由上所述，我們知道在這個時期，爲適應他們國家需要，日人遂變其以往否定三民主義的態度而予以修正和消極的接受。

不過，這裏有個學人的研究值得我們一提。這就是出口勇藏的「民生主義的解明」

、「孫文的民生主義」、「關於孫文的民族主義」等論文。（發表於一九四二年至一九四四年之間）在大體上這些論文是有其學術價值的，比其他日人所寫任何論文都好得多。但嚴格說起來，其瞭解還不夠深刻，因此也就沒有把握　國父的整個思想體系。這或許是外國人所難做到的一件事。而出口似亦未能例外。

除日本國家主義者對於　國父和三民主義的見解以外，還有跟他們完全兩樣的日本左派對於　國父和三民主義的看法。關於這個問題，新島淳良的「日本左翼對於孫文的瞭解」（「思想」一九五七年七月號）一文寫得相當詳細。無需說，日本國家主義者是以皇道思想估價　國父和三民主義的；而日本左派則以馬克思主義來衡量　國父和三民主義。

由於日本左派站在這種立場來衡量　國父和三民主義，所以對於一九二四年所謂國共合作時的　國父和三民主義估價很高；而自一九二七年春天，蔣總統堅決反共，進而剿共以後，則把　國父和三民主義估價得很低。

譬如野村進一郎在一九三一年元月出版的「滿鐵支那月誌」以「三民主義與儒家的

政治思想」爲題的一文說：「很明白，孫文是代表新興資產階級運動的領導者。」野村認爲， 國父的思想根據是資產階級的民主主義； 國父的社會主義思想是欲調和階級的空想計畫和博愛主義的結合。所以 國父的思想完全受以儒家思想爲基礎的中國傳統政治思想的支配。

日本左派之所以做這種看法，主要是因爲他們透過中共受共產國際的指揮，而以中共的見解爲見解所致。因此這是不足怪的。而且，由於在戰時以日共爲首的日本左派受日政府當局的極端封鎖和控制，所以他們有關 國父和三民主義的見解，對於一般日人的影響力幾乎等於零，這是我們應說及的一點。

二次大戰以後的研究

由於太平洋戰爭結束，日本被盟軍所佔領，民主主義取代國家主義，政治、經濟、社會、教育、學術等皆煥然一新，一切從頭做起。因此，對於三民主義的研究，其態度也就不同了。

一九四七年由六興出版部出版，井手季和太所著「三民主義與中國革命」一書就是證明。井手在這本書的序言說：「日本在這次戰爭所以失敗，主要是因爲日本軍閥誇大妄想過信自己的力量，同時不識以蔣介石爲首的中國革命的領導人物，更歪曲爲其革命和建國原理的三民主義，從而不但未能幫助中國的革命事業，而且阻礙中國的革命事業所導致。」這是有眼光有學識的見解，也是有良心有勇氣的反省。他這本書從三民主義的歷史背景說起，詳細介紹三民主義之爲何，分析三民主義與國民革命的成果，並說及國民黨與中共的關係以及國民革命的現狀，共計三百八十頁，是日本人所寫有關三民主義的好書。

然而，自中共竊據大陸以後，反共或單純不以左派思想爲是的一般日人，便以爲大陸既丟，三民主義在中國的任務則已告一個段落，因此不是不再關心三民主義，就是把它當做曾領導國民革命的思想——過去的歷史事實而已。正因爲這種原因，所以這方面的日人對於三民主義的研究也就幾乎沒有甚麼成就可言。

在另一方面，以前述所謂中國研究所爲首的日本左派，對於三民主義卽有許多論文和著作。因此日本的三民主義論壇，幾乎變成了日本左派的獨擅場。不過因爲他們均以中共的見解爲見解，所以他們的論點在根本上是沒有兩樣的。而在這一群人當中，以岩村三千夫寫得最多，影響力最大，所以我們拿他的著作來說。

他在一九四八年九月由日日書院出版的「三民主義論」一書說：「爲國民黨之指導原理的三民主義，爲甚麼也獲得中共和其他黨派的支持呢？這是因爲三民主義雖然是成長中的中國資產階級的思想，但同時又是中國民族統一戰線的綱領和民族聯合戰線的旗幟故。正同孫文是中國民主革命統一戰線階段的領導者一樣，三民主義是這個階段的標識。」（八一頁）岩村認爲，三民主義祇具有中國民主革命的歷史任務，亦卽中國民族統一戰線由資產階級的孫文領導成功以後，其任務卽由無產階級的毛澤東所繼承和完成。因此，岩村說：「根據毛澤東，一九二四年國民黨一全大會宣言對於三民主義的解釋乃是新三民主義，是眞正的三民主義。舊三民主義的歷史意義雖然是不能否認的，但既然樹立了新三民主義，舊三民主義自當不能再提出來。毛澤東對於三民主義的解釋，可以說是對於這個問題的最新解釋，而這種解釋之所以能夠成立，實表明無產階級已發展到完全能夠繼承民族資產階級之遺業的地步。……因此忽視三民主義的這種歷史性格和歷史發展，而認爲三民主義係超越歷史的眞理者，實有背於三民主義。」（八六頁）

岩村這種觀點在一九四九年由岩波書店出版的「三民主義與現代中國」一書中更有所發展。他認爲三民主義的繼承者是中共，他說：「在孫文時代三民主義已經是共產主義的好朋友，而現在三民主義因爲新民主主義而大衆化了。今日，三民主義已經不是富裕的革命家在客廳閒談的理論。目前已有五千萬以上的農民經過『耕者有其田』的體驗，更有許多中小企業家和商人爲『聯合工農』而歡欣。……在這種意義上，三民主義已經不是資產階級的民主主義和資產階級的民族主義，而是新型的民主主義了。而這種民主主義，不但是中國獨立和進步的指導精神，它更必將使亞洲十億的人奮發，並促成亞洲諸民族的獨立、和平與繁榮。」（第六章）這不是岩村把三民主義看成共產主義的低級綱領的證明嗎？

此外，在該書八一頁到一一八頁，他說民生主義既不是社會主義，也不是資本主義而應該是新民主主義。但是，孫文始終祇站在資產階級的立場，沒有站在無產階級的立場，因此民生主義不是無產階級的社會主義或馬克思共產主義。

岩村對於三民主義的這種解釋，當然是惡意的曲解。而這種惡意的曲解，無需說，是爲共產主義辯護的。因爲如不這樣做，共產主義便沒有存在的理由。至於有關日本左派尤其是岩村的三民主義觀的批判，我們準備再找機會進行。

（原載一九六五年十一月十日臺北「政治評論」）

孫逸仙與南方熊楠

(一)

馳名世界的生物學家，同時又是民俗學家，更因爲是日本研究粘菌的權威，而承蒙做爲學者的日皇之邀請，爲日皇進講，並得日皇垂詢的南方熊楠，初次與中華民國 國父孫逸仙見面，乃是於一八九七年三月十六日，在倫敦大英博物館東洋圖書部部長道格拉斯辦公廳的事情。(註一)

那個時候，孫逸仙正在那裏，撰寫五個月左右以前，被清國公使館誘拐，(註二)奇蹟地被搶救出來的經過，而南方則常常由道格拉斯聽到有關孫逸仙的事，因此對於孫逸仙非常關心。他們兩個人，因爲道格拉斯的介紹成爲朋友，而且其友情日愈濃郁。

當時，南方受大英博物館的囑託，在道格拉斯手下，做著編輯圖書目錄等工作。現在，我們根據自一八九六年到一八九七年，南方的日記中，有關孫逸仙的記載，來看看他倆的交往情形。（註三）

十一月十日　星期二　陰

在博物館與道格拉斯會面。他說昨天與中國人孫文見面。前些日子，孫氏曾被清國公使館逮住。

十一月十一日　星期三

訪道格拉斯於博物館。中國人孫文也來，但我與他沒見面。

十二月二十三日　星期三　陰

訪問道格拉斯於博物館。他送我一個盤子。據說，中國人孫（文），正在寫他被幽囚的紀錄（這是前幾天寫的）。

三月十六日　星期二　晴

在道格拉斯辦公室，與孫文氏會面。

如此這般，南方和孫逸仙遂變成最好的朋友。日後，南方就與孫逸仙初次見面的情況，給柳田國男寫信這樣說：

與孫逸仙第一次見面時，他問我一生的抱負。我回答說，我希望，我們東方人能把所有的西方人趕出去東方。逸仙失色。（註四）

南方給上松蓊的信也說：

要把英國人從東方趕出去，是道格拉斯爵士介紹孫氏與我認識時我所說的話，因此道格拉斯和孫文都非常驚愕。（註五）

南方的這番話，對於主張「東方人之東方」的孫逸仙來講，實具有極大的意義，所以他倆的友情，由之更加鞏固，來往日趨頻繁。

三月十八日　星期四

坐在博物館正門的椅子，跟孫文氏面談。

三月十九日　星期五　晴

早晨，細井氏來訪。跟他搭巴士落腳他的店，爾後我到博物館去。下午六時多，動身博物館，跟孫文氏到瑪利亞（位於海德公園傍邊的餐館。我曾帶今西、杉田等人去過）吃晚飯。飯後在海德公園聊天，然後搭巴士到他住處，談到十點鐘始告別。

三月二十日　星期六　小雨

下午，前往倫敦大學，與巡更斯會面。坐在博物館前面，伊斯達島像傍邊椅子，與孫文氏面敍。

三月二十六日　星期五　曇

晚上，跟孫文氏到牛津路比亞那餐館吃飯。孫氏請我。然後一道訪問稅所氏（日人姓），並一起到博物館去參觀亞述、巴比倫、埃及和秘魯等部門。爾後與孫氏分手，跟稅所氏到秀拉吃飯後回家。

三月二十七日　星期六

晚間，博物館關門後，與孫文氏到多天哈牧哥特路秀拉吃飯，這是一家下等飯館。飯後跟他到他的住處，談到十時始歸。

三月二十八日　星期日　雨

下午，孫文氏來訪。一起等稅所篤三，但稅所沒來。晚上一道到瑪利亞吃飯，在斯隆路與孫氏告別。

三月三十日　星期二

下午，與孫文氏訪問道格拉斯氏。

四月五日　星期一

博物館於六時關門，與孫氏到秀拉吃飯，他請客。飯後到孫宅談到九點鐘，十點乘巴士到諾京希爾，十點多鐘才回到家。

四月七日　星期三　半晴

下午到博物館，與孫氏小談。爾後搭兩點十五分的特別火車（公使買的票），到吉爾柏利船塢去參觀富士軍艦。在進口與津田三郎氏握手。……乘五點五十五分的火車回來。晚飯後往訪孫氏，他沒在家。

津田三郎是巡航中富士軍艦的水雷長，爲海軍少校，跟南方熊楠同是和歌山縣人。

四月八日　星期四　陰

在博物館跟孫氏稍談。

四月十日　星期六　晴

到博物館與孫氏面談。

四月十三日　星期二　晴

上午十時許，往訪孫的朋友摩根（Mulkern）氏，然後一道坐地下電車訪問孫氏，三人搭巴士，到芬加爾路車站，訪問津田三郎於吉爾柏利船塢。水兵嚮導我們一半時，津田氏來，給我們看得很仔細，爾後到宴會室，喝酒和蘇打水，他倆看中日戰爭的相簿，我跟津田氏閒談。不久，津田氏（水雷長）的副手也來了。我們大家聊天，乘四點零三分的火車回來，在比雪普斯路與孫氏等告別，我一個人走路到多天哈牧哥特路秀拉去吃晚飯。（註六）

摩根在宮崎滔天的書本，寫成摩爾哥倫，摩根是中國的一般譯名，爲英國的軍事家。他是一八九六年，孫逸仙在倫敦時代的朋友，一八九九年到香港，跟陳少白、李紀堂等人有接觸。次年惠州事件時，他以顧問身份，曾有所盡力，惟因武器彈藥不足，失敗而離開廣州。爾後，與孫逸仙仍然保持聯絡，一九〇五年，孫逸仙前往倫敦時，曾在他家裏住過。（註七）南方稱他說是「愛爾蘭的恢復黨員」、「愛爾蘭的陰謀士」。（註八）

四月十九日　星期一

……到瑪利亞吃飯後去博物館。晚上，跟孫氏到新奧理斯霍特路的維也納咖啡館吃晚飯，然後到他家談到十點鐘才回家去。

四月二十日　星期一

……訪問李特氏於博物館。爾後到大門口時，來接領河內輪的兩個水手，與一起來的三個人失散，不懂得怎樣回去印第安船塢，而不知所措。此時我正在跟孫逸仙交談，發現此事，遂令水手坐在那裏等着，旋卽那三個人便出來了。……在博物館，孫氏托我轉交他的自傳給津田少校。

四月二十日，南方跟孫逸仙在博物館外邊談話的時候，目睹兩個日本船員在館內與同行的三個人分散，不知道如何回去，正在束手無策，因此他便與孫逸仙中斷交談，而予以協助。至於孫逸仙之所以托南方轉贈其自傳給津田少校，似乎是爲了答謝其在富士軍艦上的款待。又，此時，南方對　國父首次使用孫逸仙這個名字，實在值得我們注目。

五月八日　星期六　半晴

……爾後與李特氏見面，請他將明礬茶給孫逸仙和一個老人（西班牙人）看。不久李特給他倆看了。

五月二十四日　星期一　晴

……黃昏，與孫逸仙氏吃晚飯後，到旅館去訪問德川賴倫氏等，但都沒人在。然後我倆往訪鎌田（榮吉）氏，鎌田不在家。轉而造訪荒井領事，此時已經很晚了。我們由諾京希爾走到大理石大門，在此地我倆分手回家。

五月二十六日　星期三　陰

下午，訪問鎌田氏。然後到博物館，與孫逸仙談話沒多久，德川氏和鎌田氏就來了。由道格拉斯嚮導，參觀書庫。……

在從四月二十一日到五月七日，以及由五月九口至二十三日的日記中，所以看不見有關孫逸仙的記載，乃是因爲在這期間，南方正在忙於照顧德川賴倫所致。

又，於五月二十六日，南方的故里紀州（今日的和歌山縣）的舊藩主德川侯爵的養嗣子賴倫，由鎌田榮吉（註九）陪同參觀大英博物館之際，南方曾向德川介紹跟他交談中的孫逸仙；日後，南方曾將當時的情形，在寫給上松蓊的信裏這樣說：

當時，孫很落魄，在倫敦的好朋友，祇有愛爾蘭的恢復黨員和我。德川賴倫侯爵和鎌田來大英博物館時，我曾把孫介紹給德川侯爵。當時，有人批評說，把這個亡命之徒，介紹給華族的南方，實在是極其危險的人物。（註一〇）

六月十六日　星期三　晴

……與孫逸仙訪問鎌田氏。然後一道到我家。田島（擔）氏也來。跟孫氏一起去吃飯，爾後散步海德公園，將近半夜十二時才告別。……

六月十八日　星期五　陰

等孫氏，但沒來。因此我到博物館去。

六月十九日　星期六

下午，孫逸仙來訪。一同到「寄鳥」，在途中遇到田島氏及與其同宿的西班牙人拉孟。然後到「寄鳥」，參觀諸室。搭火車到西肯仁頓，訪問田島氏，談到九點。冒大雨到高街吃飯（巴士票價上漲，由亞吉遜路到高街六辨士），孫氏坐巴士回家。

……

六月二十日　星期日

下午，孫氏來訪。一起去參觀自然歷史博物館。在瑪利亞餐廳吃飯後各行回家。

田島氏跟南方是同一縣人，名字叫做擔，爲曾任和歌山縣議會議長之濱口儀兵衛（梧陵）的兒子，留學劍橋大學，後來做過猪苗代水力電氣公司董事長。從五月底到六月中旬，南方仍然忙於爲德川賴倫和日本人作嚮導。這時，再過半個月，孫逸仙就要離開倫敦，因此於十六日往訪南方，十九日，與南方前往「寄鳥」植物園，二十日到自然歷史博物館，依依不捨。

六月二十五日　星期五

……孫來訪於博物館。相約後天見面。

六月二十七日　星期日　晴　早晨下雨

將近下午四時，孫逸仙氏來訪。七時許，一道去訪問田島氏，田島氏答應介紹菊地謙讓和尾崎行雄二氏。十時許，與孫氏到瑪利亞餐廳吃飯，時已十一時。吃冷牛肉，我喝兩杯酒，孫氏喝檸檬水。由餐館出來經過海德公園時已經十二點鐘了。我們在大理石大門分手。

昨天，孫氏與田島氏參觀海軍儀式。孫氏說，因雨，什麼也沒看見。

六月二十八日

……早上，往訪鎌田氏，把信交給他，爲的是托孫氏的事。下午五時許，在博物館與孫氏見面。孫氏贈其所譯「紅十字會救傷第一法」三本，田島、鎌田和我各一册。（另外，呈送英國女王和沙利斯柏利侯爵各一册，他說爲裝釘，各花了五英鎊）……

遵照二十五日在博物館的約定，孫逸仙於二十七日往訪南方；南方爲孫逸仙訪日時的方便，請田島寫介紹信給菊地謙讓和尾崎行雄，並得到田島的同意；（註一一）二十八日，南方到鎌田的家，留話請他爲孫逸仙寫介紹信，爾後在博物館跟孫逸仙碰面。此時，孫逸仙之所以各贈其所譯「紅十字會救傷第一法」，可能是爲了答謝他們替他寫介紹信。

在送給南方的譯書上，孫逸仙曾經以毛筆字這樣寫着：「恭呈　南方熊楠先生大人雅政　中原逐鹿士孫文拜言」。身爲醫生的孫逸仙，翻譯此類書出版，本不足爲奇，但「中原逐鹿士」這五個字，實表明了他是天下的革命家。

與此同時，孫逸仙也贈送「原君原臣」的小册子給南方，並在其封面用毛筆字寫着：「南方先生鑒　孫文持贈」。這是「明夷待訪錄」的一篇，是宣傳革命的秘密書刊，似乎由孫逸仙帶到倫敦來的。（註一二）

六月二十九日　星期二

……下午，往訪鎌田氏。要來介紹孫文給岡本柳之助氏的信，到博物館，孫文四時許來，遂將介紹信交給他。

黃昏時刻，往訪田島氏。他說，寫給菊地謙讓的介紹信，已經寄給孫氏了。

六月三十日　星期三

……十一時前，乘計程車往訪孫氏。前幾天一起去參觀軍艦的那個人也在場。我把給佐藤寅次郎的介紹信交給孫氏，十一時，在孫宅前面與他告別。他倆到聖班克羅斯車站。我去博物館，向道格拉斯氏轉達孫的話。……

七月三日　星期六

海外逢知音

南方學長屬書

香山孫文拜言

這是六月二十七日孫氏親筆也。

六月二十九日，由於南方不認識同鄉岡本柳之助，（註一三）因而到鎌田住處，請他寫介紹孫逸仙的信給岡本，並在博物館把這封介紹信面交孫逸仙。

不過南方日後對上松蓊寫信說，當時鎌田以日文寫道：「持此信的支那人孫逸仙要到東京，特爲介紹」，「但孫氏很可能沒有使用這封介紹信」。（註一四）

六月三十日，孫逸仙離開倫敦，當天上午，南方往訪孫逸仙於其住處，並把介紹南方在美國時的好朋友佐藤寅次郎（註一五）的信，親自交給孫逸仙。而所謂「前幾天，一起去參觀軍艦的那個人」，就是摩根。南方在孫逸仙住家前面，與孫逸仙告別，獨摩根送孫氏到車站；南方則直往博物館，去向道格拉斯轉達孫逸仙對他的謝意。（註一六）

後來，南方雖然在他的「履歷書」（給矢吹義夫的書信）說：

逸仙離開倫敦前，我陪他到鎌田榮之助氏住處，請他寫介紹逸仙的信給岡本柳之助氏。這是逸仙赴日的開端（在這以前，他雖然去過一次，但祇在橫濱住過數日而已）。（註一七）摩根這個愛爾蘭的陰謀士，跟我兩個人，把逸仙送到維多利亞車站。逸仙一直穿西裝，戴呢帽，我穿大禮服，戴禮帽。（註一八）

但在實際上，祇有摩根一個人送孫逸仙到車站。不過，南方跟摩根是孫逸仙在倫敦的最好朋友，以及他倆送孫逸仙離開英國，却是事實。（註一九）

七月三日的日記中，於六月二十七日，孫逸仙往訪南方時，南方拿出日記簿，請他在七月三日的空白頁上，寫下了紀念的文字。（註二〇）

如此這般，南方與孫逸仙，將近四個月，有時候天天見面，在大英博物館暢談，吃飯請來請去，互相訪問其住處，一起散步海德公園，成爲刎頸之交，但他倆究竟談了些什麼，不得而知。不過這一段時間的感情，就他倆來講，確是終生難忘。

(二)

孫逸仙在倫敦的時候，幾乎沒有中國留學生，華僑也很少，縱令再呆下去，既不可能找得革命同志，也得不到革命資金，因此於經過九個月後的一八九七年七月二日，乘努米地蘭號輪到加拿大，並於八月十六日，搭印度皇后號輪抵達橫濱。(註二一)

孫逸仙到達橫濱以後沒多久，便於陳少白的住家認識日後跟他成爲不二盟友的宮崎滔天，(註二二)由宮崎滔天介紹爾後照顧他一輩子的犬養毅，由此孫逸仙獲得更多的朋友，並得到他們各方面的援助。(註二三)

在另一方面，南方於跟孫逸仙告別那一年的十一月，在大英博物館內打了英國職員，隔年又發生了同樣的事件，所以終於被博物館解雇。不過後來，他又做了大英博物館分館和南肯仁頓美術館的助手，同時在第一流的學術雜誌發表有關文科、理科方面的論文，仍然過着其研究生活。（註二四）

素對南方的學識和剛毅非常尊敬的倫敦大學校長逖更斯，本計畫在劍橋或者牛津大學創設日本學的講座，以南方爲副教授，惟因勃發波亞戰爭，而未見實現。於是南方遂結束其將近八年的留英生活，於一九〇〇年九月一日，告別倫敦，於十月十五日，乘船返抵神戶，並回到其故里和歌山。（註二五）

南方在故鄉的某一天，在倫敦曾是朋友的福本日南，（註二六）寫信告訴他，孫逸仙正在横濱，並附有地址，南方立刻去信，孫逸仙遂以毛筆字回了如下的英文函。

Tokyo Dec. 11th 1900

Dear Mr. Minakata:

Your letter reached me at Yokohama yesterday. I am very glad to hear that you have come back to your own land again. I am looking forword to seeing you soon and talking over our faring to each other of last few years.

I have only returned from Formosa last month and may leave here again before long, but before my departure I will call upon if you cannot come up to Tokyo by that time.

Many regards and wishes to you.

Your very sincerity

Sun Yat-sen

孫逸仙一知道南方不能即時來東京，便於寫這封信不到兩個月的一九〇一年二月十三日，以橫濱的貿易商溫炳臣（註二七）同志爲翻譯，爲着與南方見面，前往和歌山市，在富士屋旅館，住宿兩晚。（註二八）

十四日上午，孫逸仙和溫炳臣在南方家新建的客廳，與南方吃飯暢談；十五日，南方往訪孫逸仙，然後與其次弟常楠、末弟楠次郎，和常楠的長子常太郎，陪遠道而來的賓客，到照像館去拍攝紀念照片。孫逸仙和溫炳臣，乘該日下午二時二十四分的火車離

開和歌山，南方送他倆到車站，這是孫逸仙與南方熊楠的永訣。（註二九）

南方在中學和大學預科的同學小笠原譽至夫，於大阪與和歌山之間的火車上，偶然碰到其故友溫炳臣，得知孫逸仙來訪，而立刻密告當時的和歌山知事椿蓁一郎。

後來，南方曾把當時的情形寫信給上松蓊說：

（他）報告孫似來我處搞什麼大陰謀，因而當我與孫談話時，他便把陳（應該是溫）請去閒談，試探詳情。所以便衣遂來我處，問東訊西，不過沒什麼就是了。（註三〇）

但南方給柳田國男的信卻埋怨說：「在火車裏就被人家跟踪，致使不能細談。」（註三一）

由於孫逸仙的來訪，受到小笠原的妨害，南方非常憤慨，因此：

我把小笠原和陳（應當是溫）請來，跟孫到和歌浦首屈一指的蘆邊屋料亭，由說是給西鄉從道斟過酒的美人斟酒，並告訴料亭帳單將由小笠原來付而回去。（註三二）

令其付宴會帳，以爲報復。十四日晚上的宴會，竟花了三十元左右。由當時的生活程度來看，這眞是很嚇人的盛宴。（註三三）

這時，孫逸仙把自己常戴的白色遮陽帽送給南方做紀念，十五日離開和歌山之前，特地給他的盟友犬養毅寫介紹南方的信。它的信封上面是「介紹　南方熊楠君　犬養木堂先生」，信封背面爲「從和歌山孫緘」，內容如下：（註三四）

木堂先生足下：弟嘗與先生談及昔年在英京獲交一貴國奇人南方熊楠君。今因聞君返里特來和歌山縣訪之。相見甚歡流連忘返。縱談問弟道及　先生爲忘形之交，君本熟耳　先生盛名，而以弟之故更思一識　先生，擬二月後上京拜謁。弟將托寸紙以爲介紹。君游學歐米將近二十年，博通數國語言文字，其哲學理學之精深，雖泰西專門名家每爲驚倒，而於植物學一門，尤深造詣。君無心名利，苦志於學，獨立特行，十餘年如一日，誠非人可及也。

先生見之，必有相見恨晚之慨也。此致並候

大安不一。　弟孫文謹啓　二月十六日

這封簡潔而扼要的介紹信，把南方之非凡的才華和爲人，描繪得淋漓盡致。孫逸仙大概希望由於南方與犬養見面而能做更大的事情，惟從不求人的南方，終於沒有去看犬養，因此此封介紹信，一直擺在南方家裏。又，此信的日期雖然爲二月十六日，但在實際上是二月十五日寫的。（註三五）

爾後，他倆仍然繼續通信，而對於六月一日南方寫給他的信，孫逸仙曾從橫濱作這樣的回音。

Yokohama July 1st 1901

Dear Mr. Minakata:

Your letter of the 1st inst. was received many days ago. I was so busy that I could not answer you soon.

At present I cannot tell you when I shall start my journey by way of Kobe for I have to wait in here for some time yet. If my original proposal could be carried out at all, I will let you know all particulars before hand.

As regards to (sic) whereabouts of the lichen is collected sic, it was growed sic on a rock in the side of a valley stream, and the rock on which it grows were covered with thick tropical plants. The valley is walled in by high cliffs on both sides within which it rains very frequently. All kinds of vegetables grow wildly. There were many much larger lichens around about but very irregular in shape and difficult to take them off without getting broken into pieces. The one I send you is only a medium size among its class, but I preferred its better shape and easy to take it off sic from the rock on which it grows. This is about all of it that I can tell you.

When you come to Tokyo? Is it possible for you to come within the coming two months? I shall be looking with pleasure to meet you in the Capital.

Yours very sincerely

Y. S. Sun

Please return my compliments to prof. Douglas when you write to him.

這是前此孫逸仙在夏威夷的馬維島取得很大的「地衣」，在它皮上署名後寄給南方，對於南方一方面感謝他，一方面詢問其採集地及其情況的回信，由此我們可以窺悉，孫逸仙忙中偷閒，欲提供南方研究植物學資料的深厚友誼，並問他是不是在兩個月之內，能夠來到東京，盼望跟他重溫舊誼。

但南方於一九一三年二月二十日，寫信給柳田國男說：

我眼睛又壞了。伊東知也氏說，舊友孫文想在和歌山跟我見面，此事見諸「大阪每日」等報紙以後，和歌山的人曾來慫恿我，我因爲眼睛太差，不能一個人作海上旅行，什麼也作不成，而像一隻鸚鵡在家裏靜坐着。（註三六）而於同一天，南方給高木敏雄的信也說：

我的眼睛又變得很壞，晚間什麼也不能作，因此很早就睡覺，而且在這裏不知能呆多久，雖然很想給英國寄去藻類的標本，惟因眼睛差，不能使用顯微鏡，每天不舒服。大前天，孫逸仙透過伊東知也氏說，如果我能到和歌山，孫將前來和歌山跟我會面，惟因海上旅行危險，所以我令家弟向其謝辭。由於這種原因，目前我不能太作卷數和頁數的調查。（註三七）而無從報答孫逸仙的友誼。

在另一方面，孫逸仙經過數次的失敗以後，終於一九一一年十月，革命成功，推翻滿清，孫逸仙當選爲中華民國臨時大總統，過着日夜操心國事的生活，但對於南方的友誼，却始終不變。一九一三年，把大總統的位子讓給袁世凱，來日時特別抽空很想跟南方碰面，可以爲證。

一九二五年，歷盡滄桑的孫逸仙與世長辭以後，上松蓊曾經寫信給南方，問他跟孫逸仙的關係如何；南方回信哀弔孫逸仙，悲嘆他倆交情的終焉，但却認爲稀世的英雄孫逸仙已經不在人間的今日，不擬多談他倆以往的親密交情。他說：

在倫敦的時候，我是孫氏最好的朋友；我回國以後，孫氏曾由橫濱商人黃某（是溫炳臣）陪同來和歌山跟我會見，爾後我倆未曾謀面。孫氏在夏威夷時，曾跟我通過幾次信，他從夏威夷火山取得的地衣標本，至今我還保存着，往後完全斷絕信息。我流浪熊野（南方故鄉），諸多不便，而變成絕信。孫氏每來東京，起初都來信邀我到東京去，惟因我一分錢也沒有，束手無策，終於沒給回信。據說，「西廂記」的主人崔鶯鶯，深愛張生，張生因不得已，久離流浪，致使鶯鶯成爲沒出息男人的妻子。此種非其所願的事情多得是，毫無辦法時，惟有順其自然，隨它去。……

孫氏得意的時候，來過日本一次。當時，和歌山的人們，以我爲誘餌，欲把孫氏請到和歌山來，但想到上次孫氏來時的作法，我告訴他們，如果和歌山人去找他，一定會吃閉門羹。

有若干人，因爲我的介紹，跟孫氏見過面。當時，他們以我介紹奇怪的浪人，嘮叨而不予一顧（裏頭有做過大臣的人）。可是一看孫氏「出頭天」（閩南語），便以其親友自居，前往拜訪，不知談了何事，却要大吹大擂談了什麼大理論。社會就是如此。我對孫氏一點也沒有對不起他的地方，……惟人的交往也有季節。……從前，我雖然跟孫氏特別親密，惟因我個人的處境，不得不跟他中止來往。……所以於孫氏不在人間以後，說跟他私交怎樣好，等於拒絕捐款的人，等到研究所弄成之後，吹牛說他自己捐了多少多少錢一樣，實在很不應該；反正我可以繼續介紹大王（指小畔四郎）的粘菌給社會，亦即我還有許多賣名的方法。

由於上述的原因，現在我不願意多談孫氏的事體。但不知道有沒有人聽過孫氏談有關我的事。如果有，我倒很希望聽聽。

孫氏曾經吃過日本人的許多苦頭，因此他並不相信日本人。所以如果有日本人說，「我是孫氏的親信」，那不是往自己臉上貼金子，就是缺欠聰明的善人。快四點鐘了，我睏得很，故在此擱筆。草草謹啓。（註三八）

如此這般，南方雖然無可奈何地終於跟孫逸仙斷絕了交往，但南方卻一輩子珍惜跟孫逸仙的友誼。這我們可以從南方去世三個多月以前，在病床上寫給中山太郎的信窺悉。他說：

我已經七十五歲了，因此早已沒有賺錢的念頭，我祇希望把我在生物學上的研究成績，於有生之年出版些，以報答贊助員諸君的厚意；未出版者，則希望連同一切的藏書和雜品，捐贈給中山大學，以爲我跟故孫文氏的交誼紀念，俾促進中日的親善。（註三九）

要之，孫逸仙之於南方熊楠，是孫逸仙大他一歲的同輩，同樣受過歐美教育的洗禮，彼此能夠自由自在地溝通意見，並且同是棲身異邦的青年，因此形影相弔，締交了無上的友情，可是，這個友情，對於中國革命却沒有作出直接的貢獻，這是很可惜的一件事。而過去，孫文（國父）全集之所以找不到南方熊楠的名字，其理由在此。（註四〇）

(三)

關於南方與孫逸仙的邂逅等等，坊間有幾種錯誤的說法。這是源自一九二六年五月，南方出版其「南方隨筆」時，民俗學家中山太郎在該書末所撰寫，「我所知道的南方熊楠氏」一文，而進一步予以小說化和戲劇化的便是平野威馬雄的著作。

如前面所述，孫逸仙與南方，初逢於孫逸仙由清國公使館死裏逃生五個多月以後，在大英博物館東洋圖書部部長道格拉斯的辦公室；可是，平野在其「博物學者南方熊楠的生涯」、「熊楠外傳」和「大博物學者南方熊楠」（註四一）說：「如斯，他倆遂併肩，爲古巴人民，跟西班牙政府軍作戰」，（註四二）但孫逸仙却似沒有去過古巴。

不特此，中山太郎著「學界偉人南方熊楠」一書的一張照片，竟把與南方一起拍照的美國華僑江聖聰誤爲孫逸仙。（註四三）

關於孫逸仙由清國公使館被拯救出來的經過，中山太郎這樣寫着：

翁（指南方）到支那公使館去提出嚴重的抗議，用文書予以抨擊，千方百計，盡了最大努力，但還是不釋放，因此終於學博浪一擊的故智，乘夜晚，挺身偸入公使館，才把孫文救出來。（註四四）

而平野威馬雄則說：

摩根百般設法調查，確認孫文被夾帶走，因禁在清國公使館地下室，幾乎要餓死。清國政府，決心令這個愛國、憂國的志士餓壞。

得知這個事實的摩根和南方，遂請出倫敦大學校長，同時跟南方很不錯的逖更斯博士，和大英博物館的大學者，向英國皇室請願拯救孫文的方法。

可是，英國却懼怕惹起國際問題，更害怕支那眞地變成東亞純然的自主獨立國，並強大起來，因此給正義帶上口罩，不肯採取行動。

於是南方大聲疾呼「清國公使館不是在英國領土內嗎？在自己國土內，坐視政治犯的志士之將被置於死地而不救，實在有失英國的體面！」

但（英國）政府還是無動於衷。

「太麻煩了。不能再以懦怯的表面紳士爲對手！」因而南方遂與摩根，某天晚上，覆面上了颳風的街道。

於是當天晚上，很順利地從公使館地下室，救出憔悴非常的孫文，並令其宿於南方的居室。

數日後，灰色的雲低低地，陰陰雨雨的一個黃昏，摩根和南方陪着孫文，經過毫無人影的小巷，出現於雨蕭蕭的利物浦碼頭。（孫文）穿着皺巴巴的薄衣服，口袋裏空空地。

摩根和南方，把口袋裏本來就不多的錢，統統拿出來給好朋友孫文，以爲他送行。

而且，事先就聯絡好英國貨輪的船長，請他同意在船裏用孫文做工友（原文爲小使）。（註四五）

簡直把它寫成推理小說。

對於上述中山太郎的文章，南方說：

至少其八成是虛構。中山氏本身邊小題大作地論述着傳說的正誤，和事蹟的虛實，却邊寫出我和其他說是這樣說過的人名而不在乎，眞是非正常的人物。這可以當作心理學上的研究材料，因此我決定不删去其全文，而且再版時也要照登無誤。（註四六）

故意不改正其錯誤，並以這爲原因，從而出現平野式之推理小說般的「傑作」。

關於這種錯誤，佐藤春夫早已有所指出，（註四七）笠井淸也再三地論述過，（註四八）但平野却從他最早期的著作，到前年的專書（內容相同），凡四十年，一若鸚鵡，亂寫胡作，還能出版，眞是怪事。平野大概是從不看別人著作，胡寫亂述也不在乎的一位先生。孫逸仙和南方，如果看了平野的這種文章，不知道會作何種感想？

平野之推理小說般的「傑作」，果然產生了意料中的不良後果。而刊登於一九八二年二月十一日號「週刊文春」之戶板康二的「巨人・南方熊楠的奇行」就是它的典型。戶板說：

二十五歲時參加古巴獨立戰爭，那時成為好朋友的就是孫文，後來在倫敦時，把被清國大（公）使館監禁，幾乎要餓死的孫文救出來，使其脫險。

平野說：「照春秋的筆法，中國的革命，成於熊楠的功勞」。（註四九）

不知情者，如果讀它，祇有相信，但這實在太離譜了。我偶然看到這篇文章，遂給當時之「週刊文春」的總編輯村田耕二寫信，告訴其錯誤和根據，但沒有得到任何反應。同時，小學館的「大日本百科事典」，却把平野之荒唐無稽的著作，列為有關南方熊楠的參考書。（註五〇）現在竟變成不能隨便看百科全書的時代了。

這種錯誤，三十幾年前，在臺灣也發生過。這是利用中山太郎之著作的結果。惟中山的書，早已絕版，所以可怕的是，最近出版的平野的著作。這種弊害，與我的呼籲毫無關係地，將繼續下去。

最後，我想來談談有關南方熊楠紀念館的事。

這座紀念館，位於和歌山縣白濱町番所之崎，主要地展示着南方的業績，除此而外，還有前述孫逸仙送給南方的書、遮陽帽、書信和紀念像片等等，令人想像當年南方與孫逸仙的深厚友誼。我曾經往訪這個紀念館兩次，拜訪南方的千金岡本文枝女士於其在田邊的老家，並去參拜南方的墳墓。（註五一）

附註

註 一：南方熊楠全集，第八卷，「給柳田國男書簡」，一九七三年三月，平凡社，頁一九六；別卷二，「倫敦日記」，頁七七。

註 二：關於這個誘拐事件，後來孫逸仙曾撰寫 "Kidnapped in London" 的小冊子，而宮崎滔天的日文節譯（宮崎滔天全集，第一卷，「幽囚錄」，一九七三年七月，平凡社），比中文譯本早十四年問世；筑摩書房於一九六一年，曾出版蘆田孝昭的全文日譯本。又板倉卓造曾以國際公法的觀點，論述這個事件（國際紛爭史考，一九三五年四月，中央公論社）。

註三：南方熊楠全集，別卷二，「倫敦日記」，頁七六—九三。
註四：南方熊楠全集，八卷，頁一九六。
註五：南方熊楠全集，別卷一，頁一一八。
註六：南方熊楠全集，別卷二，「倫敦日記」，頁八〇。
註七：宮崎滔天全集，第五卷，頁六三九。
註八：南方熊楠全集，別卷一，頁六八。
註九：鎌田榮吉，和歌山藩出身。以縣費生進慶應大學，曾任衆議院議員，訪問歐洲回國後出任慶應大學校長，在位二十五年。曾任關東大地震前，加藤友三郎內閣的文部大臣。笠井清：「南方熊楠——其親友們——」，一九八二年，吉川弘文堂，頁一八。
註一〇：南方熊楠全集，別卷一，頁六八。
註一一：但，孫逸仙之與尾崎行雄見面，是犬養毅的介紹。國父全集，第二集，頁八四，中央文物供應社。
註一二：這些，全部保存在南方熊楠紀念館。
註一三：岡本柳之助，於一八九四年年底，被派往上海，調查金玉均之死，這是介紹給孫逸仙以前的事，所以跟鎌田的介紹，毫無關係。宮崎滔天全集，第一卷，頁三一四；東亞先覺志士記傳，下卷，頁一八七，一九七四年，原書房。

註一四：南方熊楠全集，別卷一，頁六八。

註一五：佐藤寅次郎，原名叫做虎次郎，埼玉縣人，給和歌山的佐藤家作養子，畢業於美國的密西根大學。留美時，與南方有深交，回日本後不久，到澳洲星期四島去創設採集眞珠的公司，惟因受到澳洲政府的迫害而回國，爾後曾任衆議院議員，後來告別政壇，致力於韓國的植林事業，從事於韓日親善的工作。笠井清：「南方熊楠——其親友們」，頁五八。

註一六：南方熊楠全集，別卷二，「倫敦日記」，頁九二。

註一七：孫逸仙首次赴日於一八九五年十一月十二日（這天恰好是孫逸仙的生日），登陸神戶，十一月十七日，抵達橫濱。同行者有陳少白和鄭弼臣，孫逸仙於十一月底或者十二月初，單身前往夏威夷。吳相湘編撰：孫逸仙先生傳，上冊，頁一四五—一四六，一九八一年，遠東圖書公司。

註一八：南方熊楠全集，七卷，頁一一五。

註一九：笠井清，前引書，頁二五。

註二〇：南方熊楠全集，別卷二，「倫敦日記」，頁九三。

註二一：笠井清，前引書，頁二五；吳相湘：孫逸仙先生傳，上冊，頁二〇四。

註二二：宮崎滔天：三十三年之夢，一九七五年，平凡社，頁一一〇—一一一。

註二三：犬養毅之如何地幫助過孫逸仙，有關辛亥革命的大部份文獻，皆有詳細的說明，孫逸仙本身也承認這一點。國父全集，第二集，頁八四；宮崎滔天全集，第一卷。

註二四：笠井清，前引書，頁二八。

註二五：笠井清，前引書，頁二九。

註二六：福本日南，原名誠，福岡縣人，爲孫逸仙早期的革命，非常盡力。宮崎滔天全集，第一卷，頁一六〇—二七九；東亞先覺志士記傳，下卷，頁五四二—五四六。

註二七：關於溫炳臣，請參閱菅原幸助：日本的華僑，一九七九年九月，朝日新聞社，頁三八—四九；鄭彥棻：「革命老僑溫炳臣」，一九八四年十月三十一日，近代中國，頁二一一—二一五。

註二八：笠井清，前引書，頁三〇。

註二九：笠井清，前引書，頁三一。

註三〇：南方熊楠全集，別卷一，頁六六。

註三一：南方熊楠全集，八卷，頁一八〇。

註三二：南方熊楠全集，別卷一，頁六六。

註三三：南方熊楠全集，別卷一，頁六七。
註三四：孫逸仙的原函，沒有標點符號，這是筆者加的。
註三五：特甲第六一號，大阪府知事菊池侃給加藤高明外相的秘電（日本外務省檔案：「各國內政雜纂，支那之部」）。
註三六：南方熊楠全集，八卷，頁三七〇。
註三七：南方熊楠全集，八卷，頁五五四。
註三八：南方熊楠全集，別卷一，頁一一六—一一八。
註三九：中山太郎：學界偉人南方熊楠，一九四三年，富山書房，頁一〇一。
註四〇：國父全集之初次出現南方熊楠的名字，據我所知道，是從一九七三年版。這是由於木下彪先生的介紹。（臺北「東西文化」，第九期，一九六八年三月）。彭澤周氏有：「中山先生的日友——南方熊楠」（近代中日關係研究論集，一九七八年，藝文印書館）。我也寫過：「南方熊楠紀念館訪問記」和「南方熊楠日記中的　國父」，均收於拙譯著：論中國革命與先烈，一九七九年，由黎明文化事業公司出版。
註四一：平野威馬雄：博物學者南方熊楠的生涯，一九三四年七月三十日，牧書房；熊楠外傳，一九七二年七月十日，濤書房；大博物學者南方熊楠的生涯，一九八二年七月十日，利布羅波特。

註四二：平野威馬雄：博物學者南方熊楠的生涯，頁九七－九八；熊楠外傳，頁五五－五六；大博物學者南方熊楠的生涯，頁一二四－一二五。

註四三：中山太郎：學界偉人南方熊楠，頁四二－四三。

註四四：中山太郎：學界偉人南方熊楠，頁四二。

註四五：平野威馬雄：博物學者南方熊楠的生涯，頁一三〇－一三一；熊楠外傳，頁一〇三－一〇五；大博物學者南方熊楠的生涯，頁一二四－一二五。

註四六：笠井清，前引書，頁六。惟南方熊楠全集裏，給宮武的書簡中沒有相當於它的信。南方熊楠全集，八卷，頁四九〇－四九一。

註四七：佐藤春夫：近代神仙譚，一九五二年，乾元社，頁五一－五二。佐藤春夫爲詩人、作家。

註四八：除前引書外，笠井清還有其舊著：南方熊楠（一九六七年九月初版，吉川弘文堂），和「孫文與南方熊楠」（甲南大學紀要，文學編，六、七號）等內容非常豐富的著作。日本編者學校出版，南方文枝的：談我父親南方熊楠（一九八一年七月）一書，也很值得參考。

註四九：週刊文春，頁四九，一九八二年二月十一日號。戶板康二是劇作家。

註五〇：「加步尼卡——二一」（大日本百科事典，一九八一年四月二十日，小學館），頁三〇〇。執筆者是筑波常治。

註五一：我拜訪岡本文枝女士，第一次是跟內人莉莉，第二次是跟蕭昌樂、楊隆生兩位先生。

（原載「孫中山先生與近代中國學術討論會」第二册）

一九八四、三、於東京

宮崎滔天對於中國革命的貢獻

(一)

孫逸仙畢生從事革命，凡四十年，而自一八九五年秋天廣州起義失敗，於十一月十二日抵達神戶，初踏日本國土，至一九二四年由廣東出發，經由上海而至長崎，於十二月二日動身門司，永訣日本，前後三十年，到日本十五次，居留達大約九年半之久，由此可見孫逸仙亡命海外的時間，大多在日本（註一）。孫逸仙之「視日本無異為第二母邦」（註二），理由在此。孫逸仙在日本時間之所以那麼久，我認為：第一，中國與日本一衣帶水，消息易通，來往方便；第二，在日本能夠購得為革命所絕不可或缺的武器；第三，日本有許多留學生響應和支持革命（註三）；第四，不少的日本民間人士贊助孫逸仙；第五，因爲革命一再地失敗，不得不亡命國外，以圖謀東山再起。

由於孫逸仙與日本朝野人士交往的時間長，所以人數相當衆多（註四），它包括各界人士，而在這些人們當中，動機最純眞，貢獻最大者，當首推宮崎滔天。孫逸仙爲宮崎著「三十三年之夢」一書所撰寫序文的一段，充分說明了孫逸仙對宮崎的評價。孫逸仙說：「宮崎寅藏者，今之俠客也。識見高遠，抱負不凡，具懷仁慕義之心，發拯危扶傾之志，日憂黃種陵夷，憫支那削弱，數游漢土，以訪英賢，欲共建不世之奇勳，襄成東亞之大業，聞吾人有再造支那之謀，創興共和之舉，不遠千里，相來訂交，期許甚深，勗勵極摯」。（註五）

㈡

宮崎滔天，原名寅藏，戶籍上的名字是虎藏（寅藏和虎藏，在日語是同音），一八七一年一月二十三日，降生於九州熊本縣荒尾的望族。白浪庵滔天是一八九五年左右開始自稱的別號。在日本，皆以滔天稱之。滔天是十一個兒女中，年紀最小者。長兄眞鄉（別名八郎），於一八七七年西南之役時，率鄉黨援助薩摩軍，戰死於八代。其他弟兄姊妹大多夭折，除滔天外，得於長壽者只有二姊和兩兄而已。「三十三年之夢」中，所謂一兄和二兄便是。（註六）

滔天的一兄民藏，曾游學美國，深受美國經濟學家亨利佐治的影響，關心土地問題，倡平均地權，組織土地復權同志會，並著作「土地均亨人類之大權」一書。根據荒尾史研究專家麥田靜雄的說法，民藏之得知亨利佐治的存在，乃由於俄國文學家托爾斯泰的介紹（註七）。

二兄彌藏是滔天認識孫逸仙的關鍵人物。 國父在其自傳說：「少白獨留日本，以考察東邦國情，予乃介紹之於日友菅原傳，此友爲往日在檀所識者。後少白由彼介紹於曾根俊虎，由俊虎而識宮崎彌藏，卽宮崎寅藏之兄也。」（註八）爲著貫徹其聯合中國人以消除白人之壓迫，伸大義於世界的理想，彌藏化名管仲甫，在橫濱中國人商店當掌櫃，穿胡服、留辮子、學中國話，與親友骨肉，完全斷絕來往；惟因生活過於刻苦，終患肺疾而與世長辭，年僅二十九。

根據近藤秀樹編的宮崎滔天年譜，滔天雖然念過小學、中學、大江義塾和東京專門學校（今日之早稻田大學）等等，但却沒有畢過業的任何紀錄（註九）。不過他在大江義塾就讀時，由於經營者德富蘇峰當時的思想立場，而接觸到所謂自由、民權的新天地。不久，他入信基督教，並勸誘一兄、二兄和乃母也成為基督教徒。

滔天之選擇中國做爲他活動的舞臺，乃是受了二兄彌藏的影響。當時的日本情勢是，在政府機關裏不得志、或者不想在政府機關作事的有志青年，通常都參加自由民權運動；與此同時，一方面由於幕府以來排外思想的餘習，另方面因爲受到軍國帝國主義在西方擡頭的影響，以對付白人爲目的而所做聯合黃種人的種種活動，便很容易獲得年青人的熱烈擁護。彌藏的中國觀，實淵源於此，而滔天的思想和行動，更是合此兩種時代思潮於一身，並欲實行它的一種嘗試（註一〇）。

(三)

一八九五年，滔天承其友人檜前捨次郎之介紹，認識從事移民事業的岩本千綱。岩本因患重病，要滔天代其帶領日本移民團體到泰國。滔天以泰國謀生容易，中國人佔其人口之大半，可以在彼地習熟中國語言和風俗，做爲將來揷足中國大陸的基地而答應（註一一）。但在泰國的移民事業，因爲陰差陽錯，大家生病，一無所成，幾乎是從死裏逃生而狼狽地回到日本國土。

一八九六年秋季，因爲其同鄉可兒長一的慫恿，滔天往見了照顧可兒的犬養毅。認識犬養的結果，翌年他跟可兒長一和平山周，受日本外務省之托，到大陸去調查中國的秘密結社。出發前，他前往小林樟雄家去辭行，在那裏偶然遇到曾根俊虎，由曾根介紹而認識陳少白，這似乎是宮崎滔天與中國革命黨人交往的開端（註一二）。

滔天與陳少白一見如故。由於陳少白認識滔天的二兄彌藏，因此對滔天的來訪覺得更加親切。但陳少白還是不敢說出眞話，而祇透露孫逸仙是他們的領導人，並示之以 Sun Yat Sen, Kidnapped in London 一書。由此，滔天得知陳少白是興中會的會員，以及陳是一八九五年在華南起義失敗，與孫逸仙一起亡命日本的。陳少白同時爲滔天介紹了何樹齡。（註一三）

滔天在香港跟比他先到一步的平山周碰面，聯袂往訪已與平山認識的張玉濤於澳門。然後經由張玉濤的指點，到廣州去尋找何樹齡，何樹齡要他倆去看香港的區鳳墀。他們在教堂裏找到區鳳墀，彼此談得很投機，最後區說明其首領孫逸仙的近況，並說：「你們如果願意幫助我黨的事業，請趕快跟孫逸仙認識。我們得報他已於上月出發倫敦。不日將抵達貴國。其所以到貴國，意在尋求貴國俠士之幫助。」（註一四）

滔天聞之，極其興奮。爲著早日與孫逸仙會面，滔天和平山準備立刻回國。一八九七年八月底，滔天與平山乘相模丸返抵橫濱。當晚滔天獨自往訪陳少白宅。恰巧陳到臺灣，但下女又說從美國來了位客人，滔天斷定這是孫逸仙，不過這位客人散步去了。滔天請下女出去找，並以等著情人的心情等到十一點，等得脚痲腰痛還是沒回來（註一五）。

次晨，滔天又跑去陳少白宅。問下女，客人起來了沒有？她說：「還在睡覺，是不是把他叫起來？」滔天制止她，並在院子前面徘徊等着他。此時，突然響來有人開門的聲音。擡頭一看，看見一位穿睡衣，探著頭的紳士。他看到滔天，微微點一點頭，用英語說：「請上來。」這個人，無疑地是滔天在照片上看過的孫逸仙（註一六）。

滔天向其鞠個躬，進去屋子，被引至客廳。彼此坐下以後，滔天遞出名片，自我介紹。他說陳少白告訴過他有關滔天的事，並問廣東的形勢如何。滔天答以沒有時間詳察廣東情勢而趕回來的理由，並說非常高興見到孫逸仙。孫逸仙亦然。不過，滔天目睹孫逸仙沒漱口、洗臉、穿著睡衣就跟客人會面，覺得有些輕率；孫逸仙個子不大，動作漂忽，沒有分量，令滔天有點失望，因而滔天懷疑此人是否能夠領導四萬萬中國衆生（註一七）。

旋卽下女來說，燒好了漱口的熱水，孫逸仙於是暫時離開了座位。過一會兒，整容出來的孫逸仙，雖然帥多了，但滔天仍然覺得不夠癮。繼而滔天問了孫逸仙有關中國革命的抱負，亦卽其主旨、方法及其手段。孫逸仙答說：

「我相信人民自己來統治纔是政治的極則。故在政治精神上我採取共和主義。基於這一點，我有革命的責任。何況清虜執政柄三百年，以愚民爲治世之第一要義，官吏以絞其膏血爲能事，亦卽積弊推諉，致有今日之衰弱，因而陷於沃野好山坐任人取的悲境。凡有心者，怎麼能忍心袖手旁觀？我輩之所以不自量力，欲乘變亂舉義而蹉跌，理由在此。

人或許要說，共和政體不適於中國這種野蠻國，但這是不知情者之言。是以所謂共和，乃是我國治世之精髓，先哲之遺業。亦即我國民之所以思古，皆因慕三代之治。而所謂三代之治，纔是共和之精髓的顯現。勿謂我國民無理想之資，勿謂我國民無進取之氣。是卽所以慕古，正是具有大理想之證據，也是將要大事邁進的前兆。請到未浴清虜秕政的僻地荒村去看看，他們現在仍然是自治之民，其立尊長以聽訴，置鄉兵禦強盜，其他一切共同之利害，皆由人民自己商議和處理，凡此決非簡單的共和之民。所以，今日如有豪傑之士起來打倒清虜，代之以善政，就是約法三章，亦隨喜渴慕和歌頌。因此應以愛國心奮鬥，以進取之氣奮起。

蓋共和之治爲政治之極則，它不僅合乎中國國民之需要，而且有益於行革命。徵諸中國古來之歷史，國內一旦發生動亂，地方之豪傑便割據要地以互相爭覇，長者數十年不能統一。無辜之民，爲此不知蒙受多少災禍。今之世，亦不能保證沒有乘機營私之外強。避此禍之道，唯有在於進行迅雷不及掩耳之革命，同時令地方之享有盛名者各得其所。如令享有盛名者爲局部之雄，並由中央政府予以駕馭，則終不致有太大混亂而底定。我之所以說有益於推行共和政治之革命，就是這個意思。

嗚呼，今日以我邦土之大，民衆之多，竟爲俎上之肉。餓虎取而食之，將以振其蠻力，雄視世界；有道德者用它，則足以以人道號令宇內。我以世界之一個平民，及人道之擁護者，尚且不能旁觀，何況我身生於其邦土，直接受其痛癢，我才短智淺，雖不足以擔任大事，但現在亦非求重位於人而袖手旁觀之秋。因此，我要自告奮勇地爲革命之前驅，以應時勢之要求。天若助我黨，豪傑之士來援，我將讓出現時之地位，以服犬馬之勞；若無，則惟有自奮以任大事。我堅信，爲中國之蒼生，亞洲之黃種，更爲世界之人道，天必佑助我黨，君等之來與我黨締交就是這個證明。兆朕已發，我黨將發奮以不辜負諸君之厚望。請諸君亦能出力以助我黨。救中國四萬萬之蒼生，雪東亞黃種之恥辱，恢復並光大宇內人道之道路，唯有完成我國之革命。如能完成此事，其餘之問題，自可迎刃而解（註一八）。」

聽完了孫逸仙以上這番話以後，滔天「覺得非常羞恥和慚愧。我的思想雖然是二十世紀的，但我的心卻仍然脫離不了東洋的舊套。我有只以相貌來評斷別人的毛病。因此，常自誤又誤人。孫逸仙實在已經接近天眞之境。其思想之如何高尚，其見識之如何卓越，其抱負之何等遠大，其情念之何等切實。在我國人士之中，究竟有幾個如他？孫逸仙誠是東方之珍寶。此時，我遂決心與他作知心之朋友。」（註一九）

（四）

如此這般，與孫逸仙成爲「盟友」（註二〇）的滔天，對於日後的中國革命運動，有過如下的重要貢獻。

第一、替革命黨人潛入內地，調查清軍營中動態，及聯絡哥老會、三合會的仁人志士，並促其與興中會份子合作（註二一）。而跟史堅如就是這個時候締交的（註二二）。

第二、與鄭士良、陳少白、清藤幸七郎、內田良平、以及後來的福本誠和近藤五郎（即原禎），陪同孫逸仙到南方準備惠州之起義（註二三）。惟因所購得武器和彈藥幾乎皆為廢物，加以日本政府改組，對中國問題採取觀望政策，更嚴禁輸出武器和日本官民參與中國革命，故此次起義終於失敗（註二四）。而山田良政就是此時犧牲的（註二五）。

第三、介紹孫逸仙與黃興認識於東京鳳樂園，從而促成革命陣營的大同團結，成立中國革命同盟會，奠定了日後辛亥革命成功的基礎。爾後孫逸仙回憶說：「及乙巳之秋，集合全國之英俊而成立革命同盟會於東京之日，吾始信革命大業可及身而成矣。」（註二六）由此可見同盟會之如何重要。此時，滔天與平山周和萱野長知，特准加入同盟會。

第四、其所撰寫「三十三年之夢」，被譯成中文，風行中國大陸，使中國青年對革命的覺醒，貢獻很大，黃興就是因為讀到這本書，日後亡命日本時去找他，而跟他成為盟友的（註二七）。

第五、將孫逸仙的英文著作「倫敦被難記」，譯成日文發表，使孫逸仙在日本一舉而成名。並且，他的日譯，比中文譯本還早出版十四年（註二八）。

第六、爲革命黨代購彈藥武器。一九〇七年九月十三日，中國革命同盟會總理孫逸仙的委任狀說：「委任宮崎寅藏君在日本全權辦理籌資購械接濟革命軍所有與資主交涉條件悉便宜行事。」（註二九）

一言以蔽之，「滔天不僅是中國革命運動的援助者，而且是眞正的援助者。所謂眞正的援助者，乃是指他自始至終，毫無私心，做忠實不移的中國朋友的意思。因爲，在自稱革命運動的朋友中，曾經有過各種各樣的人。是卽他們之所以願意援助中國革命運動，其動機並不都是一樣的。這在開始時，還不顯著，但到第一次革命以後，這個問題就漸漸明顯了。其理由是這樣的：中國青年在亡命日本的期間，不管何許日本人，舉凡願意援助的，他們都一概予以接受，但一旦革命成功從而擔當要職時，他們就成爲中國的公僕。在私情，對一切援助過他們的日本人，他們都覺得有恩有義，可是做爲公僕，他們祇能聽對中國革命有眞正瞭解的日本朋友的忠言。於是，懷有不純動機的日本人，自然而然地會爲他們所疏遠。而對此不知反省的日本人，便會亂罵中國人忘恩負義。……總而言之，這些中國革命之友，到發生第三次革命前後，就截然分成以上的兩大範疇了。可是，宮崎滔天却始終是中國革命熱烈的和眞正的贊助者。」

這是曾任東京大學政治學教授，對辛亥革命史頗有研究的吉野作造，對於宮崎滔天之於中國革命的評估（註三〇）。

(五)

若是，宮崎滔天爲什麼那樣熱心的贊助中國革命呢？我認爲：

第一、他醉心於自由民權，希望透過中國之解放以實現日本之解放。換句話說，滔天以爲，中國之解放意味著亞洲之解放，卽日本之解放。

第二、滔天完全贊同孫逸仙的革命主義，由衷佩服孫逸仙的見解和爲人。滔天說：「孫逸仙先生是一代的大人物。很慚愧，在今日日本還沒有能夠跟他相比的人物。無論在學問、見識、抱負、膽量、忠誠和操守，他都比今日的任何日本人高超一等。惟有在數十年如一日地貫澈其清廉這一點，犬養毅始能跟他比肩。日後的歷史家，如果要用成語來評估孫先生的話，我堅信他們將說：其仁如天，其智如地。」（註三一）

以上兩種因素，促使滔天成為跟孫逸仙生死與共的盟友；而這也是滔天為什麼那樣熱心於中國革命的主要原因。至於滔天在精神上和經濟上之所以能夠長久贊助中國革命，犬養毅的幫助最大，這是特別要提到的一點。

附註

註一：黃季陸等著，「研究中山先生的史料與史學」，（中華民國史料研究中心，民國六十四年十一月十二日），「國父旅日年表」初稿，五一八—五四三頁。

註二：「在美致日本宗方君抗議日本對本黨態度盼啓導日本輿論及政府同情我國革命函」（民國前一年即一九一一年），「國父全集」（中央文物供應社，民國四十六年），第五集，一三二—一三三頁。

註　三：一九〇六年當時，對於留日中國學生的數目，雖然有人說是一萬二、三千人，但根據專門研究中國留日學生問題的實藤惠秀的估計，應爲八千人左右。實藤著，「增補中國人日本留學史」，（黑潮出版，一九七〇年）五五－六一頁。

註　四：張玉法列出一四六個人，「中國現代史論集」第三集「辛亥革命」，（聯經出版事業公司，一九八〇年七月），四三一－四三八頁；日人杉山龍丸查出二七〇個人的名字，彭澤周「近代中日關係研究論集」，（藝文印書館，民國六十七年），二八七－三〇六頁；萱野長知認爲，國父的朋友有將近三百人，萱野著「中華民國革命秘笈」，（皇國青年教育協會，一九四〇年），五一頁。將來作者擬出一本有關日本志士事略的專書。

註　五：宮崎滔天著，「三十三年之夢」，（平凡社，一九七五年），序文。

註　六：宮崎滔天著，「三十三年之夢」，（平凡社，一九七五年），二七一頁；陳鵬仁譯著，「宮崎滔天論孫中山與黃興」，（正中書局，民國六十六年），一五〇頁。

註　七：麥田靜雄著，「荒尾史話」（第三卷），（作者自印，非賣品、一九六九年），一九五頁。它說，民藏寫信請教托爾斯泰，托爾斯泰回信說：「你的想法與亨利佐治的想法很相近」，並贈亨利佐治的書給民藏。又，麥田此書，是我訪問滔天故居時，他送給我的。

註　八：「國父全集」，（中央文物供應社，民國四十六年），第二集，八二頁。

註　九：「宮崎滔天全集」，（平凡社，一九七七年二月），第五卷，六五五－六五七頁；陳鵬仁譯，「宮崎滔天書信與年譜」，（臺灣商務印書館，民國七十一年），五九－六三頁。

註一〇：吉野作造「『三十三年之夢』解說」，（收於「三十三年之夢」，平凡社），三五九－三六〇頁；「宮崎滔天論中山與黃興」，一五九－一六〇頁。

註一一：「三十三年之夢」，四八－四九頁。

註一二：「三十三年之夢」，一〇一－一〇三頁。

註一三：「三十三年之夢」，一〇三－一〇四頁。

註一四：「三十三年之夢」，一〇七頁。

註一五：「三十三年之夢」，一〇九－一一〇頁。

註一六：「三十三年之夢」，一一〇頁。

註一七：「三十三年之夢」，一一〇－一一一頁。宮崎滔天的「三十三年之夢」，有幾種中文譯本，我曾在拙作關於「『三十三年之夢』及其中文譯本」一文（刊於一九七一年六月號臺北「新知雜誌」），有所介紹。爾後又出現了三種譯本。一是宋越倫譯「三十三年落花夢」，民國六十六年九月，由臺灣中華書局印行；二是林啓彥改譯「三十三年之夢」，花城出版社，生活、讀書、新知三聯書店香港分店聯合出版，於一九八一年由廣東省新華書店發行，裏頭特載了拙譯「宮崎滔天著『三十三年之夢』解說」一文；三是帕米爾書店於民國七十三年出版的「三十三年之夢」，這是前書（林啓彥改譯）的翻版，不過它加上該書店從前所出版的「三十三年落花夢」。前幾年，筆者曾把「三十三年之夢」翻譯百分之九十五左右，希望這一、二年內能夠把它完成問世。英文版的「三十三年之夢」，以"My Thirty Three Years' Dream"的書名，於一九八二年，由普林斯頓大學出版，是由東京大學名譽教授衛藤瀋吉和普林斯頓大學教授詹森(Marius B. Jansen)合譯的。

註一八：「三十三年之夢」，一一一—一一四頁。

註一九：「三十三年之夢」，一一四頁。

註二〇：滔天於一九二二年十二月六日去世時，孫逸仙曾由上海拍弔電說：「『哀盟友滔天之死』孫逸仙」。「宮崎滔天書信與年譜」，二一九頁。

註二一：「三十三年之夢」，一五四—一五八頁；彭澤周著，「近代中日關係研究論集」，（藝文印書館，民國六十七年十月），二七四頁。

註二二：關於滔天與史堅如之交往經過，及其對史堅如的看法，請參閱拙譯「論中國革命與先烈」，（黎明文化事業公司，民國六十八年八月），一六五－一七一頁。

註二三：「三十三年之夢」，一六五頁；彭澤周前書，二七六頁。又，原禎，化名近藤五郎，但吳相湘却把它寫成近藤原禎，吳相湘著，「孫逸仙先生傳」，（遠東圖書公司，民國七十一年十一月）上冊，二七一－二七二頁。

註二四：彭澤周前書，二七六－二七七頁。

註二五：山田良政是爲中國革命而犧牲的第一位外國人。「國父全集」，第二集，八六頁；拙譯「論中國革命與先烈」，一九七－二一三頁。

註二六：「國父全集」，第二集，八八頁。

註二七：拙譯著「宮崎滔天論孫中山與黃興」，一五六頁。

註二八：宮崎滔天的翻譯，題目叫做「清國革命黨領袖孫逸仙幽囚錄」，自一八九八年五月十日到七月十六日，以「滔天坊」的筆名，連載於「九州日報」。而中文譯本最早的是於一九一二年，由商務印書館印行。「宮崎滔天全集」，第一卷，六一九頁；拙譯著「宮崎滔天論孫中山與黃興」，一八四頁。

註二九：吳著「孫逸仙先生傳」，上冊，六一五頁；「宮崎滔天論孫中山與黃興」，第二頁照片。

註三〇：「三十三年之夢」，二六六—二六七頁；「宮崎滔天論孫中山與黃興」，一六六—一六七頁：「三十三年之夢」，（帕米爾書店，民國七十三年），二四六—二四七頁。

註三一：日本「中央公論」，一九一一年十一月號；臺北「藝文誌」，一九七一年四月號。

（原載民國七十五年八月政大（政治文化」）

有關總統 蔣公的日文著作

(一) 石丸藤太與古莊國雄的著作

根據我所知道，關於總統　蔣公的日文專著並不太多，包括日譯，大約祇有十本左右。但有關　蔣公生平勳業的文章就很多了，當然這是由於　蔣公領導中國達半個世紀以上，以及日本與中國的特殊關係（包括八年的戰爭）所致。

而在這些專著當中，除日譯本外，我認爲最有分量和價值的，就是石丸藤太所著「蔣介石」一書。此書初版問世於一九三六年年底，距離七七事變的發生祇有半年時間。當時，日本朝野，已經是清一色的軍國主義風氣，支持政府，抨擊中國的一切是「天經地義」的事，可是，此書却一再稱讚「蔣介石不僅爲東方的偉人，而且是世界的偉人」

（該書最後的一句話）。他在此書的第一句話是：「蔣介石偉大！這是我幾年來所得出的結論。」

此書一共十九章，三百八十六頁。第一章叫做「蔣介石日」，是描寫國民愛戴　蔣公，慶祝他生日的盛況。從第二章到第十八章，是自　蔣公的幼年時代說起，一直寫到西安事變，最後一章是「蔣介石偉大」，作者把　蔣公的位置放在當日日本人所最尊敬的希特勒和墨索里尼之上。說老實話，此書在當時能出版實在很不容易，而有此認識並不顧自己同胞的反對而敢把它毫無保留地寫出來的作者石丸藤太堪稱偉大。

由於石丸的這本書很有價值，所以在大陸時代就有過三種中文譯本。第一種是由正中書局出版的，題目叫做「蔣介石評傳」，譯者、出版年份皆不詳；第二種是汗血社譯，於民國二十六年由該社出版的，書名為「蔣介石偉大」；第三種是陳瑰璋譯，前進出版社出版，出版年份不詳，書名叫做「偉大的領袖」。（根據財團法人國際文化振興會發行的「中譯日文書目錄」）

其次，我想介紹的一本書是古莊國雄著「蔣介石」。此書是「世界巨人叢書」的第一册，於一九二九年二月，由東京金星堂發行，全書一百四十六頁，分四大部份，第一部份叫做「蔣介石的爲人」；第二部份爲「蔣介石的事業」；第三部份是「蔣介石雄辯集」；第四部份爲「蔣介石的思想」。作者說　蔣公是位孝子，　國父最忠實的信徒，愛國愛民，寫得相當公正。除此而外，最重要的就是在「產經新聞」連載的「蔣介石秘錄」，因有中文譯本，故不擬另行介紹。

最後，我想附上我所知道有關　蔣公的日文著作目錄，以及去年　蔣公誕辰，日本衆議院議員田中伊三次先生所做演講，以供參考。

(二) 一份有關　蔣公的日文著作目錄

作者	書名	出版處所	出版年份
古莊國雄	蔣介石	金星堂	一九二九
石丸藤太	蔣介石	春秋社	一九三六

吉岡文六　蔣介石と現代支那　東白堂書房　一九三六
蔣介石著　村田孜郎譯編　百千萬民衆に訴ふ　河出書房　一九三七
齊藤剛　支那—機構と人物—　太陽閣　一九三七
吉岡文六　蔣政權はどうなるか　第二國民會出版部　一九三七
吉岡文六　現代支那人物論　時潮社　一九三八
別院一郎　蔣介石（長篇小說）　教材社　一九三八
津田元德　支那事變秘史　大連大阪屋號書店　一九四一
伊藤松雄　重慶最後の日　日本出版社　一九四二
中國政府新聞局編　中日文化協會譯　蔣介石　平凡社　一九四八
渡邊茂雄　蔣介石と毛澤東　講談社　一九四九
兒玉謙次　中國回想錄　日本週報社　一九五二

董顯光著　蔣介石　日本外政學會　一九五六
寺島正、奥野正己合譯
蔣介石著　中國のなかのソ連　毎日新聞社　一九五七
毎日新聞社外信部譯
犬養健　揚子江は今も流れている　文藝春秋新社　一九六〇
蔣宋美齡　わが愛する中華民國　時事通信社　一九七〇
長沼弘毅譯
秦孝儀編　蔣介石名言集（一、二）　ケイザイ春秋社　一九七三
西内雅　蔣介石の歿後—
ポストベトナム　おりじん書房　一九七五
松本曉美　蔣介石の中國史　參玄社　一九七五
中山茂　蔣介石　論稿社　一九七六
サンケイ新聞社　蔣介石秘錄（十五卷）　サンケイ新聞社　一九七五—七七

大久保傳藏　歷史の證言　サンケイ新聞社　一九七六
太田宇之助　中國と共に五十年　世界情勢研究會　一九七七

(三) 田中伊三次論總統　蔣公給日本的國恩

民國六十七年（一九七八）十月三十一日下午六時，東京華僑總會在新宿東京大飯店舉行了總統　蔣公的九秩晉二誕辰紀念大會，出席者有僑胞、日本人士大約千人。在這個大會席上，曾任日本衆議院副議長、法務大臣和自治大臣，而現任衆議院議員的田中伊三次先生，曾經致詞談論　蔣公在戰後給日本的四大國恩。由於田中先生的話發自肺腑，更由於鄧小平剛剛訪問過日本，因此他的致詞不斷地贏得所有聽衆一致的掌聲，有些日本友人，更大聲叫好。大會結束之後，好多朋友都認爲，這是他們過去所聽日本友好人士所作演說當中最感人、最有意義的一次演說，因我自己也有同感，故特將其演說內容報導於後，永爲紀念。

蔣公給日本的第一個國恩是，維護了日本的天皇制度。二次大戰後，日本國破家亡，當時日本國民所最關心的是天皇制度的存亡問題。此時　蔣總統向麥帥建議說，無論從日本憲法和法律來講，日皇對此次戰爭不應該有責任，有責任的是陸軍參謀本部和海軍軍令部的負責人，麥帥接受了　蔣總統此項建議，日本纔得以維持天皇制度，保持日本的國體。

蔣公給日本的第二個國恩是，採取了以德報怨的政策，放棄了賠償的要求。中華民國是日本軍閥最大的受害者，可是　蔣總統却基於中日兩國的永久和平而斷然採取了這項措施。

蔣公給日本的第三個國恩是，當聯軍將要佔領日本的時候，蘇聯想佔領北海道，但　蔣總統認爲，共產主義國蘇聯如果佔領了北海道，北海道將永遠與日本分離，因此　蔣總統便向麥帥建議，中國將放棄佔領九州，希望蘇聯也不必派出佔領日本的軍隊，而完全由美軍來佔領日本國土，麥帥接受了　蔣總統的此項建議，否則，日本這個國家早已不存在了。

蔣公給日本的第四個國恩是，中華民國雖然受日本軍閥的禍害最大，可是　蔣總統却把在中國大陸的兩百萬日本軍民很快地和很安全地送回到他們的祖國，令他們過和平的日子。反此，未耗一兵一卒而戰勝日本的蘇聯，却把在東北的俘虜統統押至蘇聯，迫其作苦工，因而死了幾十萬人。　蔣總統的寬大與蘇聯的殘酷，何止千里？

由於　蔣總統給我們日本人這四個大恩，日本這個國家纔有今日的繁榮和安定，纔能成爲今日世界的經濟大國。在佐藤內閣時代，我擔任法務大臣時，佐藤首相要我到中華民國去晉見　蔣總統，面謝　蔣總統給我們日本人的國恩。

當我面謝　蔣總統他老人家給我們日本的四大國恩時，　蔣總統却泰然答說：「我祇做了人所應該做的事情而已。」他這句話使我覺得，擁有這樣偉大胸襟的蔣總統不是人，而是神，是活的神。臨別時，　蔣總統送一張親自簽名的玉照給我做紀念。三年半前，　蔣總統逝世之際，又把這張玉照找出來，並把它懸掛在議員會館我的辦公室，以迄於今。

我是京都所選出，擔任國會議員三十五年的人。祇要我在世一天，我將永遠感謝　蔣總統的恩惠。　蔣總統仙逝時，念念不忘中華民國的前途和中華民國國民的幸福。日本國很對不起中華民國，但無論如何，我將以感恩報答　蔣總統的誠意，爲　蔣總統的中華民國和國民永效犬馬之勞。我謹站在　蔣總統遺像面前，代表日本全國國民，做以上的誓言，以爲我今日的致詞。

田中議員講完了話之後，聽衆的掌聲一直響個不停。我臨時擔任田中議員的翻譯，心裏非常興奮，翻譯下來之後，頓覺卸下重擔，完成了一項任務。（六七、十一、二、東京）

（原載「先總統　蔣公有關論述與史料」一書）

從日本外交官之記述

論日本對華政策之失策

(一)

關於這個題目，我選擇了重光葵的「昭和之動亂」，及石射豬太郎的「外交官之一生」。因爲我覺得，他們兩個人很有代表性。

重光曾任上海總領事(一九二九年)、駐華公使(一九三一年)、駐華大使(汪精衛時代)、駐蘇、英大使、外務次官(一九三三年)和外務大臣(一九四三年)，日本戰敗後，代表日本天皇和日本政府，在密蘇里軍艦上，向盟軍簽署降書。石射，九一八事變當時，是駐吉林總領事，爾後出任上海總領事，中日戰爭時，任外務省東亞局長。

又這裏的所謂日本對華政策，是指九一八事變以後的對華政策而言。

㈡

重光的「昭和之動亂」，從遠東國際軍事法庭審判結束後的一九四八年年底，到一九五〇年十一月，撰寫於巢鴨監獄中（重光被判七年有期徒刑），並於一九五二年四月由中央公論社發行，上、下兩册，一共六五〇頁，附有九國公約、上海停戰協定、塘沽協定、開羅宣言、雅爾達協定、波茨坦宣言、降書等資料和人名索引。

重光認爲，日本對華政策的錯誤是，因爲日本的政治家沒有眼光，不能洞察在第一次世界大戰時中國民族的覺醒和世界的大勢，更不能清算以往祇顧眼前利益的對華政策，進而往中日親善和合作的方向決定其國策所導致。詳而言之，日本應該自動把山東還給中國，俾使中國在滿洲問題上與日本有所妥協。二十一條交涉顯示日本不能以實力對付中國，但日本却在寺內正毅軍閥內閣之下，對中國繼續實行武力政策，以西原借款方式，援助段祺瑞軍閥數億元，引起中國的革命勢力和一般民衆的反感，中日關係由之一

直不能根本改善。（上冊，二七頁）

與此同時，重光以爲，九一八事變是日本軍閥假借統帥權之獨立，無視日皇之意思，以下克上的手法所造成。而爲其開端的，就是炸死張作霖事件。是卽日本政府之對此事件未能採取斷然的措施，使日本軍人肆無忌憚，爲所欲爲，乃是昭和之動亂的根源。（上冊，三七頁）（關於張作霖被炸死之眞相，請參看聚珍書屋出版社於民國七十一年十一月所出版，拙譯「我殺死了張作霖」一書；此書增訂本，最近將由水牛出版社，以「張作霖與日本」的書名問世）。

日本軍人，特別是少壯軍官，眼看炸死張作霖的兇手沒有受到什麼處罰，遂以爲國際陰謀如果成功，彼等將成爲國家的功臣，如果失敗，其後果將由國家負責，他們不會受到任何制裁（上冊，四一頁），於是膽子愈來愈大，關東軍甚至於以如果日本政府不但不支持他們，反要阻礙他們行動的話，他們將由日本獨立，自己來統治滿洲相威脅，因此，若槻內閣遂不得不由其預算支出關東軍越規行動的費用。（上冊，五六頁）

那時候的日本軍部，自認爲是特權階級，意圖繼承藩閥勢力，無視政黨和國民之付託，專搞自己勢力和利益，缺欠做爲國民一份子的意識，和自己應盡的責任感。（上冊，一四頁）他們更以政府和議會所不能過問的統帥權爲護身符，企圖越俎代庖日皇的權限（上冊，三九頁）。

九一八事變前夕，身爲駐華公使的重光，曾經與我財政部長宋子文，約定於九月二十日由上海乘船到東北，去尋求緩和與解決中日兩國在該地的爭端。惟因突然爆發事變因而作罷。（上冊，五三頁）當時，就該事件，重光曾經發出如下內容的電報：

一、此次軍部之行動，似基於所謂統帥權獨立之觀念，無視政府而爲，由此以往對外之努力，因而被破壞，爲國家前途，不勝悲痛。切望及早禁止軍部之獨斷，政府能代表國家之意志，阻止軍部無責任而無益之宣傳，以鮮明之旗幟，確立政府之領導。

二、中華民國方面，知情勢之嚴重，與往日同樣，在軍事上採取不抵抗主義，黨政一致，其反日感情，遠甚於二十一條，且有日益嚴重之趨勢。因此在滿洲以外地區，隨時有發生不祥事件之可能。故請政府要日本海軍特別愼重。萬一日軍插足北滿，可能卽時與蘇俄衝突，局勢將更加嚴重。

三、中華民國政府，正在加緊結束內爭，以統一之力量，及以夷制夷之傳統政策，根據國聯及非戰公約求助於美國，加上國內外之宣傳，強迫日軍撤退。無論如何，今後關於滿洲問題，中華民國不可能出現能與日本做適當決定，或者爲達到此目的而進行交涉之人物。因而此次事件，將使中日兩國長久立於事實上斷絕邦交之狀態。更因中華民國之策動，日本勢必受到世界輿論之譴責與制裁。（上冊，五三—五四頁）

可是，日本政府却並沒有採納重光的意見，而被關東軍所造成的既成事實牽着鼻子走，由泡製僞滿洲國，全面侵略中國，以至於亡國而後已。（關於九一八事變的種種，見拙譯「日人筆下的九一八事變」一書，將由水牛出版社出版）。

日本少壯軍官的無法無天，一九三二年五月十五日殺死了首相犬養毅，日本的政黨政治，由此消聲匿跡；而僞滿洲國的獨立，事實上是關東軍的獨立（上冊，一二一頁）。關東軍爲確保滿洲國的安定與安全，遂進行其所謂政治工作。它包括內蒙工作和華北工作。其目的是要在這個地區消滅對滿洲國具有敵意的政權，並建立對她懷抱善意的政權。（上冊，一一六頁）。

關東軍的華北工作，無視日本政府的外交方針，由其秘密地進行，政府毫無從知悉其實況（上冊，九三頁）。但日軍中央却不喜歡關東軍進入華北，希望由天津軍來主其事。基於此，天津軍遂向其中央提出所謂第一次「北支處理要綱」。所謂「北支處理要綱」（包括第一次、第二次），在實際上是意圖華北五省的滿洲化，是華北五省事實上由中央分離，是冀察政權及冀東自治政府的指導方針，即指示華北五省分治政治之完成及經濟之開發。（上冊，一二一—一二二頁）因此重光認爲，華北工作和內蒙工作是中日兩國全面衝突的導火線，使九一八事變滿洲問題不可能解決。（上冊，一二二—一二三頁）

對於中日戰爭，重光認爲，日本應該盡量隱忍自重，不能染指滿洲以外中國領土。可是，因爲日本政府的無能和軍部的不知愼重，進行所謂華北工作，九一八事變遂變成中日事變，更擴大爲中日兩國的全面戰爭。其原因在於日本政治機構之遭受破壞，亦卽日本國民政治力量之不足。而盧溝橋之衝突，也就是第二個九一八事變的發生，導致了昭和日本的破產。（上冊，一七一頁、一七三頁）

其次，我們來看看石射猪太郎對於九一八事變和中日戰爭的看法。石射的「外交官的一生」，副題「我對中國外交的回想」，於一九五〇年由讀賣新聞社發行；目前能買到的有「中公文庫」的袖珍本，於一九八六年由中央公論社出版。前者四五四頁，附有人名索引，後者五二〇頁，沒有索引。

如所周知，萬寶山事件和中村（震太郎）事件是九一八事變的前奏曲，而使其成爲前奏曲的便是關東軍。（「外交官的一生」，一六二頁）石射更認爲，萬寶山事件之非，乃在於僑居東北的朝鮮人。（前書，一六〇頁）石射說，吉林省之所以宣佈「獨立」，完全是熙洽受到關東軍用手槍威脅他說「你要宣言獨立？還是要死？」所致，因此石射把它叫做「槍口的獨立宣言」。（前書，一六六－一六七頁）。

對執行這項任務的第二師團多門（二郎）師團長，石射勸他說，這樣做是干涉中國內政，將造成嚴重後果，要他重新考慮，但他却說這是關東軍司令部的命令，有意見請向軍司令部去說。（前書，一六八頁）石射繼着說，關東軍虛構滿洲國的獨立，係基於「三千萬民衆的民意」；但除清朝的幾個遺臣外，東三省的中國老百姓，沒有一個人希望「獨立」，其所謂輿論，根本是揑造的。（前書，一七二頁）

石射徹底地不跟關東軍合作，不願意做日本軍閥的幫兇，他的信念是日本和中國應該一掃過去的怨懟，團結合作纔對。他以爲，九一八事變是關東軍的兵變，這跟他的信念，完全水火不相容。所以，關東軍的參謀會議，終於決議「我們認爲石射吉林總領事沒有與軍方合作的意思，故要求卽時調回本國」，並電達外務省。（前書，一七二－一七三頁；「現代史資料，七，滿洲事變」，一九六四年，密斯滋書房，二九〇頁）

石射覺得與關東軍格格不入，幹下去沒意思，很想立刻離開，但後來又想，不要留下因爲軍的反對而下臺的壞例子，於是忍耐五個月左右以後，才向外務省請調，同時在電文明說：「職與關東軍不能兩立」。（前書，一七三頁）離開東北，在大連搭上輪船，回顧大陸時，石射這樣想着：「如果從太陽來看，地球的黑點將是滿洲國」。（前書，一八二頁）

盧溝橋事變爆發前三個多月，石射接任外務省東亞局長，主管中國外交事務。中日衝突大約半年後，日本首相近衛文麿發表今後「不以國民政府爲對手」的聲明，暗示將支持汪精衛組織傀儡政權。

對於近衞的這個聲明，石射寫了「對於今後事變對策的考察」一篇長文，表示他個人的意見。這是一份極機密的文件，當時祇分發十幾份，戰後纔公開，現在刊登於東京原書房所出版，「外務省的一百年」，下册（一九七二年）。

石射的意見是，恰恰與近衞相反，認爲唯有以國民政府和蔣介石爲對手才能收拾這個戰爭。石射以爲，「不以國民政府爲對手」，就是「不以蔣介石爲對手」的意思，因爲國民政府爲蔣氏所領導。（「外務省的一百年」，下册，三一五頁）

石射分析了發表「不以國民政府爲對手」之聲明前後的國內外情勢以後認爲，日本政府當局和國民，把中國的抗日意識和力量估計得太低了；而其所以致此，是因爲沒有深入研究這幾年來中國的國內情勢，中國人的民族自覺，國力的增進，以及詳細研究一九三五年秋天，蔣氏在中國國民黨五全大會的外交演說，和前一年七月十九日，蔣氏在廬山發表的聲明等等。（前書，三二二頁）

石射引述蔣先生在五全大會和廬山談話會所說的話：「和平未到絕望時期，決不放棄和平，犧牲未到最後關頭，亦決不輕言犧牲」；「萬一到了無可避免的最後關頭，我們當然只有犧牲，只有抗戰，但我們的態度祇是應戰而不是求戰。應戰，是應付最後關頭不得已的辦法。我們全國國民必能信任政府已在整個的準備中」；「至於戰爭既開之後，則因爲是弱國，再沒有妥協的機會。如果放棄尺寸土地與主權，便是中華民國的千古罪人！那時便祇有拚民族的生命，求我們最後的勝利。」（前書，三二二—三二三頁）

石射猪太郎不折不扣地相信蔣先生這番話，因此，他認爲以這樣決心和覺悟而開始的中國的抗戰意識，不僅沒有因爲在華北戰敗，上海、南京、徐州的淪陷而氣餒，甚至於失去漢口，她仍將堅強地支持下去，就是敗退到貴陽或昆明，她仍將長期地抗戰到底。（前書，三二三頁）

石射肯定抗戰前中國在各方面的建設成就，因而認爲，國民政府的權威和實力，着實在中國的大地上生根，並掌握着民心。如果將國民政府比喻成一把扇子，領導國民政府的蔣氏實爲扇軸。對於擁有民族意識之中國多數知識份子來講，蔣氏是爲其意識形態的國家生存，民族復興的好漢，而爲他們所尊敬。在國民黨和國民政府裏，蔣氏的存在比任何人都光輝燦爛（國民黨臨全大會擁護蔣氏爲總裁，這是僅次於總理孫中山先生的地位），他更是中國民衆的民族英雄。要打倒這個吸引力增強的國民政府，和中國國民所尊敬的蔣氏，與對付張學良的滿洲和其他地方軍閥不同，不但是日本國力是否能夠負荷實有疑問的大事，而且從中日合作，安定東亞的理想來說，實在是無的放矢。（前書，三二八頁）

石射不贊成一些日本人把蔣先生當做無可救藥的排日化身，以爲蔣先生以排日爲手段來做統一中國之工具的見解，並引述蔣先生對日本大使館武官磯谷廉介所說的話，以證明蔣先生對改善中日的外交關係確具誠意。根據石射的記述，蔣先生對磯谷曾經這樣說過：「聽起來好像在講大話，我在位行政院長，對於改善中日關係，可以說是千載一遇的良好機會，如果錯失這個機會，再過五十年，一百年，也不會有這種機會。」（前書，三二九頁）

基於這種認識和觀點，石射猪太郎認爲，近衛政府應該拿出勇氣放棄「不以國民政府爲對手」的立場，進而以國民政府亦卽以蔣先生爲對手，進行和談，以早日收拾這場莫須有的侵略戰爭。此時，日本政府必須留意以下幾點：（前書，三三三—三三四頁）㈠

要以寬厚的度量，給中國以面子；㈡不要限制中國的主權；㈢絕不能要求蔣介石下野；㈣不要干涉中國內政；㈤不要要求解散國民黨；㈥着重經濟上的合作。

在這種前提之下石射提出和平的基本條件，大約如左：

㈠在政治方面：

⑴正式承認滿洲國（中國當然不會接受——作者註）；

⑵確立及實行防共政策；

⑶中國要嚴格取締全國的反滿抗日，貫徹與日本敦睦邦交；

⑷臨時、維新兩政府合併之後，在中央政府之下，繼續令它作爲地方的特殊政權存在，但若干年後，是否改組，由中央政府決定；

⑸在中國的主權之下，蒙古維持自治狀態。（前書，三三四—三三五頁）

㈡在軍事方面：

⑴以長城南方一帶，及上海四周一定地區爲非武裝地帶，但要附以期限，其範圍以絕對必要爲限度；

⑵承認日本在華北、內蒙古、華中一定地區駐軍，但這是爲着善後及保證，暫以一年爲期限，駐軍地點及兵力，亦以最低限度爲宜。（前書，三三五—三三六頁）

㈢在經濟方面：

⑴在華北、華中，從事開發資源的中日經濟合作；

⑵在中、日、滿三國間，簽訂有關交通、航空、貿易的適當協定。（前書，三三六頁）

㈣賠償：要求對於中方答應保障之日方財產與權益的直接損害，以及中方非法使用或處分日方財產或權益所產生的直接損害。鑒於「不以中國民爲敵」的方針，不要要求將成爲今後數十年中國國民之重大負擔的戰費賠償。（前書，三三六頁）

從以上所述，我覺得，當時身爲日本外務省東亞局長的石射猪太郎，能提出這種意見，（其中有些意見我們雖然不能贊成），也還算是相當難得。

石射在其「外交官的一生」一書裏又說：「我於一九三八年一月六日的日記這樣寫着：『上海來信，它詳報日軍在南京的暴行，掠奪、強姦，慘不忍睹。嗚呼！這就是皇軍？這是日本國民民心的頹廢，是很大的社會問題。』」「而這就是『聖戰』和『皇軍』的眞面目！從那個時候起，他便把它叫做南京大屠殺。日本報紙對自己同胞的畜生行爲雖然保持了沉默，但壞事立時傳遍千里，轟動海外，日軍卽刻受到應有盡有的指控，日本國民不但不知道這個民族史上千古的汚點，而且還在歌頌赫赫的戰果呢！」（前書，二六八頁）

㈢

現在，除上述重光的「昭和之動亂」和石射的「外交官之一生」之外，我想再介紹幾本有關的日本外交官回憶錄。第一本是，九一八事變當時奉天總領事館首席領事，親自處理九一八事變之森島守人所寫的「陰謀、暗殺、軍刀」，是書於一九五〇年由岩波書店出版。作者曾譯此書連載於「中外雜誌」，並加上石射的一篇文章，於去年由黎明文化事業公司以「日本侵華內幕」之書名問世。此書專談九一八事變之內幕，及僞滿洲國之眞相。

第二本是，九一八事變當時奉天總領事林久治郎的遺稿，這些遺稿撰寫於他擔任駐巴西大使期間（一九三二年至一九三五年），後來由現任日本國學院大學教授的馬場明整理，加上馬場寫的「解說」，以「滿洲事變與奉天總領事」（副題林久治郎遺稿）的書名，於一九七八年，由原書房所出版。此書一共二〇四頁，自濟南事件談到僞滿洲國的降世。

第三本是，曾任天津代理總領事及駐華公使之田尻愛義的回憶錄，書名叫做「田尻愛義回想錄」，於一九七八年同樣由原書房印行，一共有二五六頁。它從北伐談到日本的戰敗。作者曾把林久治郎和田尻愛義所寫有關九一八事變的部份，譯成中文，加上前述石射、森島及其他人的文章，將由水牛出版社出版「日人筆下的九一八事變」一書。

又，石射猪太郎的「外交官之一生」，作者已經把其有關中國外交的部份譯成中文，近期內並將由水牛出版社出版「石射猪太郎回憶錄」的單行本。

總之，日本對華政策之所以失敗，完全源自日本之缺欠具有遠大眼光的政治家，以及日本軍閥之橫逆和覇道所導致，這決不是偶然的。

（原載民國七十六年六月三十日「近代中國」）

吳克仁軍長殉國史實

——「八一三」之役守衛松江壯烈成仁

民國二十六年八月十三日，日軍繼「七七事變」之後，發動入侵淞滬，我英勇將士在蔣委員長英明領導下，奮起抗戰，以劣勢裝備，全憑血肉之軀，抵抗强敵之進攻，激戰達三個月之久，此即所謂「八一三」之役，亦爲我八年抗戰中戰鬥最激烈與傷亡最重大之一役。自敵在滬市閘北蘊藻濱一帶登陸後，主戰場即在該處，敵以戰事膠着，不能取勝，乃由海道繞至滬南金山縣屬之金山衞乘虛登陸，直驅松江縣城，襲我後方，並企圖截斷我大軍退路。我方爲掩護前線將士轉進計，必須死守松江一段時間，遲滯敵之抄襲。乃命第六十七軍吳軍長克仁率部死守松江縣城三日，吳軍長於圓滿達成此項艱鉅任務之後，却不幸殉難，其見危而勇於受命，臨難而不求苟免，鑄成永恆不朽的軍人典型，洵足永為世人所崇敬。吳軍長以高級將領為對日抗戰而率先殉國於淞滬戰役，其壯烈犧牲之光榮史實，與在晉北殉難之第九軍軍長郝夢齡將軍及在襄樊南陽殉難之第三十三集團軍總司令張自忠將軍可謂後先媲美，而流芳百世，永垂青史。

吳軍長克仁字靜山，吉林省籍，民前十八年生。保定軍官學校第五期砲科畢業，初任東北砲兵連營長。十四年，東北精選各兵種青年將校吳軍長克仁等二十八人，赴日本深造，其後，多成東北國軍中堅幹部。吳軍長由日返國，曾任東北講武堂砲兵研究班教育長兼砲兵教導隊上校隊長。九一八事變後，入關任砲兵第十八團團長。後調升一一七師副師長、師長、六十七軍副軍長。二十六年春，升任六十七軍中將軍長，秋天即參加滬戰，殉國時年四十四歲。

茲就吳軍長殉國史實析述如下：

滬戰形勢及我軍部署

民國二十六年「七七」事變發生，揭開我國全面抗戰之序幕，旋即爆發「八一三」淞滬戰役，我為阻止敵之前進，乃調集精銳各軍，與敵激戰三個月，贏得國際間多方讚譽，創下我中華民族抵禦外侮英勇戰績的空前紀錄。

國軍參加滬戰的戰鬥序列，略如下表：

第三戰區司令長官　軍事委員會蔣委員長（兼）

副司令長官　顧祝同

右翼軍總司令　張發奎

第八集團軍總司令　張發奎（兼）

第十集團軍總司令　劉建緒

中央軍總司令　朱紹良

第九集團軍總司令　朱紹良（兼）
第二十一集團軍總司令　廖　磊
左翼軍總司令　陳　誠（兼前敵總指揮）
第十九集團軍總司令　薛　岳
第十五集團軍總司令　羅卓英
另直轄部隊九師

其時最高統帥蔣委員長暨參謀總長何應欽、副參謀總長白崇禧亦常臨前線；吳克仁軍長率領之第六十七軍，即配屬於上列之右翼作戰軍。

臨危受命死守松江

日軍以陸海空強大兵力，一再增援，猛攻淞滬，在我軍奮勇抵抗下，終無法越雷池一步。乃突在上海之南的金山衞乘虛登陸，直驅松江縣城，企圖切斷我大軍退路。中央政府決定西遷，爲掩護大軍轉進，因而命謝晉元團死守「四行倉庫」，牽制日軍追擊。此即舉世聞名的「八百壯士」英勇事蹟。在金山衞方面，則命第六十七軍吳克仁軍長率部馳援死守松江縣城，實同爲配合戰略，臨危受命，負起掩護大軍撤退之非常任務。

依據曾與吳克仁軍長併肩保衞松江，其時充任該地區行政督察專員兼保安司令王公嶼先生記述當時之情況如下：「民國二十六年十一月四日。在那天拂曉，接到金山縣長程厚之的電話報告，說是拂曉前有四艘船，裝載約百餘名的日軍登岸，已於海岸上各佔據了散兵坑固守，似有建立灘頭陣地的企圖云云。我當即轉報陳公辭修，並謂駐守金山衞的地方部隊，僅有一個中隊，且無曲射火器，請示如何處理。當得指示，謂應嚴密監視，並應部署死守松江縣城待援。至次日（即十一月五日）晨，復據報稱：敵於夜間有三十餘艘艦隻，運到大批敵軍續行登陸，並大肆轟炸，有進薄松江縣城模樣。按金山衞距松江縣城，僅約六十華里，本應朝發夕至。但以無公路交通，且溝渠縱橫紛歧，致大兵團前進遲滯。六日晨，敵軍到達黃埔江南岸，該處名米市渡，距松江縣城僅十華里許，正搭建浮橋，擬再北進。是時松江縣城，更形岌岌可危。這時黃代總司令琪翔面交一個手令，內容是『著該保安司令協同四十軍郭軍長汝棟，六十七軍吳軍長克仁死守松江縣城三日，違即軍法嚴懲』云云。黃氏於下此令後即行離去，那時既不知郭、吳兩軍在何處，而敵軍已由黃埔江上搭橋北進，同時敵軍復瘋狂轟炸。我本人雖誓死堅守，但力量單薄，總是焦慮到無法達成支持『三日』的任務。」

王公嶼先生繼敍述吳軍長率部馳援的經過：「在六日的晚間，忽北門的守城的士兵，飛報吳克仁軍長的援軍眞的到了，並盛稱援軍的裝備和軍容。這眞令我和郭軍長汝棟感到意外的振奮！在我們接到吳軍長進入了指揮所，他於了解敵我現況之後，便立即召見他所部一〇七師師長金奎璧和一〇八師師長張文淸，並嚴令張師防堵城西敵寇流竄（松江西門外，爲該縣商業繁盛區域，時已有一部敵軍竄據）。另令金師即出新東門向南迎擊北犯之敵。並嚴責必須繳交戰場上擒獲敵之符號，藉驗戰果。這種明快的決定，並主動的以攻爲守，更令我和郭軍長覺到輕鬆，認爲『死守三日』的任務，會圓滿達成的。」

親臨第一線衝鋒却敵

吳軍長到達松江縣城，除令所部奮勇出擊外，並親臨第一線率部衝鋒擊退敵軍，據王公嶼先生記述當時目覩吳軍長衝往第一線作戰情形：「經這次吳軍將敵痛予打擊之後，敵焰頓衰，因而七日的上午情勢較為緩和。但到了午後，敵似已有增援部隊到達，復行猛烈反撲。和吳軍於南門外往返衝殺，旋進旋退，而敵機轟炸又漸頻繁，入夜仍不稍停。到了八日的午後，於我們任務即將達成之際（我們『死守三日』，應至八日午夜屆滿），敵之攻勢，益見凌厲。我和吳、郭兩軍長都走出指揮所，各就位置，作最後搏鬥，到了下午，吳軍長手裏擎着一枝短槍，從小南門進來，滿身汚泥，滿頭大汗，一見由城牆下來的我，一把抱住，嘴裏不禁極情感的喊道：『老弟，你可以作證，你見過一位將官在第一線打衝鋒的麼？不這樣怎麼辦！好在我活着回來！敵人也被我趕退了一大段路！』我和吳軍長本非舊識，因為兩三天的共生死，情感交流，極易親密。他這開頭一聲極熱情的『老弟』，令我雙淚直流。這一幕情景無論何時，我是不能忘懷的。心裏常嘀咕着：『我總有機會代你作證的，你爲報國殺敵，曾以將官身份，竟打了一次第一線的衝鋒！』」

完成任務後不幸遇難

吳軍長率部死守松江三日，至十一月八日夜圓滿達成任務，並堅持到夜午十二時後，才發布突圍命令。據王公嶼先生記述當時的情況：「吳軍長於突圍命令下達之後，即請郭軍長先行撤退。那時松江縣城東南西三面，均爲敵所控制，僅有北門尚可通行。我因和吳軍長約，應共生死，決不分離。當以我的左臂緊挽着他的右臂，離開了那座地下的指揮所，向北門那個方向步行前進。……蘇州河的南北，都有敵蹤，只有沿着蘇州河的南岸袋形陣地內西行，打算脫離敵人的包圍圈。一路上被敵機轟炸，行進較爲遲滯，下午方抵達靑浦和崑山交界處之白鶴港。因該處有渡蘇州河的公路橋，要想西去崑山，必須由此處過橋。這段的蘇州河，寬度不到一百公尺，那時跨河大橋，似係木造。但在我們抵達該橋之前，這座橋恰被敵機炸斷，不能通行；而敵機復在橋上盤旋，時向該橋南端等待過橋的官兵轟炸和掃射。我們爲減少殺傷計，只好伏於地面，不能行動。直到傍晚，敵機於一陣大轟炸之後離開，我們才都站起來，準備渡河。我是找到兩塊門板，重疊起來做渡河工具的。在我剛上門板，離岸三兩丈處，便看到吳軍長站在那兒，像忙着指揮如何渡河模樣。我和他竟在這裏又行會合，不禁狂喜，當即向他舞動雙臂，並準備將木板划回。誰知竟在這時，南來的敵之便衣隊趕到，一陣槍聲，把待渡的官兵打得七零八落，轉眼間局面大變，再也看不見吳軍長的蹤影了。我不得已將門板划到北岸以後，守在堤旁，總希望他會泅水，我們再挽臂走上一程。最後，一個泅水逃過河來的青年告訴我，說他過佘山後，始終是追隨吳軍長行動的，頭一陣的槍聲中，吳軍長便倒下去，即使他會水，也派不上用場了。」

忠烈事蹟大白於世

吳軍長殉國後，夫人任毓周女士憂念成疾，旋亦於三十一年秋逝世。惟以吳軍長忠烈事蹟一時尚未爲世人所知，以致湮沒不彰。迄至王公嶼先生以其親身經歷在「中外雜誌」第一六三期（六十九年九月出版）發表「八一三之役吳克仁軍長殉國紀實」一文後，引起世人注意。以後，名報人田雨時先生在「傳記文學」第三十九卷第一期（七十年七月出版）又發表「忠烈泯沒昭邮無聞的吳克仁將軍——紀念七七勿忘抗日戰場初期殉國大將」一文，引起輿論反應，於是吳軍長殉國史實，遂大白於世。

政府崇功報德奉祀忠烈祠

吳軍長殉國轟轟烈烈的史實，經證實大白後，當承其昔日長官顧祝同將軍以及生前友好黃杰將軍（淞滬抗戰時，任第八軍軍長，堅守蘊藻濱與蘇州河一帶，與吳軍為守望相助之友軍）、王鐵漢將軍（曾任第六十七軍參謀長，戰時任第四十九軍軍長，戰後轉任遼寧省政府主席）聯名函請國防部轉呈總統核准，於七十一年春祭入祀忠烈祠。

民國七十一年三月二十九日上午九時，於臺北忠烈祠舉行紀念陣亡將士春祭大典，吳軍長克仁靈位已設置於先烈座上，吳軍長之長女公子為琳，亦自東京返國參加入祀典禮，儀式莊嚴肅穆。自此，吳軍長為國犧牲忠烈事蹟，不僅長存青史，亦為國人千秋萬世所馨香崇敬。

（原載民國七十五年六月三十日「近代中國」）

抗戰期間日本僞造我國法幣內幕

三年前，日本現代史出版會，曾經出版「陸軍贗幣作戰」一書，作者是當時這項工作的負責人，前陸軍主計大佐山本憲藏。

根據山本的說法，他奉命主持這個工作是在一九三九年八月中旬的事，其職位爲能戶研究所第三科長。所謂能戶研究所，是兵器行政本部所屬第九技術研究所的簡稱。

第三科的建築物，用特別的牆壁圍起來；工作人員全部經過憲兵嚴格的安全調查，接受一個月的保密敎育後，分發工作，再經過一個月的觀察，被認爲不適當者，則調往其他科室。其工作人員一共大約二百五十人，其中八十人左右是日本最優秀的印刷技術人員。

迨至一九四〇年夏天，他們已經能夠僞造幾乎認不出眞假的中國法幣，並可以大量印刷；更由於翌年十二月二十四日，日軍佔領香港和九龍，佔據國民政府的紙幣印刷工廠，而使日本人能夠大量僞造「眞正的法幣」。

當時，日軍所佔據者有①九龍的中華書局：在這裏印刷着中央銀行的紙幣，其印刷機器解決了日本人無法克服的僞造技術，而且其半製品，堆積如山，所有設備及材料，全部搬往能戶研究所；②香港的商務印書館：扣押了交通銀行五元紙幣的印刷版，但後來沒用；③香港的大東書局：獲得交通銀行十元紙幣的印刷版，與其半製品，悉數移往能戶研究所；④香港的香上銀行：扣押許多該行的紙幣，其中高金額的鈔幣，需要負責人簽字，這個負責人又被他們抓到，所以令其簽字後，用這些鈔票支付向蘇俄訂的貨款。

其次，在太平洋上，德國潛水艇捕獲了一艘美國商船，該輪載有國民政府向美國訂購的交通銀行鈔票未完成品，德國潛水艇便在上海把這些交給日方。

如此這般，能戶研究所遂能夠每月僞造一億至兩億元的中國法幣。莫怪乎當時的陸軍大臣東條英機，當面嘉獎山本說：「幹得好。」（一九四〇年三月）。

他們所僞造的法幣，完全使用中國的包裝格式和綑包方式，由參謀本部第八課，派遣陸軍中野學校（專門訓練間諜的學校）出身者擔任護航。

從日本運到中國大陸的僞造法幣，統統交給上海的阪田（誠盛）機關，亦即松機關來統籌支配。阪田以杜月笙的房屋爲大本營，稱爲田公館，是爲松機關的本部。松機關在上海福州路設兩家公司，以從事活動。一是華新公司，原名叫做「誠達公司」，是杜月笙手下徐采丞和阪田誠盛的合作機關，主要與重慶作和平聯絡工作，一是民華公司，本來叫做「達記公司」，表面上是貿易公司，實際上是對後方的流通機構。

僞造法幣的流通管道，大致如下：運到的僞鈔，首先要送進特設於田公館的華新公司倉庫。在這裏，與舊鈔和眞法幣適當地混合，另行包裝，然後用木頭箱子裝起來，附上上海陸軍部（這個機關的高級參謀，由松機關長岡田芳政兼任）發行的「搬出移動證明書」，運往我國後方及其所指定的日方機關。

這些日本機關如左：

①廣州的松林堂：負責人是板垣清，它主要地收購金條和鎢，後來集中於搶購汽油和石油。

②梅機關：這是汪精衞軍事顧問團的機關，是爲迎接汪精衞來上海而設，其負責人是臭名四海的影佐禎昭，設在上海虹口四川路東和洋行對面巷子裏頭，叫做「梅華堂」，通稱梅機關。主要作謝文達暫編十師的工作，和交付收購後方桐油和鎢的資金。

③萬和通商：這是海軍的收購機關，因其手頭法幣不多，故「融資」給它，同時托它收購一部份物資。

④湘桂作戰經費：這個地區，因祇通行法幣，故作戰期間的日軍軍費，主要以假法幣來支持。

爲在後方流通僞鈔，他們選定蚌埠，並在這裏設立了松機關的分機關。蚌埠位於津浦線和淮河交叉的水陸交通要衝，華中的重要交易城市，是敵我雙方的窗口和關口。

在這裏，譬如松機關的華新公司，向中國人的機關民華公司購買物資時，其軍需物資則賣給軍貨物廠，民需品便賣給統制公會，這時，華新公司對民華公司支付僞鈔，而由軍方和公會便收進來軍票和儲備券。然後買些眞法幣，加上所收的軍票、儲備券和假法幣，混合起來，再來買所需的物資，這樣循環不息，根本就無法發現假鈔票。

還有這樣的生意經。華新公司和民華公司的負責人徐采丞，獲得日軍的許可，可以使用無線電。他以無線電聯絡，使國民政府所指定的通濟公司，與民華公司，在後方大做其所需物資的買賣。譬如在徐州西南的後方亳縣的交易。

又，根據在河南省新鄉陸軍特務機關服務過的中島辰次郎的說法，曾寄蘋果箱十箱的僞法幣，給黃河對岸的中共頭目薄一波，擬利用共軍來擾亂國民政府的金融。

總之，能戶研究所第三課所僞造的中國法幣總數，大約爲四十億元，其中二十五億元實際流通於大陸，其餘十五億元，不是剛印好，就是在輸送途中。在大陸流通的二十五億元僞鈔，相當於中國抗戰初期兩三年的戰費，跟民國二十九年的法幣發行總額幾乎相等。這些僞法幣，收購了當時的價值五十六億元的物資，如以民國三十四年七月三十一日的時價計算，松機關倉庫內的物資，總值一百八十二億七千零九十三萬元。由此可見，日本的僞造法幣，其危害我經濟和金融，不能說不大。

（原載民國七十六年七月七日「中央日報」）

陳公博亡命記

現任日本拓殖大學常務理事小川哲雄，於民國七十四年五月間由東京原書房出版「日中終戰史話」一書，以敍述他陪同陳公博等人亡命日本，和應中國政府要求，日本政府把陳公博等送回中國大陸的經過。

日本顧問安排路線

一九四五年八月二十四日晚上，當時隸屬於「支那派遣軍總司令部軍事顧問部」的陸軍主計中尉，汪精衞僞政權的軍事顧問兼經濟顧問助理小川，在日本駐淪陷區大使谷正之官邸，得到副參謀長今井武夫少將的命令如下：

㈠領導陳（公博）「主席」一行亡命日本。
㈡亡命日本的途徑，先到青島，爾後伺機赴日。
㈢一行亡命的所需經費儲備券一億元（合當時日幣大約一千八百萬元），將經由橫濱正金銀行滙去。
㈣明天（二十五日）清晨出發。
二十五日凌晨，小川趕往「主席公館」，「主席」陳公博、陳太太、「經理總監」何炳賢、「行政院秘書長」周隆庠、「實業部長」陳君慧、「安徽省長」林柏生、「秘書」莫國康七人與小川，由總司令部參謀小笠原「歡送」，分乘兩部車子，從頤和路的「公館」出發，一路上彎了幾條街，到達故宮機場。
他們乘的是MC機，機內前面左邊衹有一個座位，給陳公博坐，其餘的人都坐在用油地氈鋪的鐵板上面，飛機往北越過長江，小川下令往東海飛去，隨後即問陳公博，是否就直飛日本，降落鳥取縣的米子。陳說：「全交給你，你給看着辦罷。」飛機勉强降落在亂七八糟、全是沙灘的跑道——米子機場。

機場沒有任何人影，小川把他們留下來，隻身往東北方的松林走去，走出松林後，遇到一輛老爺卡車；小川請司機開到市政府，待司機同意了，小川才回去把他們帶上卡車，讓陳公博夫婦坐在司機旁邊，其餘站在車臺上。

在路上，小川借一家雜貨店電話打給米子市長齋藤千城，齋藤是得悉陳公博一行亡命日本的第一個人。他說：「歡迎你們來。」當他們到市長室後，齋藤更說：「遠路辛苦。這裏已經是日本了，請坐請坐，請放心，我們一定盡全力來效勞。」齋藤曾任日本陸軍第五師團軍醫部長和關東軍軍醫部長，因此他表示很親切。

市政府的女職員端來了三大盤白米飯團和黃蘿蔔給他們做午餐，用手拿着吃。（以當時的情況來講，這是很不容易的了）。

市長派兵役課長倉敷恆和課員東中勳來照顧他們，祇派了一輛消防車給他們用；小川覺得很狼狽，陳公博也啼笑皆非，陳夫婦只好坐在司機助手位子，隨行人員只有名副其實地掛在消防車的左右前後，車子開到戰時的海軍軍官俱樂部水交社，分配房間後，林柏生才伸着腰喊說：「啊！終於到日本了。」

晚飯的菜大多是魚，但他們不敢吃生魚，祇吃些炸的和煮的東西。當天晚上，小川和周隆庠、東中商量第二天的事。談到費用，小川從口袋裏掏出一百萬元的汪僞政權儲備券；東中說，在日本這不能用，這一百萬元等於一堆廢紙。

在上海東亞同文書院畢業，並曾在「每日新聞外報部支那課」工作過的織田收，受米子市長之託向銀行借了兩萬元日幣，給陳公博一行作生活費用。

改裝日人避過耳目

由於穿西裝的男人和着中國服的女性乘消防車走過米子市內大馬路，因此已經有不少人知道中國人來到此地。八月二十六日，小川和倉敷不得不找別處去藏身，最後在鳥取和米子兩市之間，南背湖、北向日本海的淺津溫泉的望湖樓落脚。

倉敷好不容易找到一部老朽的木炭巴士，問題是他們的服裝，讓人一看就曉得他們不是日本人，他主張他們必須改扮成日本男女模樣，即女的穿裙褲，男的穿日軍士兵的軍服；當巴士抵達望湖樓，老板中島夫婦出來迎接，簡直不敢相信他們是汪僞政權的「要人」。

八月二十七日，小川前往鳥取縣政府與特高課長和內務部長（即民政部長）會面，請求給予照顧。但他們態度却非常冷淡，縣政府官員之所以這樣冷淡，一是因爲這不是他們分內的工作，其次還是怕給盟軍知道，從而受到連累。因此，小川祇好到東京設法。

小川前往東京之前，告訴了陳公博，陳說：他也要正式向日本政府致意。於是拿起毛筆，給當時的首相東久邇宮、陸軍大臣下村定和外務大臣重光葵寫了信。根據小川的說法，書信內容大致如下：「爲使戰後處理順利，我一時離開南京，來打擾貴國，請多多關照。但絕不會爲貴政府添加麻煩，萬一發生此種情況，請勿客氣告訴我。謹此致敬意。」

八月二十九日，小川在沒有立錐之地的火車裏，站了三十多個小時纔到達東京。他看不到戰前東京的任何影子；小川在新橋車站睡了一晚，便趕往陸軍省。他到大臣副官室塡寫自己姓名和官階，求見陸軍大臣。副官以藐視人的眼神交互看他和陳公博的信，而往裏邊走去。一會兒出來的大胖副官說：「大臣和次官正在開重要會議，不能見面。親筆信我負責轉呈。」副官又自言自語說：「因爲麥克阿瑟飛抵厚木機場……。」

把三封親筆函交給副官以後，小川到了陸軍省幾個單位，但也沒人理他；他垂頭喪氣地離開陸軍省，走完了陸軍省的下坡路，他忽然想起，應該到外務省去看看。

小川走進外務省的一個單位，向最靠近門口的一個職員說明來意。這個職員立刻替他打了幾個電話，並請他稍等一下，然後出去。不久，滿頭大汗的回來。他對小川說：「田尻（愛義）次官要見你。」即把小川帶到田尻次官的辦公室。

東山工作方案人物

田尻請小川坐下，並說：「太辛苦了。」同時道：「要請你到京都去。」原來外務省已經在着手辦理「東山工作」了。所謂「東山工作」，根據「昭和史的天皇」之作者松崎昭一所發現的資料，內容如下：

有關東山商店一行之案件（昭和二〇・八・二九　管二）

陳前國民政府代理主席一行居留日本期間的處置：

一、以東山商店一行爲其假名，一行的化名如次：陳公博—東山公一，陳夫人—東山文子，莫國康—青山貞子，林柏生—林博，陳君慧—西村君雄，周隆庠—中山周，何炳賢—河田賢三。

二、本案的實施，由外務省擔任（令外務囑託，前國民政府顧問岡部長二在現地關照，並另派臨時官員）。

三、特派遣外務省官員到米子，將一行移往京都，並令其暫時居住該地。但依情況變遷，可能移動其他地區，並應作其準備，（在京都，以民間人的住宅供其住宿）。

四、關於有關本案由南京的滙款，設法以十八元的行市兌換成日元。

上述文書，係以大東亞省的信紙打字，上面蓋着「極秘」（極機密）的紅色印章。而由此我們當可知道，第一，由外務省負責處理陳公博一行的亡命；第二，關於陳等的亡命，因爲日本大使館的聯絡，已經作了某種程度的預測和安排；第三，「以十八元行市兌換……」，顯然地指着今井副參謀長在南京大使谷面前所說「滙一億儲備劵」而言；第四，小川於八月二十六日或者二十七日，從烏取縣松崎打給陸軍省的電報，確已收到，因爲它說「特派遣外務官員到米子」。

由外務省移送京都

外務省派了當時的調查官山本晃一和大東亞省支那事務局事務官仲村清市前往米子，以便帶領陳公博到京都。田尻說：「他們預定九月一日抵達京都……」，小川便直往京都去等他們。

九月一日，陳公博一行告別望湖樓，外務省顧問岡部長二、近衛前首相的私人秘書塚本義照、京都府警察本部特高課警部補（相當於我國的巡官）廣瀨秀夫，和另一位特高課課員，代表重光外相、近衛前首相和京都知事三好（重夫）在福知山車站，歡迎他們。

爲避開人們的注意，陳公博一行在嵯峨車站下車，本來京都府政府安排他們住宿京都飯店，但陳公博不肯住旅館，後來改住洛西花園柴田一雄的別邸；惟因房間不夠用，林柏生、陳君慧、何炳賢、小川和外務省官員都住在京都飯店。別邸的事，則由不破貞子照顧，飯菜悉由京都飯店送去。

九月二日，在東京灣密蘇里軍艦上，日本政府正式向盟軍投降。陳公博一行非得另找隱匿處不可。經三好京都府知事與臨濟宗天龍寺派大本山天龍寺的關精拙老師商量，找到由村上慈海師主持的金閣寺。但金閣寺頂多祇能住四、五個人。因此另外找得對文莊。

九月八日，陳公博夫婦、周隆庠和莫國康住進金閣寺，林柏生、陳君慧、何炳賢和小川搬進對文莊。金閣寺是臨濟宗相國寺派的特別本山，正式名稱爲鹿苑寺，於一三九七年，由足利義滿所創建。陳公博住最裏頭的常足亭，其餘三個人在書院起居。外務省官員則住在俵屋旅館。

安原斯艾（斯艾是片假名的音譯）任陳公博夫婦的日語老師，不破貞子和大原美代子照料其身邊的一切。陳公博每天的活動是讀書、散步、學日語和打麻雀。每天早晨，周隆庠（九州大學出身）翻譯報紙的要點給陳公博聽，陳感覺興趣的，則全部譯出來。中文書祇有織田收送給他的那三本。黃昏時刻出去散步，晚上打牌，這是他們唯一的娛樂。九月十二日（或十三日），陳公博曾經欲以手槍自殺未遂。

放出舉槍自殺新聞

在這以前，亦即八月三十日「朝日新聞」，報導北京二十九日同盟通信社的消息，據說陳公博於二十六日企圖自殺，情況嚴重，於二十九日不治死亡。但於八月二十九日，當時的外交部情報司長邵毓麟，已經向谷正之提出引渡日本幫助其亡命到日本之陳公博的要求。

九月三日，重慶中央社消息說：「陳公博自殺爲虛報，實亡命日本」。其所報導內容，與所有事實大致相符。九月八日，何應欽總司令向支那派遣軍總司令官岡村寧次提出備忘錄，正式要求岡村負責轉達日本政府，速將中華民國的叛國罪犯陳公博等（裏頭有岑德廣，沒有陳公博太太）逮捕，並押送到南京陸軍總司令部。

九月二十五日，外務省管理局第二部長大野勝巳（外相已經換了吉田茂），以東山工作負責人身份，前往金閣寺，代表日本政府，正式對陳公博轉達日本政府的意向。其內容是：⑴詳細說明與重慶當局折衝的經過，包括何應欽備忘錄；⑵强調日本政府並非不顧信義；⑶不說日本政府的正式意見，設法套出陳公博的意向，以便處置。

大野帶了一個姓中村的翻譯官。周隆庠陪陳公博在書院等着。大野坐下後低着頭，一言不發，於是周隆庠說：「這麼熱，辛苦了，京都的夏天眞是……。」這時大野纔抬起頭說：「讓您們很不自由……。」爾後便說不出話來。至此，陳公博開口了：「大野先生你想說什麼，我已經大概都知道。沒有什麼擔心的事，你放心吧。」

大野把來意告訴了陳公博，但沒說出日本政府的希望。陳公博望著天花板，然後瞪着大野斷然說：「我要回去，回去中國。」陳公博要求大野代其給何應欽總司令打電報，請中華民國派專機接他回去，以便自首。

對於這個電報，九月二十九日支那派遣軍總參謀長來了極機密回電（總參三電第二九四號），它說：

一、關於陳公博之回國自首，今井副參謀長和石黑（四郎）書記官已將陳公博的電報和外相的希望轉達何總司令部。

二、回國時將派中國飛機，中國方面三人，日方五人前往迎接。

三、陳公博夫人及莫國康女士等必須全部回國。

總參謀長又來一電（總參一電第四九一號）說：

關於陳公博的回國，中國當局催之甚急。爲此擬於三十日派遣專機赴日，請考慮左列事項，進行準備，急回電。左記

一、派遣飛機：中國空軍飛機（C—四七）。

二、往接人員：顧問部淺井上校、總軍相山中校、大使館石黑書記官外兩名。

三、三十日先飛抵福岡（雁之巢）（一語不清楚）。

四、飛行許可手續悉由中國負責。

十月一日晚上，陳公博一行離開金閣寺，往九州出發。當天下午，近衛託辭乃母去世四十九日，前來京都與陳公博會面，由周隆庠任翻譯。

回國受審被處死刑

十月三日下午三時許，陳公博一行所乘的空軍專機，飛抵南京的大校機場。陳公博首先被關於老虎橋監獄，後來移到蘇州獅子口監獄。

一九四六年四月五日，江蘇高等法院開始審判漢奸南京僞國民政府主席陳公博，四月十二日，判處陳死刑，六月三日上午八時槍決。林柏生也判死刑，周隆庠無期徒刑，陳君慧十四年有期徒刑，何炳賢八年有期徒刑，莫國康十二年有期徒刑。

陳公博太太李勵莊，因爲陳公博的要求，臨走時交給小川，要她將來照顧陳公博母親和兒子，但後來陳太太還是希望回國，而於十一月二十七日，由博多乘明優丸回國，小川陪她去。船從吳淞砲臺左邊，溯黃浦江而上，沒多久就停了。一隻小汽艇前來靠近明優丸。小川以爲是海關的汽艇，爲準備上岸，陳太太回到她的房間，小川留在甲板上。小川正在望著岸邊的風景時，陳太太被五、六個中國兵帶走，乘剛才那條汽艇而去。

日皇胞弟反省自肅

小川的這本書，還有一件事特別値得一提。日皇的胞弟三笠宮於抗戰時期，在大陸當上尉參謀，用的是若杉姓。

記得這個若杉參謀，曾於一九四三年春天，對總司令部的尉級軍官下命令，在三十字以內說明中日事變至今未能獲得解決的根本原因。

數日後，幾百名尉級軍官集於總司令部大禮堂，若杉參謀站在講臺上，背向黑板，左右兩邊由總司令官、參謀長、將官、校官陪着坐;若杉參謀對每個人的解答一一講評，並認爲祇有一個人答得滿意。

這個人是澤井中尉，他的答案爲：「中日事變未能解決的根本原因，在於日本人不能徹底作爲道地的日本人。」若杉參謀令澤井讀其答案，爾後大聲怒說：

「對！事變未能解決之根本原因，在於日本人未有眞正的日本行動。搶奪、强姦，什麼是皇軍？欺侮中國老百姓，還敢叫做聖戰？日本軍人在大陸的這種作法，對得起陛下嗎？」

總司令官以下，將官校官都低着頭，滿堂一片肅靜。若杉參謀繼續說：

「我日本軍最需要的不是武器彈藥，也不是訓練，而是這個。」他向後轉，在黑板上寫「反省、自肅」四大字。「自反、自愼，自問自己的一舉一動是否合乎聖旨？」他的一言一句，抨擊日軍的驕傲，和在大陸日本人的墮落。說畢，在全體人員起立中，若杉參謀憮然而去。

一九八五、六、三十　於東京

（原載一九八五年十月「時代文摘」）

台灣抗日文學

動機

今年三月中旬，胡秀、臧冠華兩位先生，聯名寫信告訴我說，本年八月間將在中國文化大學舉行第七屆中韓作家會議，適逢抗日戰爭五十周年，故擬討論有關抗日文學的問題，要我寫一篇「臺灣抗日文學」。

由於我不學文學，所以開始時我有點躊躇，後來覺得，出生和長大於臺灣的我，如乘這個機會來看看這方面的作品也不錯，於是硬着頭皮答應下來。因此，我這篇文章，完全是外行人說外行話，所以請各位行家，多多包含，給予指教。

內容

不消說，文學是時代的反映，社會的寫照。日本帝國主義者統治臺灣整整五十年，而這半個世紀就是他們歧視、壓榨和迫害臺灣人的歷史。

日本對臺灣的殖民統治之不合情理，連當時的東京大學教授，戰後出任東京大學校長的矢內原忠雄也說得很清楚。他說：「在某種程度上，日本政府雖然現代化了臺灣的教育，和整備了教育機關的系統，但其特徵乃在於日本人（原文爲內地人）之獨佔高等教育，亦即獨佔了政治、經濟和社會上的地位」。（註一）他同時認爲：「日本帝國主義統治臺灣之政治機構的意義，在經濟上和教育上，同化是爲日本本土和日本人的利益，而維護這個利益的武器是政治上的不同化，和專制政治制度的維持」。（註二）。他更說：「臺灣總督的政治，在制度上是絕對的專制政治。今日如果有人欲瞭解什麼是專制政治，到他國或他國的任何殖民地都達不到目的。這祇有到朝鮮或臺灣去看」。（註

三）

在這樣絕對專制政治的統治下，臺灣自是殖民者的天堂，被殖民者的地獄。日本佔領臺灣三十三年後的一九二八年當時，在全臺灣受過日本高等教育者數百名當中，出任相當於薦任五級以下的官吏者祇有五個人，委任官三十多人，其他的人都沒找到工作。（註四）

當時，臺灣人的人口是三百八十萬，日本人爲十八萬。後者的大多數是官吏及其眷屬，以及可以說是准官吏的資本家和御用商人。他們都是受着日本總督政治極端保護的特權階級。（註五）而且，日本人在臺灣徹底實施了高壓的警察政治。譬如在日本本土上，違警罰法的處罰對象祇有五十八個項目，在同樣爲日本殖民地的朝鮮也不過是八十七項，但在臺灣却多至一百二十二項！（註六）莫怪乎矢內原說：「臺灣在典型的警察政治之下」。（註七）

爲着臺灣人的自由和幸福，始終奮鬥不懈的蔡培火說：「日本統治者宛如寄生於我們身上之頑强的吸血蟲，我們的剝削者」，而如果臺灣人不堪其欺侮、壓榨而還嘴的話，則被當做叛逆者，而隨時受到刑罰。（註八）於是，臺灣人遂對日本統治者，極力主張人格的平等（註九），要求及早創設臺灣議會（註一〇），以提高臺灣人在政治、經濟和社會上的地位。

正因爲殖民者在臺灣毫不留情地推行了特務政治和警察統治，所以當日的臺灣文學也就以描寫警察欺壓臺灣老百姓者居多。一般來說，臺灣抗日文學所描繪的是，「除了由殖民地權力者的日本人所造成的直接被害之外，尚有同民族的中國人（即臺灣人）買辦、奴隸根性的寄生蟲及漢奸所造成的被害」。（註一一）換辭言之，「這些身爲日本人的爪牙、買辦、漢奸等主角，狐假虎威地君臨民衆，進行澈底的榨取，以飽私利。被支配者的民衆，由於這些日本人爪牙的存在，更加深了一層的悲慘。」（註一二）而爲其典型者，就是吳濁流的小說「陳大人」。

「陳大人」的主人公陳英慶，做了巡查捕（階級低於警員）以後，得意忘形，膽大包天，連其舅舅，他都敢以「犯了法」，而予以踢打。有一天，陳大人跟隨支廳長（略似縣長的地位）出巡到了劉舉人的家。劉舉人，因爲支廳長突然來駕，深怕失禮，遂着婦女、小孩躲入內室，親自出去大門外迎接。支廳長不理他，威風凜凜，步入正廳，捋着八字鬚，坐了上頭，陳大人側之，劉舉人在下頭鞠躬如也，表示和順。支廳長問劉舉人對日本政治的觀感如何，劉舉人覺得很難答，如說出眞心話，恐怕惹禍上身，說不知道，又怕他懷疑，考慮片刻之後答說：「論起政治，堯舜即位，天下大治，人民鼓腹謳歌無不喜歡，古來善政都是這樣的。現在，支廳長巡視各地，親視萬民，熟知下情，還有何問？」聽罷，支廳長感覺有些諷刺的味道。旋即支廳長走近劉舉人的古董，有江西花瓶、呂洞賓、鐵拐仙、何仙姑、玉石觀音、象牙大圖章、古硯臺等等，樣樣都是珍品。支廳長特別中意江西花瓶，用手撫弄，愈看愈入神，終於命陳大人交涉，要劉舉人把它讓給他。但劉舉人以它是相傳兩百多年的家寶，死也不能「割愛」。此時已是中午，劉舉人不得不請支廳長吃飯。支廳長假借酒勢，裝着威嚴喝道：「不喜歡日本政治的人，趕快回支那去。假使有輕舉妄動的人，我有這柄日本刀，可以制裁」，邊拿起日本刀給劉舉人看。飯後，支廳長帶着陳大人搜查後堂，在前花園拾得一支舊鐵管。支廳長問劉舉人，「這是什麼東西？」劉舉人看它不過是一支銹爛不堪的鐵管，難覓原型，呆了半刻，支廳長竟不管三七二十一地就怒說：「豈有此理，你不曉得？」劉舉人愈看愈不解，然又不知該怎麼答，支廳長眼看劉舉人驚得不能應答，遂拍起桌子罵說：「你藏匿軍器，還假裝不知？」

對於愕得全身發抖的劉舉人，陳大人以支廳長別有心腸，便幫兇大罵道：「你不知死，還說不知？」比支廳長更厲害，把劉舉人罵得戰戰兢兢。劉舉人確實不知道它是什麼，因而又答說：「不知道」。陳大人自不肯干休，强迫劉舉人要承認罪過。劉舉人忍不住而怒說：「這不是軍器，你是指鹿爲馬的。」

陳大人聽畢就向支廳長說了兩三句話後，就用臺灣話大罵說：「這個畜牲如此大膽，居然敢藏武器。」同時出手打劉舉人的嘴巴。劉舉人的辮子也被陳大人打垂下來了（這是臺灣淪入日人之手以後不久的故事）。長長的辮子由之搖過來擺過去。劉舉人手遮着嘴巴後退幾步，頓悟這一災禍一定是江西花瓶惹出來的，遭這災禍，斷留不得江西花瓶。

劉舉人遂假借要調查鐵管來歷爲理由，就入後堂，想來思去，無計可以解脫此難，與家人商量結果，除將這家寶送給支廳長以外，沒有其他好辦法了。於是出來拜託陳大人入後堂。劉舉人把自己意思告訴陳大人，同時送他一個紅包，陳大人出來和支廳長吱哩咕嚕一陣子，總算把問題解決。

經過這件事以後，陳大人更是大膽，更加囂張起來了。他覺得他的力量是絕對的。因而無惡不作。他隨意打人、罵人、關人、罰款甚至於包庇私娼，魚肉人民。爲着滿足其愛人無止境的虛榮，他開始貪污，貪得對方走投無路，遂買通日本人刑警和支廳長，終於把這個漢奸惡覇逮起來判刑坐牢。陳大人出獄後，去找其愛人阿菊，此時阿菊是馳名的賣淫婦，看到乞丐般的陳大人進來，阿菊不但假裝不認識，而且還大聲罵說：「你這乞丐給我滾出去！」已經無官無勢的陳大人，祇有垂頭喪氣地走出去。在夜深人靜的黑暗路走着的他，忽然聽見兩個工人這樣的對話：「你的洋服太大，穿得朗朗蕩蕩的，不成體統。」「不用說，你曉得我是借來的，不管式樣好不好，用得就算了。狐狸笑猫，你的手比我更黑。」「可是，我有錢就行了。無論如何只要陳夫人愛我就好。」

陳大人無意中聽到這些話，氣得發抖，但過一會兒，怒氣消了，並吐出一口氣來，憤恨地回頭瞪着阿菊家的方向看了又看。半晌，罵了一句「莫迦野郎」（馬鹿野郎）拖着重重的脚步蹣跚而去。

這是日本人及其鷹犬，互相勾結，狼狽為奸的最好一個實例。下面我們來介紹日本警察無法無天，橫逆透頂的例子。這是賴和的小說「惹事」。

一個日本人警察（臺胞皆稱其為大人）養了一群雞母和雞仔。有一天，牠們大概因為被飯的香味所引誘，走進一家草房裏頭去，把放在桌子底下準備餵豬的飯，抓得滿地上。母雞還不滿足，竟跳到桌子上面，要找更好的來給牠可愛的雞仔吃。桌子邊緣上放着一個空籃，母雞在桌子上沒找到東西，於是又跳上籃去，纔踏着籃邊，籃便翻落到地上，雞仔正在這底下啄飯，碰巧有一隻跑不及，被罩在籃內，這一下天下大亂了。

大人正在其院子給花澆水，看見母雞們這樣驚慌，知道一定有變故，趕快算了算雞仔，少了一隻，天上又看不見飛鳶，覺得非常奇怪。起初以為隔壁種菜的把牠打死了，因而責罵種菜的，但又沒有證據。這時，草房裏有雞仔的叫聲，大人遂踏進草房內。屋裏沒人，大人好似發現新大陸，雞仔在籃底，他很是高興，同時想：這個草房的寡婦就是小偸，可見世人的話全不可信，說她是刻苦耐勞的人，一隻手在維持一家，保正還要替她申請表揚；他更想到有一晚，他拿出幾塊錢要給她，竟被拒絕，險至鬧出事來，其餘憤一時又湧上心頭。

因此，大人遂決心把其他還沒查出犯人的案件，統統推到她身上。大人確認籃裏的小雞是屬於他的以後，便命令其鄰居把正在圳溝替人家洗衣服的寡婦叫回來。這個寡婦以給人家洗衣服和養猪爲生。不知爲何被大人喊回家的她，心裏非常恐慌。

看見她，大人就以帶着怒氣的口吻問說：「你，偸拿雞有幾擺？」受到這意外的問話，她一時應答不出。「喂！幾擺？老實講！」「無！無，無這樣事。」「無？你再講虛詞。」「無，實在無。」「證據在此，你還强辯！」瞬間，大人打她一下嘴巴。「籃掀起來看！」大人命令着。原來籃翻落到地上，籃裏似有雞仔聲。此時寡婦纔覺察她被懷疑偸捉雞的理由，遂趕緊把籃掀起來。

「啊！傚倖喲！這是那一個作孽，這樣害人！」她看見裏面是大人的雞仔，禁不住這樣驚喊起來。「兎講！雞子拿來，𠕇門去！」「大人！這寃枉，我……」寡婦話未說完，「拍！」又使她嘴巴多吃一次虧。

故事還要繼續下去，但我就談到這裏。這種日本警察之欺侮臺灣老百姓的作品，我們隨處可以看到，譬如靜香軒主人的「十字街頭」、翔的「罰」、洋的「赤土與鮮血」、李泰國的「細雨霏霏的一天」、「可憐的朋友」、呂赫若的「牛車」、柳唐的「轉途」、吳希聖的「豚」、自滔的「失敗」等皆是。（註一三）其中以整攤販者最多。

此外，還有許多作品描刻農民和工人的極端困苦生活，而欺壓這些農民的是日本的大資本家（例如糖廠）、大地主，和爲其後盾的日本政府官員特別是警察。他們透過這些作品，以抨擊日本的當局。譬如守愚的「凶年不免於死亡」、「誰害了她」、「一群失業的人」、愁洞的「四兩仔土」、「新興的悲哀」、廢人的「三更半暝」、懶雲的「一杆『稱仔』」等便是。

感想

我翻閱了日據時代臺灣作家的作品之後，首先覺得他們的抵抗力旺盛，民族意識很强，（蔡培火一再强調，日本不應該把中國叫做支那，並主張與中國親善）尤其是「臺灣民報」和「臺灣新民報」與祖國的關係特深。蔣渭水曾於民國十八年間，在「臺灣民報」連載「中國國民黨之歷史」（日文）四十次；民國十六年，田中義一內閣出兵山東時，「臺灣民報」的「時論」欄，曾經譯刊兩篇日人的文字：「絕對反對對華出兵」和「對華出兵是軍閥的陰謀」。同時也常常轉載　國父、蔣公、胡適等人的文章，非常難得。

其次，這些作品用方言用得太多，所以由懂得方言的人讀來，很有味道，鄉土氣息極其濃厚，但對於其他省分的中國人來講，則既難讀，又難懂，這是它的最大缺點。

第三，今日在國內，搞臺灣鄉土文學者，多喜歡强調所謂臺灣意識和臺灣人意識，因而擁有臺獨思想的傾向。譬如「三、四十年來，在嚴重扭曲的現行教育體制下，臺灣人在各方面都被教育成不折不扣的長頸鹿，始終茫茫然伸長脖子東探西探，張望那不需回去的舊大陸，……」的作者就是一個例子。（註一四）但我們要知道，所謂臺灣的獨立是個政治問題；這不是應該不應該的問題，而是能不能的問題。國家至上，民族至上，國家的統一和領土的完整是絕對的，分離主義是斷不容許的，一百二十年前，美國的南北戰爭乃起因於此，當時她不惜付出死傷六十萬人（時人口爲三千一百萬人）代價，就是爲了國家的統一和領土的完整。你以爲中國人會容忍臺灣獨立嗎？如果你的答覆是肯定的，那麼你未免太天眞，太幼稚了。我們絕不能以文學的感情論來談政治問題，否則勢將後患無窮。希望有識之士，三思而行，國家民族幸甚。（註一五）

附註

註一：「矢內原忠雄全集」第二卷（一九六三年五月十一日，岩波書店），三五三頁；參閱蔡培火著「告日本國民書」（一九二八年四月，臺灣問題研究會），五四頁。

註二：矢內原前引書，三六七頁。

註三：蔡培火前引書，一七－一八頁，矢內原序文。

註四：蔡培火前引書，五九頁。

註五：蔡培火前引書，一一二頁。

註六：蔡培火前引書，八一頁。

註七：矢內原前引書，三六三頁。

註八：蔡培火前引書，九八頁。

註九：蔡培火前引書，一〇〇頁。

註一〇：蔡培火前引書，一〇一頁。

註一一：瀧川勉「殖民地統治下臺灣民衆的諸相」，引自張良澤編「吳濁流作品集」②「功狗」（民國六十六年九月，遠行出版社）一九頁。

註一二：同註一一。

註一三：這些作品皆刊登於鍾肇政、葉石濤主編，由遠景出版社發行的「光復前臺灣文學全集」。

註一四：林雙不編「臺灣小說半世紀」（一九八七年三月十日，前衛出版社），「序」。對於這些人的思想傾向，予以最大影響的可能是吳濁流的「亞細亞的孤兒」一書。又，傅恩榮譯「亞細亞的孤兒」（民國五十一年六月，南華出版社）的「附記」說，日本岩波書店發行的「文學」，昭和三十七年（一九六二年）四月號，刊有尾崎秀樹評論該篇小說的文章，但我托在日本國會圖書館工作的朋友查告，却說找不到這篇東西。

註一五：總之，在臺灣總督政治，對言論統制極其嚴格的情況下，能有這樣多批評日本當局，爲同胞伸張正義的作品出現，着實難能可貴。譬如「臺灣民報」和「臺灣新民報」，就有好多地方，因爲被日本當局查禁，而全印黑的版字，留下空白，或說明被刪掉多少行、多少字。

現在我想特別介紹一本有關臺灣抗日運動的日文書，這可能是此方面最詳細的一本，它叫做「臺灣抗日運動史研究」，著者是若林正文，於一九八三年，由山本書店出版部發行，一共有三三九頁，附有項目、人名索引。

（第七屆中韓作家會議論文，原載民國七十六年八月一日「青聲」，及八月一、二日「臺灣新聞報」）

朱舜水先生在日本

朱舜水先生於一六五九年冬天，流寓長崎，歸化日本，這是他的第七次赴日，以至一六八二年，逝世於江戶（今日的東京，享年八十有三），他在日本前後住了二十三年。他在長崎不久，便結交知心之友安東省菴（守約）；六年後，受聘於天下的副將軍德川光圀（俗稱水戶黃門）（註一），對於日本的文教學術，貢獻很大，對於明治維新，影響尤深。（註二）

朱舜水先生之決心歸化日本，主要是由於認爲光復大陸沒有希望，「熟知聲勢不可敵，壞地不可復，敗將不可振，若處內地，則不得不從清朝之俗，毀冕、裂裳、髡頭、束手」；和得交「知己」安東，以及感激德川光圀的「知遇」所導致。

在受聘期間，舜水先生雖然身體欠佳，但爲報答德川光圀的禮聘，曾經前後作「諸侯五廟圖說」、「學宮圖說」、著「釋奠儀注」，令儒生習其禮，製祭器和明室衣冠。

對於舜水先生的本領，德川光圀曾說：「先生的學問爲眞正的經濟（世）之學問。譬如在曠漠無人之原野，欲興起一都邑，非集士農工商不能成事。但如果有先生一人，即足以成就都邑。先生對於詩書禮樂，田畑之耕作，家屋之建造，酒食鹽醬，均有細密之研究。有此人，不僅不乏人之所作，且亦可教導人。」（註三）

舜水先生對於日本文教學術，有過何等的貢獻，我們可以日人之如何敬仰舜水先生，窺其一斑。爲此，我想介紹日人對舜水先生的研究，以及他們對舜水先生的評價。

加賀（今日的石川縣）前田綱紀（松雲）的儒臣五十山剛伯（霍皐），於一六八四年撰「明朱徵君集」十卷，署名「門人源剛伯濟之編」；水戶的德川綱條（光圀之子），於一七一五年刊行「朱舜水先生文集」二十八卷。在其開卷第一卷，印成「門人權中納言從三位男權中納言西山源光圀輯。綱條校」。其綱條校。其附錄一卷「行實」，係由「門生今井弘濟・安積覺僅撰」，而安積覺的「朱舜水先生文集後序」，乃成於一七一二年七月。

此外，有光圀的「祭明故徵君文恭先生文」；安東守約的「上朱先生」二十七首、「答朱先生之孫天正」二首、「祭朱先生文」、「悼朱先生文」；安積覺的「朱文恭遺事」、「祭朱文恭先生文」代言、「明故徵君文恭先生碑陰記」、「祭文恭朱先生之墓文」、「舜水朱氏談綺」三卷；人見傳的「舜水先生七十之算壽詞」、「春、小石川邸後樂園遊記」；木下貞幹的「與朱舜水書」八首、「謝朱舜水書」二首、「復朱舜水書」三首、「與朱之瑜書」、「與朱舜水啓」等等。

德川光圀稱舜水先生爲「明之遺民」，譽其爲「威容堂堂，文質彬彬，學貫古今，思出風塵。道德循循，家寶國珍，函丈師事，恭禮賓賓。」安東守約對舜水先生自稱「門生」，仰爲「大恩師……朱先生大人」，崇其爲「質性剛毅，以誠爲本，一生不僞，德貫天人，學極古今。」安積覺說「文恭先生自持嚴毅，接人和愉，與客談論，間間及於俚諺嘲笑之事」，「徵君嚴毅剛直……平居，不妄言笑，惟以邦讐未復爲憾，切齒流涕，至老不衰。明室衣冠，始終如一，先生雖瞑目九泉之下，名垂千載之後。……盡人事循天理，如斯而已」。

迨至一九一二年四月十七日，適值舜水先生的二百三十年祭，曾經在「日本及日本人」雜誌上連載「朱舜水考」的稻葉岩吉（君山）博士，出版了「朱舜水全集」（A5版七七六頁）。它搜集了前述的「朱舜水先生文集」二十八卷、「明朱徵君集」十卷、舜水先生的詩「泊舟稿」十五首，還有附錄二十四種的史料。

在這裏，更值得我們大書特書的是於一九一二年六月二日，朱舜水紀念會，在本鄉的第一高等學校(簡稱一高)；（註四）舉辦了舜水先生來日二百五十週年祭，建立了「朱舜水先生終焉之地」的紀念碑這件事。這個紀念會，同時出版「朱舜水」一書，以爲紀念。

建碑祭典，由侯爵德川圀順、侯爵德川賴倫和侯爵德川達孝，分別出任委員長和副委員長；文部大臣長谷場純孝、侯爵前田利爲、男爵後藤新平等曾讀祭文。碑是大約三十公分方形，兩公尺左右高的花岡岩，碑面、碑後的文字，出自前田侯爵家職石川龍三之手。當時，一高圖書館舉辦了舜水先生遺品的展覽會；黑板勝美、三上參次、菊池謙次郎、三宅雄二郎、井上哲次郎等博士皆參加紀念演講會；鹽谷時敏和國府種德分別致開會辭和閉會辭。宮內省亦曾向朱舜水紀念會會長阪谷芳郎致送禮金。舜水先生第十一世孫子朱輔基更參加這個盛典，並贈一高橫聯「忠勇節烈」一幅。這幅橫額曾經掛在一高的飯廳，它寫著：「謹贈第一高等學校、十一世祖朱舜水二百五十年紀念祭之日、朱輔基」。

一九三〇年，市村瓚次郎博士在其所著「支那論集」的開頭「贈清朝遺臣某氏」有言：

國亡家破旗軍散，
痛哭人間獨有君。
舜水曾爲泛槎客，
梨洲空草乞師文。
淒涼月色扶桑月，
暗澹秋光鞑鞨雲。
回首不堪嘆髀肉，

中原羽檄尙紛紛。

關於日人對舜水先生的研究文獻，請參考後面的附錄。

其次，我想介紹舜水先生在日本的肖像和眞蹟。

肖像之中，彫像係安置於茨城縣常陸太田市瑞龍山德川家墓地，是穿道服戴紗帽的木彫座像，高七十六公分，作者不詳。

畫像，在水戶的彰考館有兩種。一種是原畫的三態；另一種是從這三態選出的畫像。另外還有心越禪師所畫的「舜水朱賢兄肖像」。

至於舜水先生的墨蹟，則有：

一、天理圖書館有舜水先生在安南答監國魯王恩詔的「上奏文案文」。這是所謂「上監國魯王謝恩奏疏」二首的前疏。但它與前述稻葉博士的「朱舜水全集」所載者有出入。

二、舜水先生寫給安積覺的「逐日功課自實簿」，有安積覺的「跋」。（亦存天理圖書館）

三、前田家有「楠公父子訣別圖讚」，圖爲狩野探幽所畫，讚爲舜水先生所撰。此讚係「楠正成像贊」三首的第一首，此文刻在湊川楠公碑後面。

四、水戶彰考館有「大成至聖文宣王」一幅。

五、市村瓚次郎博士曾收藏「朱舜水詩幅」（七言八句，楚王宮北，……）；市村博士去世後，其家人不喜歡「肺病」之詩，而把它賣掉，現在不知其去向。

六、茨城縣立圖書館，藏有「與板矩、村顧言書」。板矩是垣聊爾齋，村顧言爲中村篁溪。

七、「朱舜水細楷小點軸」，載於文求堂展觀書目（一九五四年三月），但不知落在誰人手裏。

八、山本書店店主敬太郎氏來信（一九五九年五月十一日）示我「朱舜水詩卷」一卷，「歲次癸卯（一六六三年）於長崎」。

九、弘文莊待賈古書目三十四號（一九五九年七月），有「朱舜水自筆尺牘」，是寫給人見懋齋（道設野大爺）的。

十、平凡社「書道全集」第十二卷，有「朱舜水尺牘」，同樣寫給人見懋齋（道設野大兄的）。

十一、奧村兵一所收藏的「朱舜水詩幅」（七言八句，客散西堂，……）。

十二、收在「垂裕閣法帖」第十七卷者。但這是搨本。所謂垂裕閣，乃是水戶德川的第八代齋修（哀公）的閣號（光圀爲潛龍閣）。

十三、彰考館文庫有一份「舜水先生後樂園題字」，但這也是搨本。

十四、有三個舜水先生的匾額。一爲「放流丸」，爲水戶藩的臣下中西家所藏；二爲「君臣丸」，三是「輕颺丸」，皆爲那珂湊市南水立町有志所保管。另外，落合純正藏有「舊藩官船匾額放流丸記」。

舜水先生初抵長崎時，生活困苦，前述的安東省菴曾將他年收的一半「四十石米」分給舜水先生（顯然舜水先生一再謝拒）；德川光圀對舜水先生更是敬仰備至。過年過節送禮，生病時親自探望（光圀的最親信在半個月之間竟去看舜水先生的病八次）不說，有兩件事可以爲證。一、光圀祇准舜水先生坐轎子進他的公館，但他去看舜水先生時，却在舜水先生家門前數十步下轎子走進去。當時的學者都譽他爲魏文侯禮遇卜子夏、田子方、段干木的美談。二、舜水先生逝世後，葬在德川家的瑞龍山，是中國式墳墓，光圀在其墓石親寫「明徵君子朱子墓」。瑞龍山均葬德川家人，沒有一個臣下葬在這裏。前幾年，我曾經代表亞東關係協會東京辦事處參加過舜水先生的祭墓和紀念碑的落成各一次，內人莉莉、舜水先生的後裔朱力行先生和楊隆生先生也同行。

舜水先生的一生，確是光圀所說的君子。據說舜水先生逝世時曾留下三千元，這是爲恢復漢室而儲蓄的，他要他的孫子毓仁絕不可當「虜官」。忠貞不二，可爲今日國人的楷模。

最後，我想把舜水先生在日本的門徒、學者的名字列出（有括弧者是間接受教者），以見其對日本文化影響的一斑，以及日人對舜水先生的研究文獻，以供參考。

〇德川光圀、前田綱紀。

〇安東省菴┬安東侗菴。
　　　　　└（南部南山）。

「伊藤春琳。

○安積澹泊—
- 菊池南汀—
  - 青山瑤溪。
  - 菊池南洲。
- 德田錦江
- 松村芳洲
- 鈴木白水—
  - 鈴木廉泉。
  - 谷田部東壑—
    - 木村子虛；
    - 石川安亭。
    - （立原東里）。

○今井弘濟、服部其衷、（人見懋齋）、栗山潛峰、小宅生順、今村魯齋、小宅重治、吉弘元常、古市務本、奧村庸禮、下川省三、安藤抱琴、安藤年山、藤咲僊潭。

○佐佐木竹、丸山活堂。

○酒井竹軒—（中島通軒）。

○五十川霍皐—（原淇園）。

○林春信、林春常、木村順菴。

日本參考文獻

五十川剛伯『明朱徵君集』十卷　一六八四年

德川光圀『朱舜水先生文集』二十八卷　一七一五年

栗田寬『天朝正學』　一八九六年

栗田勤『舜水祠堂考』（「古蹟」二卷七、八期）　一九〇三年

高瀨武次郎「朱溪水」（「史學界」三卷八、十一、十二期）　一九〇一年

稻葉岩吉（君山）「朱舜水考」（日本及日本人）四七五—四八五期　一九〇一年

稻葉岩吉（君山）『朱舜水全集』　文會堂　一九一二年

朱舜水紀念會『朱舜水』　一九一二年

雨谷毅「朱舜水記事纂錄」油印　一九一三年

雨谷毅「義公と朱舜水との關係資料」一、二、三油印　一九三八（？）年

後藤秀穗（肅堂）「明末乞師孤忠張非文」（「史學雜誌」二十六—八期）　一九一五年

後藤秀穗（肅堂）「明末乞師の張非文」（「東洋文化」十五、十六、十七期） 一九二五年

今關壽麿（天彭）『日本流寓の明末諸士』 一九二八年

今關壽麿（天彭）「近代支那の學藝」 一九三一年

今關壽麿（天彭）「朱舜水とその遺墨」（書苑、七—三） 一九四三年

小畑利三郎「明の君臣の亡命と其の庇護」 一九三八年

本山桂川「史蹟と名碑」 一九四二年

中山久四郎「朱舜水と文化交流溝通」（支那三五—五） 一九四四年

中山久四郎「朱舜水と日本文化」（東京支那學報、三） 一九五七年

中山久四郎「朱舜水先生年譜」（斯文、二三） 一九五九年

名越時正「水戸學派と明末志士」（藝林、八—四） 一九五七年

石原道博「朱舜水」（東洋歷史大辭典、四卷） 一九三七年

石原道博「朱舜水と向陵」（一高同窗會會報、三五） 一九三七年

石原道博「向陵朱舜水碑の筆者について」（一高同窗會會報、三七）　一九三八年
石原道博「國姓爺の南京攻略」（歷史教育、一三―一・二・四）　一九三八年
石原道博「明末清初請援南海始末」（史潮、九―三）　一九三九年
石原道博「明末清初の南方經營」（日本諸學研究報告、歷史學・一七）　一九四二年
石原道博「明末清初日本乞師の研究」　富山房　一九四五年
石原道博「朱舜水の思想と生涯」（教育と社會、四―七）　一九四九年
石原道博「朱舜水の經世濟民」（いばらき・學藝欄）　一九五二・四・一四
石原道博「鄭成功二九〇年祭と朱舜水二七〇年祭に因んで」（世界歷史事典10・月報）　一九五二年
石原道博「鄭成功與朱舜水」（臺灣風物、四―八・九合刊）　一九五四年
石原道博「朱舜水之諱字與朱氏談綺」（臺灣風物、五―四）　一九五五年

石原道博「板倉氏藏板『鄭成功贈歸化順水書』について」（臺灣風物、五—五）　一九五五年

石原道博「張煌言の江南江北經略」（臺灣風物、五—一一・一二合刊）　一九五五年

石原道博「明末清初日中交涉史の一面」（歷史教育、六—八）　一九五八年

石原道博「朱之瑜」（アジア歷史事典・4）　一九六〇年

石原道博「朱舜水」（朝日新聞・學界余滴）　一九六〇・八・二四

石原道博「朱舜水と康南海」歷史教育、八—一二）　一九六〇年

石原道博「鄭成功・朱舜水・心越關係の二資料」（岩井博士古稀紀念東洋典籍研究）　一九六一年（註五）

附註

註一：德川光圀（一六二八—一七〇〇年），俗稱水戶黃門，以勸善懲惡馳名於世，目前日本電視還在

連播「水戶黃門」的故事，這故事已經播了十年以上。

註二：光圀爲精忠報國的楠正成建碑，後面碑文請朱舜水先生撰寫，此碑文對日後日人之盡忠報國思想的影響很大。碑文全文如下：

楠公碑陰記

忠孝著乎天下。日月麗乎天。天地無日月。則晦蒙否塞。人心廢忠孝。則亂賊相尋。乾坤反覆。余聞楠公諱正成者。忠勇節烈。國士無雙。蒐其行事。不可槪見。大抵公之用兵。審強弱之勢於幾先。決成敗之機於呼吸。知人善任。體士推誠。是以謀無不中。而戰無不克。誓心天地。金石不渝。不爲利回。不爲害怵。故能興復王室。還於舊都。諺曰。前門拒狼。後門進虎。廟謨不臧。元兇接踵。構殺國儲。傾移鐘簴。功垂成而震主。策雖善而弗庸。自古未有元帥妒前。庸臣專斷。而大將能立功於外者。卒之以身許國。之死靡他。觀其臨終訓子。從容就義。託孤寄命。言不及私。自非精忠貫日。能如是整而暇乎。父子兄弟。世篤忠貞。節孝萃於一門。盛矣哉。至今王公大人。以及里巷之士。交口而誦說之不衰。其必有大過人者。惜乎載筆者。無所考信。不能發揚其盛美大德耳。右故河攝泉三州守贈正三位左近衛中將楠公贊。明徵士舜水朱之瑜字魯璵之所撰。勒代碑文。以垂不朽。

註三：朱舜水紀念會編纂「朱舜水」四十六頁。

註四：一高是日本戰前最好的高等學校，朱舜水先生住在這裏。

註五：所謂日文參考文獻，應該是日本方面的參考文獻，因爲其早期出版，都是用漢文。其中有『』符號者爲單行本；「」是文章；括弧裏頭的「」是刊物名稱。又，此文係取材自石原道博著「朱舜水」一書。

六十八年十一月十二日，於東京。

（原載民國六十九年一月「東方雜誌」及同年四月東海大學「中國文化月刊」）

美國與日本

書　名：The United States and Japan

作　者：Edited by Herbert Passin

出 版 者：Prentice-Hall, Inc., Englewood Cliffs, N. J.

出版時間：一九六六年。

這本書是哥倫比亞大學美國會議（The American Assembly）所計畫、研究叢書的一種（註一），由哥大社會學教授巴森主編，內容共有六章，編者撰寫序言和最後一章，第一章至第五章，分別由塞登斯廸卡（Edward Seidensticker）、華德（Robert E. Ward）、奧爾遜（Lawrence Olson）、洛克伍德（William W. Lockwood）和武者小路公秀（kinhide Mushakoji）執筆；六人中，除武者小路是日人外，其餘者都是美國學人（註二）。

第一章原題叫做 The Image ，似可譯作「形像」。它是一百多年來美、日關係的總敍述。從一八五三年帕利敲日本國門以後，到二十世紀初期，是美日關係最「甜蜜」的時期；也是日本拼命吸收西方文明，走上「富國強兵」道路的時代。從美國，日本人不只學了些民主、自由的觀念，而且輸入了社會主義，而安部磯雄和片山潛（註三）就是它的代表。

及至一九〇五年，日俄戰爭結束，美日關係便開始走下坡路。這是因爲經過中日、日俄兩次戰爭，日本獲得軍事上的勝利和自信，而予美國人以好戰的印象所致；但最主要的還是由於美國的門戶開放政策和日本對於中國的種種要求所促成。就日本人來講，美國的移民政策可以說確定了他們反美的動向。而美國政府之所以限制日本人移民，是因爲日本人移民背後有個強有力的政府作其後盾，因此美國地方政府有關移民的措施，很容易引起國際問題。事實上，加利福尼亞州政府，就曾經差別日本人，禁止其購買土地；一九二二年，美國最高法院更下了日本人沒有資格歸化美國的判決。當然，日本人以爲這是美國對於他們莫大的侮辱。美日關係的這種惡化趨勢，不但未能改善，最後終於發展爲太平洋戰爭，而爲美日關係做了一場總清算。

下來就是美國佔領日本。關於佔領，在本書第二章有詳細的討論。在這裏，塞登斯廸卡批評了佔領結束，簽訂了舊金山和約後，日本左派知識份子披上列寧主義外衣大肆攻擊美國的態度。他說，同樣白人，日本左派人士對於蘇聯人有好感；對於美國人却沒有好感。理由是：蘇聯是社會主義國家，是專替被壓迫民族打不平的鬥士；但這是二十世紀的神話，是他們的獨斷和偏見。

一部份日本人喜歡責備美國白人對於黑人的差別。塞登斯廸卡舉出了火野葦平（註四）和某大學教授做例子。但日本人本身在不知不覺中却也有蔑視黑人的行爲。塞登斯廸卡說：幾年前，日本曾拍以由美國大兵在日本所遺留下來的私生子爲題材的電影，該部電影爲強調問題的嚴重性，曾經選擇黑人與日本婦女生的孩子做主角。此外，舉凡企圖暴露美軍基地的黑暗面者，必有日本小姐陪着黑人大兵的鏡頭。這不是對於黑人的一種藐視嗎？

戰後由於冷戰的發生，更由於日本左派之忠於其主子，在日本挨罵最厲害的是美國；但在一般人民心目中，最受歡迎的却也是美國。據塞登斯妯卡的見解，這也許是因爲在日本人的日常生活中，美國人的影子太大所致。因此，爲增進美日兩國的友誼，他主張美日兩國間的往來愈少愈好，雖然在實際上辦不到。他說，最好的方策是對於日本的事美國應少插嘴，而多在其他地區求進步。

最後，塞登斯妯卡談到美國人的對日態度。對於一些美國人，日本仍舊是個「櫻花、富士山和藝妓」的國家；但日本已不盡是這種國度。她的生產能力、技術、以及民族自尊心決非牧歌的象徵。所以他警告美國人說：對於日本，應該面對現實，不可祇看其漂亮的一面，否則將來必有鼻子碰灰而大失所望的一天。

第二章是佔領的遺產。佔領日本的盟軍，實際上是美國的軍隊，所以，佔領的遺產也就是美國佔領日本所遺留下來的一切。在這點，日本的佔領跟德國的佔領完全不同。

根據作者華德的說法，美軍對於日本的佔領政策前後曾有幾次大轉變。起初，美國的最大目標是徹底消滅日本帝國主義的根源，使日本永遠不再成爲對於美國和世界和平的軍事威脅。以後因爲國際局勢的演變，美軍的對日佔領政策也不得不隨之而轉變。這種轉變，首先起於一九四六年初。是卽它由非軍事化日本而轉變到民主化日本。第二次轉變發生於一九四七年春天到一九四八年年初。這是冷戰的結果。眼看蘇聯勢力的日漸擴大，杜魯門政府遂不得不轉變其外交政策，而援助土耳其和希臘就是它的具體產物。於是對於日本的政策也有一百八十度的轉變。美國的目標是，想使日本成爲她在遠東的不二盟邦。因此，在經濟方面，一直不太關心的美國，也積極地開始幫助日本的經濟復興了。與此同時，爲使各種改革道地生根，美軍遂把改革的權限逐漸交給日本政府去執行。這的確是很大的轉變。

在未具體分析佔領的遺產以前，華德曾經強調佔領對於日本人心理上的重大影響。第一、它是日本有史以來的初次經驗；第二、美軍在日本具有絕對的權力；第三、日本人對於傳統的政治制度以及領導者失去信心；第四、佔領這部戲完全由盟軍總部一手導演。由此可見其對於日本社會影響之如何地深遠而重大。

是卽在將近七年的佔領期間，美國曾予日本社會以空前的變化。其主要者可歸納如下：從政界、財界和教育界，趕走了二十萬昔日日本帝國的幫兇；起草新憲法；建立中央和地方分權的政治制度；公務員制度的全面改革；政黨制度的確立；基本人權、婦女、勞動者權利的保障；司法制度的重建；天皇帝位的變更；財閥的解體；土地制度的澈底改革；工會的創制；信用制度的統制；自幼稚園至大學研究院整個教育制度的改革等等。華德把它叫做「浸透型的佔領」。而這些，名符其實地把日本變成一個新的國家。但惟其如此，美日間的一切問題也種因於此。

一九五一年九月八日，日本跟大部份盟國簽訂了舊金山和約，盟軍因此結束了日本的佔領。但是蘇聯和中共等，因爲立場的不一致，並未參加是項和約。雖然「國家間沒有朋友，祇有利害」，但在基本上，美日兩國的友誼至今還算相當圓滿。第一、在國際關係上，美日是同盟國；第二、在國際貿易上，美日兩國的利害關係是一致的。惟在日本的國內政治上，有代表反美勢力的一群，這一群人始終認爲美國是把日本重新帶到走帝國主義也就是「資產階級的資本主義」老路的惡霸。這種正反兩面的遺產，至今仍反映在日人對於美日安全條約的態度上。華德認爲這種現象是盟軍對日政策的必然結果；但是美日間的合作和友誼，到底是美軍佔領日本七年所遺留下來的最寶貴的財產。

第三章討論美日兩國間的政治關係。此篇作者奧爾遜認爲戰後日本政治的特色，可以保守的自民黨和激進的社會黨的對立來說明。在保守政黨方面，吉田茂系統下的人具有最大的影響力（註五）；且此政黨與日本的官界財界和地主具有不可分割的關係。反此，社會黨以馬克思主義爲武器，以工人爲群衆基礎，其領導者的教育程度和家庭比較保守政黨者爲低。此外還有民社黨、公明黨以及共產黨，但在目前，對於自民、社會兩黨較有威脅的還是公明黨，也就是所謂創價學會。這是日本政黨的大致輪廓。

其次，奧爾遜討論了日本所面臨的幾個主要的政治問題。第一是美日安全條約。無需說，戰後日本的安全保障的構造，完全起源於美軍的佔領日本。吉田茂政府基於「祇要日本經濟能夠自立，其餘的各種問題皆可自動地迎刄而解」的原則而接受了舊金山和約和附帶的美日安全條約，一般來說，其選擇是正確的。實際上，由於日本請美國保障她的安全，日本不必多花費於國防，其經濟纔得以突飛猛進，躍居世界第三位的寶座，但是，惟因日本國內有親共勢力，美日的同盟遂成爲最大的政治問題。他們極力主張要取消這個「喪權辱國」的條約。

第二是琉球問題。奧爾遜認爲，從遠的觀點來看，美國應該把琉球還給日本。理由是：民族主義。民族主義，在二十世紀後半的今日，仍然是最中聽、最響亮的政治口號。不管誰做怎樣的主張，無分任何一派，日本人是會繼續不斷的向美國要求把琉球還給他們的；而我相信，美國當局，遲早也必這樣做，這是時間的問題。

第三是越戰問題。越戰與日本本來沒有直接關係，因此對於日本人不應該發生任何問題。不特不應該有問題，而且日本人還從越戰賺了不少美金呢！在日本，越戰之所以成爲問題，完全是日本國內的反美勢力所造成。說來也很奇怪，全世界反越戰反得最兇的是日本，因此，它與美日同盟是分不開的。

最後奧爾遜檢討了日本和東南亞各國的將來的關係。這些國家包括韓國、中國和印度等等。奧爾遜的結論說，美日兩國間的關係實存於貿易，並認爲日本、中國和東南亞的關係，應是日本利用其大量人才搶救亞洲的貧困。不過對於他說日本人比大部份的亞洲人瞭解美國，以及美國人比大部份的亞洲人和歐洲人，更瞭解日本人一節，大有討論的餘地。

第四章是美日兩國間經濟關係的敍述。根據洛克伍德的見解，日本經濟的發展，絕非幾個五年計畫的促成，而是五十年甚至七十年的歷史過程所完成的。譬如自一八八五年至一九三五年的五十年當中，日本國民的生產力竟增加了三倍，而其所以能夠這樣迅速地增加，主要的是領導者的領導有方和政府的努力所致。因此日本的資本主義，可以說是「受保護的資本主義」(sponsored capitalism)。

在其初期，爲開拓近代資本主義各種實業的新技術，明治政府曾經扮演過極其重要的角色。不但如此，還提供資本經營鑛業、工業、造船和鐵路等巨型實業，並負擔其損失。不久，政府便將這些實業交給民間去謀求發展，而專事於金融貿易的工作。這是日本資本主義的開端，也是今天日本經濟的一個重要基礎。

二次大戰後，日本成爲一片廢墟，有人譬喻她說是「一條祇有七人分的糧食，但却載有十個人的漂流艇」(ten men in a drifting boat, and only food for seven)。可是，二十年後的日本，其工業生產竟增加了五倍。如所周知，戰後日本經濟的迅速發展，被認爲是一種奇跡。而韓戰之加速了日本經濟的復興和成長是不待言的。

戰後日本經濟之所以發展這樣快，據洛克伍德的意見，首先是輸入海外尤其是美國技術的功勞；第二是國民教育的普遍提高（戰後，日本實施了九年的義務教育）；第三是資本的儲蓄。一九六〇年代初期，國民總支出的大約百分之四十是用於資本儲蓄的擴充，這個比率是驚人的。應該指出的第四點是軍事費用的輕微。

其次洛克伍德討論了日本在世界經濟的地位。在一九三〇年代，日本的貿易，大半都集中於亞洲；但在今天，亞洲、北美洲和其他地區大致各佔三分之一，其中單獨美國，就幾乎佔了三分之一。可見美日貿易關係的密切和重要。日本從美國主要是輸入糧食、原料和燃料等；而往美國輸出鋼鐵、衣類、電器機械、電晶體收音機、摩托車、照像機、望遠鏡等等。但是，洛克伍德認爲日本貿易最有前途的還是歐洲，這是有根據的（註六）。

第五章是一個日本學人對於美日關係的看法。作者武者小路認爲：隨日本民族主義的恢復和日本國民對於自己國家利益的認識，大家都認爲在國際關係上，日本應該扮演更積極的角色。問題是，因爲思想立場上的不同，左右兩派人士所指「積極的角色」究竟是什麼，遂有內容上的差異。換句話說，因爲立場的不同，對於「國益」的解釋遂發生紛歧。於是武者小路便從什麼是日本的國益開始討論。

首先他主張說，日本是民主國家，不是西方國家；是亞洲國家，不是低度開發國家；雖不是社會主義國家，但却跟中國有許多關係的國家，因此，他說日本的這種地位不許日本屬於自由集團、共產集團，甚至亞非集團的任何一個集團。加以美蘇的冷戰已轉移到美與中共的冷戰，世界的危機焦點已由德國轉到東南亞，這使日本捲入了漩渦，並增加日本在遠東的重要性。

面對這種國際局勢，武者小路認爲，日本政府不可能老不解決以下幾個問題：第一是領土完整的問題，這乃指收回琉球和色丹與齒舞而言；第二是日本本身的國防問題；第三是日本是否應該製造原子彈的問題；第四是對於中共的態度問題；第五是美日關係。

武者小路強調說：一、日本應該選擇一個最不會引起國內紛爭的角色；二、這個角色的選擇如果基於意識形態的觀點，必陷日本社會和政治於分裂之中；三、因此，日本應扮演何種角色，不能以意識形態思想立場來確定。

他一再強調，日本政府從來沒有表示過不跟西方國家尤其是美國合作，祇是日本的輿論不允許日本政府跟美國做百分之百的合作而已。武者小路的意思是說：日本的輿論分而為二，不許日本往任何一邊倒，於是出現的就是戴高樂的道路。對於中共，他主張做事實上的承認；並向美國力主日本與中國關係的密切。他說：美國與中共的冷戰，成為日本跟其鄰邦建立關係的最大障礙。像武者小路這種「現實主義者」的想法，在今日日本有不可忽視的勢力，而其與美國前進份子的互相策應，對於美國政府當局，將來必有重大的影響，這是我們中國人所應該特別提高警惕的。

基於這種觀點，武者小路得出這樣的結論：美國如想利用日本扮演美國在遠東所擬扮演的角色，美國祇能得到非常麻煩而困難多端的盟邦日本，因此，為美日兩國計，美國應該協助日本在遠東創出一個安定的局面，和工業化該地區，而不應該利用日本做踏脚板。惟有這樣，日本纔會變成美國可靠的朋友而不是不可靠的盟邦。據我個人的見解，日本確在走上這條路，這似是無可奈何的一種趨勢。

第六章也就是最後一章，是對於日本和美日關係的展望。戰後二十年，工業生產居世界第三位，人口列世界第五位的日本，在國際政治上，至今並未扮演重要角色；但作者巴森却斷言說：今後十年，日本在世界政治舞臺上，將是一個極其重要的因素。

若是，一九七五年的日本將是一個怎樣的國家呢？

在經濟方面：日本的人口將增至一億八百六十萬左右；其國民所得將由六百美元（一九六五年）而增加到大約一千五百美元；其工業發達的程度，已足以製造和使用洲際飛彈。日本的農村人口將減至整個人口的百分之十八；都市地價昂貴，紐約式的高層公寓將爲日本人日常起居的場所。將有百分之八十的青年人受高中教育，百分之二十五的人口接受大學教育。旅行國外的人數，將大大地增加，惟都市設備不能趕上人口集中的速度，因此都市問題必將更加嚴重。此時，日本的對外貿易最有可能增加的是中南美洲。

在政治方面：民族主義的增長，將促使戴高樂主義的風行。知識份子仍將照樣墨守馬克思主義的教條；「社會主義」仍舊是最吸引人的政治招牌。保守政黨的得票率逐漸下降；反之激進政黨的得票率將有所增加，不過這種趨勢未必會一直繼續下去。直到一九七五年，自民黨可能得不到國民過半數的支持；社會黨可能遠不及百分之五十；公明黨百分之十到二十；民社黨和共產黨可能佔百分之五到十，而票數移動最厲害的將是公明黨。

基於以上的分析，巴森認為在一九七五年左右，可能由以下三者的一個組織政府。一、仍由保守政黨掌握政權，不過這可能不是單獨政權，而是聯合政權，很可能是跟公明黨的聯合政權。二、社會黨的單獨政權，或社會黨與民社黨或共產黨的聯合政權。三、保守、激進二大政黨的輪流執政，或多黨政治的出現，後者的可能性似乎最大。

因此，在一九七〇年代，巴森認為日本對於她所將面臨的課題可能採取以下的態度。一、日本將不再乖乖地接受美國對於共產主義的見解；二、日本可能已經承認中共；三、日本的軍事力量可能不是頂強大的。至於美日關係，巴森主張美國應該讓日本自主。從政治上看，美國留在日本所將付出的代價，實遠比美國離開日本所應付出的代價還要大。所以他警告美國人說，美國應該準備新的變化。在這種意義上，他的主張和武者小路的意見是相通的。

附　註

註一：截至一九六六年，哥大美國會議會研究過以下幾個專題，並由 Prentice Hall 出版公司出版過以下的專書：

1951--United States-Western Europe Relationship.

1952--Inflation.

1953--Economic Security for Americans.

1954--The United States' Stake in The United Nations.

--The Federal Government Service.

1955--United States Agriculture.

--The Forty-Eight States.

1956--The Representation of The United States Abroad.

--The United States and The Far East.

1957--International Stability and Progress.

--Atoms for Power.

1958--The United States and Africa.

--United States Monetary Policy.

1959--Wages, Prices, Profits and Productivity.

--The United States and Latin America.

1960--The Federal Government and Higher Education.

--The Secretary of State.

--Goals for Americans.

1961--Arms Control: Issues for the Public.

--Outer Space: Prospects for Man and Society.

1962--Automation and Technological Change.

--Cultural Affairs and Foreign Relations.

1963--The Population Dilemma.

--The United States and The Middle East.

1964--The United States and Canada.

--The Congress and America's Future.

1965--The Court, the Public, and the Law Explosion.

--The United States and Japan.

1966--The United States and The Philippines.

--State Legislature.

--The Spread of Nuclear Weapons.

註二：塞登斯廸卡，曾任史丹福大學教授，現任密歇根大學日本文學教授，以翻譯川端康成的「雪國」，谷崎潤一郎的「細雪」等成英文馳名於世。

華德現任密歇根大學教授，並兼任該大學日本研究所所長，著有 Village Japan(1959); Modern Political Systems; Asia (with Roy C. Marcidis)(1963); Political Modernization in Japan and Turkey (with D. A. Rustow)(1964) 等書。

奧爾遜曾任夏威夷大學、達特瑪斯大學客座教授，現任威斯理安大學教授，著有 Dimension of Japan 一書。

洛克伍德現任普林斯頓大學政治學、國際問題教授，編著有 The Economic Development of Japan; The State and Economic Enterprise in Japan 等書。一九六三年曾出任美國亞洲學會會長。

武者小路公秀曾任日本學習院大學副教授，美國普林斯頓大學、西北大學客座教授，現任東京上智大學國際政治學教授，著有「現代法國之政治意識」、「從甘迺廸到戴高樂」、「國際政治與日本」等書。

註三：安部磯雄（一八六五—一九四九）一九〇一年曾參加社會民主黨的建黨，並起草其宣言。一九二八年當選國會議員，著有「地上理想國瑞士」、「社會問題概論」等書。

片山潛（一八五九—一九三三）留學美國耶魯大學，後來成爲共產主義者，死於莫斯科。著有「日本之勞動運動」等書。曾任日本首相之片山哲就是其子。

註四：火野葦平（一九〇七—一九六〇）眞名玉井勝則，小說家。著有「花與龍」、「麥與士兵」、「陸軍」等許多小說。一九五九年曾由角川書店出版「火野葦平選集」八卷。

註五：譬如池田勇人、佐藤榮作等，通常日人叫他們爲「吉田學校的高材生」。

註六：拙著「富士山頭雜感集」（一九六六年，臺北帕米爾書店出版）裏有關戰後日本的政治、經濟論文或可參考。

（原載一九七一年六月三十日紐約「中華青年」）

讀了「中國人之心」以後

書　名：中國人之心
作　者：伊藤喜久藏編著
出 版 者：日本社團法人時事問題研究所
出版時間：一九七二年八月一日

這本書一共有五章。前四章是編著者伊藤喜久藏與村松暎、佐藤愼一郎、羅伯・基蘭和衞藤瀋吉的對談；最後一章是編著者本身的總結。第一章叫做「文化革命與中國文化」；第二章是「中國人的民族性與人性」；第三章爲「中國的將來與日本」；第四章是「日本人的反應」；最後一章是「中國人之心與日本人」。

在第一章村松暎的發言中，使我最感興趣的是，他斷定從中共的文化革命中產生不了文化這件事。他認爲，文化這個東西，固然可以從勞動的過程中產生，但最主要的還是由於因爲機器的發明，人們可以節省勞動的時間，從而能夠從事其他活動累積而成的。（二三頁）所以他不贊成中共的在工廠傍邊或農村蓋學校能夠促進文化之進步的說法和做法。

其次使我感覺興趣的是，村松暎說，一九五六年，在北平郭沫若的歡宴席上，他父親因爲喝醉了，對於某日本人批評　蔣總統的言行大爲不滿，遂站起來稱讚　蔣總統，並提議爲　蔣總統的健康而乾杯（一〇一—一一頁）；以及他認識一位北大女生，要他陪她去選購布料的經過。他說，這位女生的選購態度跟日本小姐的選購態度毫無兩樣，皆把布料拿到鏡子前面，從肩膀上掛着試了再試。他問她：「你喜歡漂亮嗎？」她答：「當然了，因爲我是個女人。」因此村松教授認爲毛澤東說中國女性「不愛紅裝，而愛武裝」的說法與事實不符。（四二頁）

對於中國人的民族性，佐藤愼一郎說，由於地理上的關係，南方的中國人和北方的中國人，在性格上有很大的差異。「南船北馬」、「南學北學」、「南畫北畫」、「南

性北命」、「南帖北碑」、「南頓北漸」等語的產生，充分表明了中國南北方的特徵。（五〇—五一頁）

但佐藤教授認爲，中國人的哲學是以人爲中心的哲學。中國人重情理甚於重論理。中國人的性格猶如水，把它放在圓形的容器便變成圓形，把它放在方形的容器便成爲方形。對於環境，中國人雖然這樣順從，但却絕不向任何環境低頭。（七五—七六頁）對於編著者伊藤問在大陸的中國人有沒有變的問題時，佐藤教授答說，根據他多年來每年到香港去採訪從大陸冒生命之危險逃出來的人們的經驗，百分之二十的人變了，但百分之八十的中國人仍然還是以前的中國人，在本質上並沒有變。（八九頁）

佐藤愼一郎以爲，現代中國的原動力仍然是民族主義。他對於日本政治也有所批評。他說：「今日日本祇有政黨，沒有政治。」（六二頁）這點，我認爲他說得很對。日本政治的貧困，是舉世公認的。

對於中國的將來，法國的新聞記者基蘭認爲，中國大陸已經不可能從現在的共產主義制度後退。（一二〇頁）他說，在中國大陸，中國人在創造些新的東西。不過，他並

沒有說「新的東西」究竟好還是壞，但他對於這種嘗試却感覺有「吸引力」。（一二二頁）

二次大戰後，基蘭到過大陸七次，曾經寫過兩本有關中共的書「六億的螞蟻」和「中國——未來的三十年」。不過基蘭雖爲中共政權抹粉，但中共對於他的著作「中國——未來的三十年」的批評却是：基蘭的思想是資產階級的，具有反共的情緒，因此需要重新教育（改造）。（九八—九九頁）

衞藤瀋吉在第四章裏，說明了尼克森訪問中國大陸的國際政治上的來龍去脈，認爲越戰和蘇聯的問題，促成了美毛的接近。下來，他大事批評日本報紙報導之欠缺公正。他說，日本報紙之所以對中共軟弱，一是想派遣或維持在北平的特派員；二是對於「左派是對的」這種錯覺。這種錯覺，來自日本近代史中，二次大戰期間，批判日本軍國主義的是左派這些事實。（一四四頁）

但衞藤教授極力主張日本的自主性，他認爲，惟有堅持這種自主性對中共做種種交涉，日本才能獲得應有的尊重和成果。換句話說，對於中共，日本人應該自始就明白說

日本人不是共產主義者，因此日本人跟中共的立場完全不同，絕不應該含混其詞。（一六八頁）

編著者伊藤喜久藏在這本書的結論說，在大體上，村松暎、佐藤愼一郎和衞藤瀋吉的見解相通，而跟基蘭的見解有些差異（一七四頁）。這本書出版於毛日建交的前夕，因此編著者伊藤提出對於跟中共交涉時應該堅持以下三點：

第一，不要使中共以日本人善意的對於過去罪行的承認，來對日本做更大的討價還價的本錢（一九〇頁）；第二，日本本身要有自主性，不要太軟弱（九一頁）；第三，對於日本而言，中共究竟應該佔有怎樣的位置等問題當有徹底的認識。（一九六頁）伊藤最後引用西德的新聞記者孟聶爾德的見解說，將來日本和中共的關係，不可能比日本和美國的關係更密切。伊藤更認爲，站在眞正互惠平等的立場來處理日本和中共的關係，對於日本最重要。（二〇四頁）

（原載一九七三年八月十一日香港「新聞天地」）

「蔣介石先生遺德顯彰會」活動紀實

日本於二次世界大戰戰敗當時，我正在東京郊外。迄至翌年一月初，回到臺灣以前的四個多月，我去過東京好幾趟。那時在東京街頭，所看到的，一望無際，盡是電信桿、金庫、牆壁、樹幹，和穿着軍服，面無表情，無家可歸的日本人。

那時的東京，坐電車，沒人排隊，多是一窩蜂從月臺爬窗子進去。尤其是遠程火車票，一個人祇能買一張，而且大多要等上好幾天。報紙刊載，因為坐火車頂上而有人摔死。由於糧食不夠吃，所以東京每天平均要餓死好幾個人。當時最神氣的，恐怕是跟美國軍人手拉手走在街上的日本女人。大家碰面，談的都是吃的問題。說什麼地方，有什麼東西可以吃……。眞是名符其實地大家在求生存。

可是，這個國破家亡的日本，經過四十年，在今日自由世界，竟成為第二經濟大國。國民豐衣足食，安居樂業，享受着天下泰平的生活。我們在歐美國家旅行，往往會被問是不是日本人？在汽車王國的美國，你可以看到許許多多的日本車子，歐洲人所用的照像機，幾乎全是日本造的。

爲什麼日本會有今日的景況？正如日本前衆議院議長灘尾弘吉先生所說：「完全是蔣介石先生大恩大德之所賜」（在九月四日東京「蔣公遺德顯彰會」的致詞）。日本有識之士，對於　蔣公恩德，隨時隨地都在提倡和强調。今年適值　蔣公百年誕辰，因此日本各界便組織「蔣介石先生遺德顯彰會」，擴大慶祝，以感念和感謝　蔣公給他們的四大恩德於萬一。

東京顯彰會於九月四日，假東京王子飯店舉行，參加者六千多人，包括兩位前日本首相岸信介、福田赳夫，以及一百多位國會議員與各界領袖。中華民國方面，以考試院孔德成院長爲團長，一行十八位貴賓，以及由中華民國經濟界人士所組成的「日本經濟訪問團」（名譽團長陳啓清先生，團長爲許金德先生），亦應邀參加這個盛會。

慶祝大會分成兩個部份。下午四時開始進場。首先在大蘭廳展示着　蔣公衣冠遺物十八件，以供與會者觀瞻。另外展出　蔣公與世界，特別是與日本有關的照片八十七張。這場展覽，很令與會人士欣賞和注目。

慶祝大會及酒會於五時三十分開始。參議院議員安西愛子女士擔任司儀。首先由身穿江戶時代制服的消防隊員，表演「不遣」儀式，歡迎和祝福與會人士。接着司儀恭讀蔣夫人的賀詞。繼而由前衆議院議長、現任日華關係議員懇談會會長灘尾弘吉先生，代表主辦單位致開幕詞，說明爲什麼要舉辦顯彰會活動；日本產經新聞社社長鹿內信隆先生，舊事重提，詳細說明連載和出版「蔣總統秘錄」的經過。

孔院長代表中華民國各界致詞，强調東方文化之可貴，並呼籲中日兩國國民，共同爲亞洲與世界和平努力奮鬥。亞東關係協會駐日代表馬紀壯先生致謝詞，感謝日本各界，排除中共的干涉和壓力，不辭辛勞，如期舉行這樣盛會慶祝　蔣公的百年誕辰。

前首相岸信介先生領導大家乾杯之前致詞說，他以日本首相身份，於民國四十六年，首次訪問中華民國，晉見　蔣公時，曾經代表日本國民感謝　蔣公於二次大戰結束時對日本所採取的寬大政策，但　蔣公却答說「我不過是做了我應該做的事情而已」，使他感動不已。因此岸前首相大聲疾呼，要每個日本人不應該忘懷 蔣公的恩德。九十高齡的岸先生，講話有條不紊，令與會人士掌聲不停。

典禮結束後，司儀特別介紹前首相福田赳夫先生、前首相佐藤榮作夫人寬子女士、巨人棒球隊監督、世界棒球界名人王貞治先生、圍棋名手林海峰先生及歌星歐陽菲菲小姐跟與會人士見面。

隨即由日本著名作曲家黛敏郎先生，指揮管絃樂團演奏貝多芬的「英雄」等曲子助興，於七時三十分，由衆議院議員佐藤信二先生致閉幕詞，在熱烈掌聲中圓滿結束。

九州的顯彰大會（包括山口縣），於九月二十四日，假福岡九州電力公司大樓舉行。下午三時，先舉行紀念演講會，到會者包括政、經、財、文化各界人士一千七百多人，會場爆滿。首先由發起人代表，福岡日華親善協會會長小林作五郎先生，及馬紀壯代表致辭後，由張寶樹資政、鳥取女子短期大學南部忠平校長，和京都產業大學小谷豪治郎教授，分別演講。五時，由福岡日華親善協會天岡惇事務局長領導與會人士，高呼中日兩國萬歲結束。

慶祝大會及酒會，於下午六時，舉行於新大谷飯店。會場展出　蔣公與日本的有關照片，參加者達兩千人以上，場面盛大熱烈，典禮隆重，先由福岡日華文化協會會長秦三郎先生，代表發起人致開幕詞，馬紀壯代表致謝詞，參議院議員後藤正夫先生致賀詞，最後由福岡縣議會篠田榮太郎議長領導大家乾杯，酒會開始，至八時左右，圓滿結束。

此外，奈良於十月十一日，在奈良日華親善協會谷義之會長主持下，舉行了顯彰會；名古屋定於十月二十日，北海道札幌將於十月二十五日，大阪決定於十月二十九日，分別盛大舉行顯彰大會，以感念和感謝世界偉人　蔣公的恩德。除奈良外，其他三個地方，估計均將有一千人以上參加。

而在舉行一連串的顯彰會活動之前，從七月底開始，日本全國，北自北海道，南至九州，已有二十六家報紙刊出特刊，以慶祝　蔣公百年誕辰。又，在一切顯彰會上，對於與會人士，主辦單位都贈送「以德報怨」畫册、「近百年來中日關係圖錄」、「我們走過的路」，以及　蔣公與吉田茂前首相的合照，和「自由正義」紀念章，以爲紀念。

與此同時，岡山日華親善協會，將於　蔣公百年誕辰這一天，舉行　蔣公銅像落成典禮，以永念　蔣公的偉大。

「蔣公遺德顯彰會」的活動，這樣盛大而熱烈地舉行，並仍將陸續舉行，但中共却自始就用盡各種手段，百般阻撓，對日本政府和各界人士，橫加壓力和干涉。日本政府乃以「顯彰會是純粹的民間活動，而日本是民主國家，政府無權也無法干涉任何民間活動」爲詞，而斷然予以拒絕。

而重道義的日本有識之士，並不屈服於中共之無理干涉，仍然如期舉行了　蔣公的遺德顯彰大會，誠是難得。他們一方面重新感謝　蔣公的恩德，一方面希望藉此機會，教育下一代的日本人，子子孫孫永遠記得　蔣公的洪恩。

（原載民國七十五年十月卅一日「近代中國」）

東京「中日大陸問題研討會」紀實

第十四屆中日「中國大陸問題」研討會，自今年四月二日至八日，召開於東京京王大飯店，以「中共十三全大會的課題」爲會議主題，由日本大陸問題研究協會主辦，大會會長岸信介，出席者中方二十八人，以政大國際關係研究中心主任邵玉銘先生爲團長，日方四十四人，團長是桑原壽二先生。

中日「中國大陸問題」研討會，每年舉行一次，在臺北和東京輪流召開，由輪到的國家主辦。其目的在合作研究中國大陸問題並促進中日文化的交流。其第一屆會議舉行於臺北，主持人是當時政大國際關係研究中心主任吳俊才先生，因此此次會議，吳俊才先生以貴賓身份應邀前往，發表專題演講。

由於此次會議舉行於胡耀邦垮臺之後，中共六屆五次人代會正在召開之時，並以「

中共十三全大會的課題」爲主題，所以更格外引起人們的注目。

會議於四月三日上午十時正式開幕。日方桑原團長致歡迎詞，希望此次會議能夠獲得豐碩的成果。中方邵團長致詞指出，胡耀邦下臺是當前中共政局明顯轉變的起點，它象徵兩項重要意義：第一、鄧小平長達五年的接班部署徹底失敗；第二、過去五年來主導中共政治的改革派，遭到前所未有的政治挫折。並認爲，中共未來政策的大變動，可能不在「十三大」一次解決，而要拖到鄧小平去世以後。日本衆議院議員藤尾正行代表岸信介先生致詞，呼籲大家的研討，能對中日反共事業有所幫助。亞東關係協會駐日代表馬紀壯先生，對於大陸變局的現象與未來，提出四點意見：第一、在權力轉移的過程中，改革派與保守派之間的權力鬥爭將會加劇；第二、在政治意識形態方面，中共現已變得更爲保守與教條化；第三、在未來中共的繼承過程中，軍隊是一股不可忽視的力量；第四、在對外關係方面，胡某之下臺也代表了一種變，雖然可能只是漸進的，而非急遽的變。

吳俊才先生專題演講的題目是：「大同之治與富而好禮」。吳先生以教育與經濟的實際例子，說明中華民國的臺灣，正在邁向孔子「大同」社會的境界，反此中國大陸在中共暴政之下，禍亂頻仍，每況愈下。而予每位學人，尤其是日方學人以很大的啓示和鼓勵。

討論會分成「黨政」、「文教」、「經濟」、「外交」、「軍事」等五個議題，因爲人數不多，故不分組。以下依次介紹各個討論會的報告內容。

神戶外語大學教授笠原正明，報告「迎接『變動年』的中共」——對中共第十三屆黨大會之預測——指出，胡耀邦下臺是因爲中共十二屆大會路線遭到挫折所導致。他說：㈠中國式社會主義理論的架構，並沒有成功，無法從古典的社會主義脫顯而出；㈡爲消滅黨內外普遍流行的「不正之風」而進行的整黨工作，和掃除精神污染運動陷於停頓狀態；㈢爲着壓制共產黨獨裁以喚起民衆活力所作的嘗試，使得民衆對民主和自由的欲望加强，而走向所謂「資產階級自由化」的危險性也增大；㈣經濟體制改革引發投資過剩，呈顯經濟過熱現象，於是被迫需要再度進行大規模的調整。

臺灣大學副教授曾永賢的報告題目是「胡耀邦下臺與中共黨內鬥爭」。他認爲，一月十七日，中共中央發出「中發（一九八七）三號」文件，傳達政治局擴大會議的決議，並揭批胡耀邦犯了對反對資產階級自由化「態度不堅決，旗幟不鮮明」；把「要統一全黨思想」，改爲「全黨要端正業務思想；錯誤地提出高消費口號；鼓吹人治；接待外賓時亂說話；不守紀律；擅自到處發言」等六項錯誤，是胡某下臺的表面理由，眞正原因應該是：㈠中共內部「改革派」與「保守派」鬥爭之持續發展與不斷昇高所造成；㈡軍方不滿胡耀邦，千方百計地反對胡接鄧小平的軍委主席職務；㈢胡之搞自己勢力，急於接班，觸及鄧小平的逆鱗。對於中共總書記人選，曾永賢提出如下的名單：薄一波、習仲勳、鄧力群、李鵬、喬石和胡啓立，並認爲薄一波的可能性最大，但葉伯棠博士以爲習仲勳比薄一波的可能性更大。究竟鹿將死誰手，當然要等到十三大以後。

文教討論會的報告人是學習院大學教授久保田信之和政大國關中心助理研究員周玉山，前者的題目爲「教育的原理與中共的教育政策」，後者是「鄧小平文藝政策的回顧與前瞻」。

久保田指出，中共四千萬黨員中，年輕人所佔比率祇是百分之四，大學、高中畢業者也不過百分之十七·八，百分之八十以上屬於小學畢業和文盲，這種低的知識水準是中共的主要病根之一。他又說，鄧小平這一班人，只把教育當作一種手段，要使它成為落伍的、未經消化之共產主義的奴隸，更要它成為服務既腐敗又無能之共產黨的「順從的僕人」。因此，中共再制訂和實施教育改革方案，也無濟於事。其評論員，國關中心研究員汪學文說，今日中國大陸有將近二億的中小學生（包括高中生），但教師卻祇有八百萬人，而且，其中四〇%是沒資格的老師。其次，經費非常缺乏。根據中共「國家教育委員會副主任」柳斌的說法，一九八四年當時，每一個中學生一年的經費是一百零二元人民幣（一美元合大約三元人民幣），小學生祇有三十三元人民幣。它包括薪水、學費補助、出差旅費、事務費、經常費和整修費。事實上，扣除前面兩項，所剩無幾。並且，大陸的很多地方，更常有人偷用和流用教育經費。譬如廣西省黃龍縣石堡鎮小學的「副校長」，自兼會計和出納八年，偷用了二萬一千元人民幣。更有三千七百萬小學生沒有桌椅可用。

周玉山說，一九八二年五月，中共紀念毛澤東延安文藝講話發表四十年時，主張對其文藝思想「一要堅持，二要發展」。「堅持」和「發展」什麼呢？爲工農兵服務的方向。「爲人民服務，爲社會主義服務」，是中共對毛澤東文藝思想的重要發展。而「文藝爲人民服務，爲社會主義服務」，其實就是爲共產黨服務。文藝爲共產黨服務，作家必須管制，創作自由徒託空言等等，皆爲中共文藝政策一貫的不變方針。「有創作自由，下筆如有神，無創作自由，下筆如有繩」。所謂社會主義的創作自由，既以堅持四項基本原則爲基本前提，大陸的作家，下筆就不可能有神了。

經濟討論會的報告人是臺大副教授陳定中，題目爲「社會主義方向何去何從？」——評中共企業「股份化」改革的出路；另外一位報告人是高千穗商科大學教授高野邦彥，題目爲「中共『新五年計畫』的問題」。筆者擔任高野教授的評論人。

陳定中說，一九八四年世界銀行代表團兩次訪問中國大陸，建議中共把國營企業的固定資產，折成股份，分給若干部門共同持有，由他們組成董事會決定企業行爲。也就是主張透過「股份化」的方式，解決中共國營企業長期缺乏經濟效益的積弊。一九八六年十二月，中共聲稱全大陸實行股份制的企業已有七、八千家，股份集資額達六十多億元人民幣。顯示中共經濟體制改革受挫之後，已把突破經濟困局的希望寄託在企業「股份化」試驗上面。此項所謂「社會主義所有制的改革」，牽涉十分複雜。而中共對於企業「股份化」，面臨最少有以下難以處置的三個問題：㈠單一公有制帶來「短缺經濟」惡性循環的問題；㈡異體移植方式的改革及其衍生衆多矛盾的問題；㈢企業「股份化」必須跳出社會主義框框的問題。這三大難題，在「所有制」未能得到改革之前，中共都無從措手。目前，中共在經濟上所面臨的是：不變則亡，小變無效，緩變不濟，大變則將受三民主義發展途徑所導引。年來大陸內部流行着「一國良制」的口號，就是重申「政治學臺北」，「經濟學臺灣」的正確性和迫切性。究竟社會主義方向何去何從，將是中共最嚴峻的抉擇。而其癥結在於中共不肯放棄共產主義的臭汗衫。

高野邦彥的報告，敍述中共第六次五年計畫，因爲其「超額完成」，發生通貨膨脹和經濟混亂，爲因應此種局面，「新五年計畫」，把前兩年定爲收縮時期，而「新五年計畫」能否成功，要看收縮的成果如何而定。由於高野教授所談的，大多屬於第六次五年計畫的檢討，和一些對於「新五年計畫」的評估，所以本人便就中共經濟全盤，提出問題：㈠中國大陸極端缺乏基本建設投資。譬如鐵路、公路、水運等交通手段，電信電話等通信能力，以電力爲首的能源供給能力等等，因此推行「自由化」政策的結果，農業生產的增加，並不能名符其實地成爲糧食供給的增加。理由是，太缺乏從生產地到消費都市的輸送能力。許多糧食爛於生產地或者運輸途中。根據中共政權的報告，一九八五年六月底，中國大陸的港口，至少有五百條的「滯船」。換句話說，在大連、青島、上海、天津、廣州等港口，由外國運來的貨物，因爲不能卸貨，在港口要等上兩三個月的時間。這也是由於短缺運輸貨物到內陸的能力所導致。在能源方面，特別是電力也是一樣。時至今日，還有五〇%的工業設備，因爲電力不足，而停頓在那裏。這等於說，爲着尋求經濟的平穩發展，中共首先得投下大量資金，從事基本建設，以全力加强支持經濟活動的這種基礎，但這是一件談何容易的工作。而從「新五年計畫」還短少五百億美元的資金，以及中共各方面的能力和條件看來，要在二十世紀之內完成它，我想不可能。㈡中共拼命在喊要現代化。爲此，它推行着所謂「門戶開放政策」和「輸入自由化政策」。對於生產能力很低，物資非常缺乏的中共，如果「自由化」外國生產品的輸入，大量的消費財、家庭電氣用品、高級纖維製品、化粧品、手錶、照相機等精密機器、汽車等等，將立刻湧進大陸市場。結果造成外滙的不足，而使中共大感頭痛。㈢中共因爲「農業自由化」之某種程度的成功，造成農村所得的懸殊，而成爲嚴重的問題。但大陸農村人口佔八〇%，中共又那麼重視農業，所以無法停止目前的「自由化」政策。面對將「討回」香港的中共，如果易如反掌般地變更「自由化」政策，必將失去其在國際上和大陸人民間的「信用」，其過去的一切努力，將隨之功虧一簣。但如果繼續下去「自由化」政策，農民貧富之差距將再擴大，貧農之欲湧進都市更會成爲大問題。㈣關於予企業以自主權的問題，在其究竟，這是屬於計畫經濟還是自由經濟的問題。在自由市場經濟體制之下，企業如果沒有自主權，就很難經營下去，而在計畫經濟體制之下，所謂企業的自主權，簡直是畫餅充饑。㈤對於經濟的成長和發展，最重要的是自由，尤其是獲得資訊的自由。但在中國共產黨獨裁制度之下，絕對沒有資訊的公開以及獲得它的自由。因此，在共產黨壟斷和獨佔一切資訊的共產國家，不可能有均衡的經濟發展，而中共經濟的「調整」，和目前蘇聯經濟慢吞吞的進展，充分證實了這一點。

外交討論會的報告者是政大國關中心助理研究員王承宗，和防衛問題專家關野英夫，前者的題目爲「八〇年代中共對外政策的持續與轉變」；後者是「泛太平洋各國團結體系之構想與中國大陸問題」。王承宗認爲，中共以社會主義「大國」自居，具有深厚的「大國」意識。中共以「非霸者」角色反對大小霸權主義者，在兩霸之間，縱橫捭闔，既聯合又鬥爭。作爲亞洲「大國」，中共自然關切亞洲鄰國的動向。東南亞地區是中共重要利益所在，出兵教訓越南的根本目的在維護中共的利益。與日本關係，目前取決於經濟合作之融洽與否，將來可能會發生利益衝突。中共全力於四化建設時，將暫時隱忍對外的利害衝突；如果四化成功，中共對外作爲將逐漸强硬，但到本世紀末及更遠的未來，仍有一段遙遠的距離。關野英夫以爲，泛太平洋團結體系構想正在形成，中共有意加入這個組織，但關野以中共的各種條件，包括政治的、經濟的和地理的條件，都不宜令其參加。但有人認爲，中共之參加此項組織，勢屬必然。自由發言時，政大東亞研究所教授芮和蒸提到中共的所謂「精神文明」，此時國關中心研究員葉伯棠說了一個挿曲。他說，李根道的兒子對於中共的所謂五講四美作了這樣的解釋：五講是講房子、車子、金子、妻子和兒子；四美是美國美、西歐美、日本美、臺灣美。

軍事討論會祇有一篇論文，報告者是國關中心助理研究員俞雨霖，題目是「中共槍桿子何去何從？」——評鄧小平建軍路線的困局。他說，中共政治領導人之下臺與否，與政策成效如何無關，而是取決於政治實力是否堅實；槍桿子的政治去向，成了中共領導人地位穩固的決定性條件；鄧小平的目標是，將共軍由毛澤東建軍路線塑造下的「人民革命軍隊」，轉變爲具有西方部份特色的「職業革命軍隊」，並欲使其「非派系化」、「專業掛帥」和「政治淡化」。惟因㈠鄧小平的權威，仍不能與毛澤東相比；㈡鄧小平推動整軍的時間尙短，無法驟然改變過去五十多年的建軍傳統；㈢大多軍事領導人物仍是毛澤東時期左傾思想下成長起來的，使他們很難認同鄧的整軍精神；㈣更現實的是，鄧的企圖在削弱軍人在政治上和社會上的地位與特權，這種後果使共軍保守份子必然抗拒鄧的整軍原則。

閉幕時，日方桑原團長致詞認爲，雙方的討論都很熱烈，惟感覺對學生運動對於鄧小平政權的影響，以及中共領導能力的問題，討論得還不夠，希望明年的討論會，對這些問題，能有所發揮。他同時特別指出，鄧小平是忘恩之徒，鄧先後出賣了劉少奇、許世友和胡耀邦。忘恩之徒，在中國是無法立足的。

中方邵團長在閉幕詞說，㈠在政治方面，中共保守與改革兩派之鬥爭將繼續發展，「十三大」不可能解決雙方之歧見。㈡在對外政策方面，中共將調整其對外關係，與西方資本主義國家之關係雖會繼續，但將儘量防止所謂精神污染問題。即只吸取西方科技、資金與管理技術，而力求排斥西方思想與生活方式，另將加强與蘇聯、東歐共黨國家之關係。㈢在社會文化方面，所謂西方精神污染，將繼續進入中國大陸，此問題將日益嚴重。㈣在海峽兩岸方面，中華民國成功之發展經驗，經過三十餘年日積月累之向大陸輸出，已開始開花結果，勢將衝垮中共政權，並沖走共產主義。

在中方答謝宴時，馬代表特別强調，去年　蔣公百年誕辰，日本朋友們，不顧中共無理干涉，全力舉辦　蔣公遺德顯彰會活動，顯示出日本民族是講道義的民族，令人欽佩。

衆議院藤尾議員說，日本之所以有今日景況，完全是　蔣公恩德所賜，為報答　蔣公恩德以及中日兩國的光明前途，希望中日兩國國民更加團結，共同努力奮鬥。他願以日本政治家立場，悉力支援中華民國的反共事業。

總之，中日大陸問題研討會，這十五年來的成就相當可觀，惟在日方的影響力，似不夠大，今後仍需在此方面多所努力。

（原載民國七十六年四月號「近代中國」）

柳條溝事件應該是柳條湖事件

在我國，九一八事變的開端，一向說成是柳條溝事件，這是似襲自日人的稱呼；而在日本，除極少數者外，也都通稱爲柳條溝事件。但，柳條溝事件，應該是柳條湖事件。理由是：

九一八事變當時的日本關東軍司令官本庄繁，在他九月十八日的日記就是柳條湖事件（「本庄日記」，原書房，一九七九年三月三十日第五刷，二二頁）。

日本參謀本部所編「滿洲事變作戰經過之概要」（第一卷一三頁）說：「中國正規兵（兵力三、四百名），突然炸燬柳條湖（奉天車站東北方大約七公里半）附近滿鐵本線。」（中村菊男著，「滿洲事變」，日本文教社，一九六五年二月十一日，一〇〇頁）。

同樣由日本參謀本部編的「滿洲事變史」（一九三四—三五年出版）也說，事端發生於柳條湖，並說設在北大營西南南大約二公里之獨立守備隊的分遣隊（隊長以下十二名）叫做柳條湖分遣隊（江口圭一著，「昭和之歷史」第四卷，「十五年戰爭之開幕」，小學館，一九八二年八月十五日，五三頁）。

日本關東軍參謀部於一九三一年六月十日所編，「最近四年間軍隊關係重要涉外事件一覽表」（自一九二七年一月至一九三〇年十二月）裏，一九二九年十月十六日、一九二七年六月四日、一九二九年七月一日，皆有有關發生於柳條湖之事件的記載（「現代史資料」，第十一卷，「續滿洲事變」，密斯茲（平假名音譯）書房，一九六五年七月三十一日，二六一—二七四頁）。

同樣在由日本關東軍參謀部所編，「守備勤務上兵器使用事件調查」（自一九一九年一月至一九二九年九月）裏，一九二七年六月四日下午六時十分，則在柳條湖曾發生小型衝突（前引書，二三三頁）。

現任東京上智大學教授的藤村道生，在其所著「作爲政變的九一八事變」一文，也說成是柳條湖事件（三宅正樹編，「軍部支配的開幕」，第一法規出版株式會社，一九八三年八月十日，九四頁）。

曾任外交官、在外務省檔案室工作很久、對近代中日外交史史料極其熟悉、現任筑波大學教授的臼井勝美，其有關著作，全部寫成柳條湖事件。譬如臼井著「近代日本外交與中國」（筑摩書房，一九八三年九月二十五日），二二六—二二七頁便是；我把此書譯成中文，以同一個書名，於去年十二月，由水牛出版社出版，也是柳條湖事件（「近代日本外交與中國」，水牛版，一九六一—一九七頁）。

在瀋陽出生和長大，現任東京大學名譽教授和亞細亞大學校長的衞藤瀋吉，曾經告訴我，柳條溝應該爲柳條湖。

若是，柳條湖爲什麼變成柳條溝呢？是因爲日本的新聞記者拍發新聞電稿時，用的是片假名，而柳條湖和柳條溝的日語發音，完全一樣，只是「湖」的發音比「溝」的發音短而已，因此才發生這種差錯。

又，柳條溝係位於柳條湖東北北大約二十五公里，距南滿鐵路東十五·六公里的地方，故不可能發生炸燬南滿鐵路的所謂柳條溝事件（柳條溝位置的說明，見江口圭一，前引書五三頁）。

而且，根據前述「最近四年間軍隊關係重要涉外事件一覽表」最後面一張南滿鐵路的地圖，我們可以知道從奉天（瀋陽）往北去第一個車站就是柳條湖（柳條湖丁場）。至此，柳條溝事件之應該爲柳條湖事件，不是更清楚了嗎？

由於這種原因，我於兩年前，由黎明文化事業公司出版「日本侵華內幕」一書時，便在「譯者的話」，提出這個問題（該書二二三頁）。同時最近由水牛出版社出版日本外交官「石射猪太郎回憶錄」的時候，也都把它寫成柳條湖事件。所以，爲了實事求是，我國的著作，實有把柳條溝事件改爲柳條湖事件的必要。

（原載民國七十六年十一月號「傳記文學」）

國家圖書館出版品預行編目資料

近代中日關係研究. 第一輯：中國與日本、國父孫中山在日本合輯 / 陳鵬仁譯著. -- 初版. -- 臺北市：
蘭臺出版社, 2021.05
冊；　公分-- (近代中日關係研究第一輯；6)
ISBN 978-986-99507-3-2(全套：精裝)
1.中日關係 2.外交史
643.1　　　　　　109020145

近代中日關係研究 第一輯 6

中國與日本、國父孫中山在日本合輯

編　　者：陳鵬仁
主　　編：沈彥伶、張加君
編　　輯：盧瑞容
美　　編：陳勁宏
封面設計：陳勁宏
出 版 者：蘭臺出版社
地　　址：台北市中正區重慶南路1段121號8樓之14
電　　話：(02)2331-1675或(02)2331-1691
傳　　真：(02)2382-6225
E—MAIL：books5w@gmail.com或books5w@yahoo.com.tw
網路書店：http://5w.com.tw/
https://www.pcstore.com.tw/yesbooks/
https://shopee.tw/books5w
博客來網路書店、博客思網路書店
三民書局、金石堂書店
經　　銷：聯合發行股份有限公司
電　　話：(02) 2917-8022　傳 真：(02) 2915-7212
劃撥戶名：蘭臺出版社　帳號：18995335
香港代理：香港聯合零售有限公司
電　　話：(852)2150-2100　傳真：(852)2356-0735
出版日期：2021年5月 初版
定　　價：新臺幣12000元整（精裝，套書不零售）
ISBN：978-986-99507-3-2